21世纪经济管理精品教材·会计学系列

Computer Data Auditing

计算机数据审计

大数据环境下的审计实务与案例分析

张莉◎编著

清华大学出版社
北京

内 容 简 介

大数据时代,新商业模式、新技术环境对审计方式产生了巨大影响。本书以审计新手的学习视角,围绕大数据环境下如何开展审计这一核心问题,对数据审计的概念、模型、方法、流程做了系统介绍;同时紧贴实践需求,循序渐进、由浅入深,设计了数据获取、数据处理、查询分析、多维分析、挖掘分析等多个审计案例,既有基于 Excel、SQL Server 的实例,又有 R、Python、Tableau、Smartbi 等热门软件的应用;此外,还提供了课内实验及综合实训练习,充分体现了前沿性、系统性、实用性、可操作性的特点,从理论、方法、工具、技术层面刻画了大数据环境下的计算机数据审计模式。

本书适用于高等院校会计、审计、财务管理等相关专业本科生、研究生学习,也可用于会计、审计领域相关人员的专业培训、后续学习及研究参考。

本书封面贴有清华大学出版社防伪标签,无标签者不得销售。
版权所有,侵权必究。举报:010-62782989,beiqinquan@tup.tsinghua.edu.cn

图书在版编目(CIP)数据

计算机数据审计:大数据环境下的审计实务与案例分析 / 张莉编著. —北京:清华大学出版社,2021.5(2022.8重印)
21 世纪经济管理精品教材. 会计学系列
ISBN 978-7-302-58081-2

Ⅰ. ①计… Ⅱ. ①张… Ⅲ. ①计算机应用—审计—高等学校—教材 Ⅳ. ①F239.1-39

中国版本图书馆 CIP 数据核字(2021)第 075692 号

责任编辑:王　青
封面设计:李召霞
责任校对:宋玉莲
责任印制:朱雨萌

出版发行:清华大学出版社
网　　址:http://www.tup.com.cn, http://www.wqbook.com
地　　址:北京清华大学学研大厦 A 座
邮　编:100084
社 总 机:010-83470000
邮　购:010-62786544
投稿与读者服务:010-62776969, c-service@tup.tsinghua.edu.cn
质量反馈:010-62772015, zhiliang@tup.tsinghua.edu.cn

印 刷 者:北京富博印刷有限公司
装 订 者:北京市密云县京文制本装订厂
经　　销:全国新华书店
开　　本:185mm×260mm　印　张:18.75　字　数:430 千字
版　　次:2021 年 6 月第 1 版　印　次:2022 年 8 月第 2 次印刷
定　　价:55.00 元

产品编号:085872-01

前言

审计是党和国家监督体系的重要组成部分。2018年,为加强党中央对审计工作的领导,构建集中统一、全面覆盖、权威高效的审计监督体系,更好地发挥审计监督作用,中国共产党中央委员会组建中央审计委员会,作为党中央决策议事协调机构。中央审计委员会的成立,标志着审计上升到了国家治理层面,成为党中央决策的重要依据,审计在推动实现国家良治善治方面发挥着重要作用。

随着互联网、大数据、云计算及机器学习的普遍应用,审计对象的信息化程度日益提升,不断倒逼审计信息化的技术变革。大数据时代,审计对象日新月异、层出不穷的新商业模式、新业务流程、新技术环境对审计任务、审计方式产生了巨大影响。2018年习近平总书记在中央审计委员会第一次会议上强调"要创新审计理念,及时揭示和反映经济社会各领域的新情况、新问题、新趋势,加大对经济社会运行中各类风险隐患揭示力度,加大对重点民生资金和项目审计力度"。因此,审计如何面对急剧变化的环境需求,创新审计模式,在大数据环境下有效揭示风险,成为审计人员面临的巨大挑战。

我国高度重视审计信息化工作。从中央到地方,从政府审计到社会审计,在审计署"金审工程"的引领下,审计信息化工作得到了长足发展。本人10多年来一直致力于审计信息化的教学、实践及科学研究工作,曾连续多年为审计署计算机审计中级、高级培训班讲授审计信息化相关课程;为大型央企、事业单位、银行、学会等内训设计课程体系并开展行业培训;参与完成国家审计署承担的国家"金审工程"、国家科技支撑计划等多项课题;参与、主持多项国家自然科学基金、省部级及企事业单位委托科研项目,与大型央企合作开展审计信息化研究,取得了一定的研究成果并在企业内部审计中进行了一定范围的应用推广;曾受审计署指派参与过大型央企的政府审计,有6年内部审计经验,主持过多项上市公司并购、大型央企的社会审计工作。

百年树人,为了更好地培养审计人才,我有责任将多年的培训心得、在实践中积累的审计经验及研究成果书写出来,以适应大数据环境下的审计需求。本书有理论探讨、有技术方法、有实践案例分析、有课后实验、有综合实训,系统介绍了大数据环境下,审计人员如何更好地运用数据审计的方法、工具,让数据说话,更好地发现审计疑点。

本书围绕大数据环境下如何开展数据审计这一核心问题,从理论、方法、技术与应用方面系统介绍了计算机数据审计。本书共分11章,第1~2章介绍了基础理论;第3~4章介绍了计算机数据审计的审前准备与数据处理;第5~6章介绍了大数据环境下结合审计业务理解数据、分析建模的总体思路;第7~10章结合实例,由浅入深重点分析了如何开展大数据审计;前面10章共设计了5个章节实验,使读者逐步掌握数据采集、数据分析、审计建模的技能;第11章设计了4个综合实训,使读者可以在章节实验基础上,完成从数据获取、确定审计目标到数据分析、得出结论的全过程,掌握计算机数据审计的核心要义。本书中的案例数据来源于实践并经脱密处理,未经许可请勿引用。

本书紧贴审计实践需求,从一个审计新手入门学习的视角,对当前计算机数据审计的基本概念、最新技术及常用软件、数据建模分析思路、方法、流程做了系统介绍。本书循序渐进、由浅入深,结合国内外最新技术,最热点的工具、语言,设计了数据获取、数据处理与验证、查询型分析、多维分析、挖掘分析、文本分析等多个审计应用场景及案例,既有基于审计人员常用的 Excle、SQL Server 查询语句的实例,又有 R、Python、Tableau、Smartbi、Echars 等热门软件的应用实例;配合章节理论、技术学习还提供了相应的章节内实验及综合实训练习,充分体现了前沿性、系统性、实用性、可操作性的特点,从理论、方法、工具、技术层面刻画了大数据环境下的计算机数据审计模式。

本书既可用作高等学校会计、审计、财务管理等相关专业本科生、研究生的教材,也可用作会计、审计领域相关人员的专业培训教材、后续学习及研究参考材料。

本书的写作和出版得到了来自审计署、清华大学出版社和北京信息科技大学等单位的各位领导、专家和同仁、研究生的大力支持。朱万祥撰写了本书第4章及电子课件;陈阳撰写了第8章8-3节并帮助整理了本书电子课件;程莹莹、陈薇、张佳佳、李兴远、冯卿松等同学为本书整理资料、编写代码付出了大量时间和心血。感谢审计署南京特派办吴笑凡、北京信息科技大学王晓波老师给予的无私帮助!感谢审计署计算机中级培训相关前辈们在审计领域的积极探索和经验积累,对本书的思想引领有着极其重要的影响。

本书相关内容的研究得到了教育部人文社科规划基金(项目编号:20YJAZH129)项目的资助。

本书的相关教学材料、实验数据、教学软件,请扫描相应的二维码获取。此外,在本书的编纂过程中,大数据分析软件产品 Smartbi 在软件使用及案例提供方面给予了大力支持,使本书在实例内容和工具呈现上更加丰富,在此特别鸣谢。由于作者水平有限,书中的瑕疵和疏漏敬请读者不吝赐教。

目 录

第1章 数字化审计模式概述 ·································· 1
  1.1 大数据应用及审计环境变革 ·································· 1
  1.2 数字化审计模式的产生与发展 ·································· 3
  1.3 数字化审计模式的概念与内涵 ·································· 5
  本章小结 ·································· 9
  思考题 ·································· 10

第2章 计算机数据审计的技术基础 ·································· 11
  2.1 数据审计的一般流程 ·································· 11
  2.2 数据审计的一般方法 ·································· 16
  2.3 数据审计常用分析技术与工具 ·································· 20
  本章小结 ·································· 25
  思考题 ·································· 25

第3章 审计准备 ·································· 26
  3.1 审前调查 ·································· 26
  3.2 信息系统控制测试 ·································· 29
  本章小结 ·································· 38
  思考题 ·································· 38

第4章 审计数据获取与处理 ·································· 39
  4.1 大数据环境下的审计数据获取方法 ·································· 39
  4.2 审计数据处理 ·································· 59
  4.3 审计数据验证与存储 ·································· 71
  4.4 审计数据获取案例 ·································· 73
  本章小结 ·································· 82
  课内实验一 ·································· 83

第5章 对电子数据的理解 ·································· 84
  5.1 会计信息系统的设计逻辑 ·································· 84
  5.2 总账子系统的数据表 ·································· 88

5.3 供应链子系统的数据表 ……………………………………………………… 103
本章小结 ……………………………………………………………………………… 113
课内实验二 …………………………………………………………………………… 113

第6章 审计数据建模 …………………………………………………………… 114

6.1 大数据环境下审计数据建模的要点 ……………………………………… 114
6.2 审计数据模型的分类 ……………………………………………………… 118
6.3 审计数据建模的思路 ……………………………………………………… 123
本章小结 ……………………………………………………………………………… 128
思考题 ………………………………………………………………………………… 128

第7章 查询型分析 ………………………………………………………………… 129

7.1 常见查询分析算法 ………………………………………………………… 130
7.2 财务报表审计中查询型分析的应用 ……………………………………… 153
本章小结 ……………………………………………………………………………… 171
课内实验三 …………………………………………………………………………… 171

第8章 推理型分析 ………………………………………………………………… 173

8.1 推理型分析技术 …………………………………………………………… 173
8.2 Excel多维数据分析 ………………………………………………………… 175
8.3 Tableau的多维分析与可视化 ……………………………………………… 185
8.4 Smartbi多维数据分析 ……………………………………………………… 188
本章小结 ……………………………………………………………………………… 230
课内实验四 …………………………………………………………………………… 230

第9章 预测型分析 ………………………………………………………………… 232

9.1 审计数据预测型分析概述 ………………………………………………… 232
9.2 班福法则 …………………………………………………………………… 233
9.3 定量变量的多元线性回归 ………………………………………………… 234
9.4 常用数据挖掘算法 ………………………………………………………… 238
9.5 SQL Server 数据挖掘应用案例 …………………………………………… 242
9.6 R 数据挖掘应用案例 ……………………………………………………… 255
本章小结 ……………………………………………………………………………… 265
课内实验五 …………………………………………………………………………… 265

第10章 非结构化审计数据分析 ……………………………………………… 266

10.1 非结构化审计数据分析思路 …………………………………………… 266
10.2 基于文本挖掘的数据分析技术 ………………………………………… 268

  10.3 审计文本分析与可视化案例 ……………………………………………………… 273
  本章小结 ……………………………………………………………………………………… 277
  思考题 ………………………………………………………………………………………… 277

第 11 章 综合实训 ……………………………………………………………………… 278
  综合实训一：工业企业财务审计 …………………………………………………………… 278
  综合实训二：销售收入审计 ………………………………………………………………… 279
  综合实训三：汽车消费贷款审计 …………………………………………………………… 280
  综合实训四：财政补贴审计 ………………………………………………………………… 281

参考文献 ……………………………………………………………………………………… 283

附录 …………………………………………………………………………………………… 288

第 1 章

数字化审计模式概述

【引例】

毕业于名校的职场新人小丁过关斩将,终于进入了梦寐以求的会计师事务所审计业务部。经过业务培训后,小丁跟随项目经理王老师开始进入某大型企业内部审计委托某二级子公司领导经济责任审计项目。项目组经过充分讨论,认为本次审计业务具有任务重、时间紧、资源紧张、被审计单位信息化集成程度高等特点,准备采用"总体部署、发现疑点、分散核查、系统研究、精确定位"的数字化审计模式。小丁很疑惑:我只学过账项基础审计模式、制度基础审计模式、风险导向审计模式,什么是数字化审计模式呢?

下面,跟随小丁的学习步伐,我们一起来了解数字化审计模式吧。

1.1 大数据应用及审计环境变革

互联网、大数据、云计算、深度学习等信息技术的迅猛发展使审计环境面临巨大变革。各个行业的信息系统规模迅速扩大,所产生的数据也呈现爆炸性的增长。海量电子数据暴增使数据传输与存储动辄达到数百 TB 甚至数十乃至数百 PB,学者们把这种大规模数据称为"海量数据"或"大数据"(Big Data)。大型企业集团动辄包括上百家子公司,使用 SAP/Oracle 等复杂的 ERP(Enterprise Resource Planning,企业资源计划)系统[①],采用集团数据大集中管理模式,单一年度财务、业务数据往往在 100TB 以上(1TB=1000GB)。商业银行每天的业务数据交易记录多达上亿笔,互联网公司的数据量更是惊人。被审计单位由信息技术驱动的商业模式变革、管理模式创新,使审计环境发生了巨大变化:财务数据、业务数据呈现多源、异构、交互性、时效性、社会性、突发性和高噪声等显著特点,数据种类繁多,包括但不限于数据库数据、图片、音视频、文档等格式。审计作为一门社会性学科,其理论发展必然受到社会经济环境的影响。而且目前审计所面临的重要社会经济环境充满了大数据的挑战。大数据时代,云计算技术、网络技术等的广泛深入应用,使传统经济模式出现了巨大变化,审计面临的信息技术环境发生了巨大的变革。大数据影响

---

① ERP 系统是建立在信息技术基础之上的、以系统化的管理思想为企业决策层和管理层提供决策运行手段的管理平台,是从制造业资源规划、管理发展成的一个通用的管理信息系统。

了审计环境,大数据带来了数据处理的新技术,促使人们使用新思维考虑问题,这些必然对审计产生极大的影响。

1. 审计目标的要求

从国家审计来讲,审计是国家治理的重要手段,审计的目标是维护国家安全,特别是经济安全。从宏观的角度,如何判断整个经济运行的安全性?以前审计关注从宏观着眼分析,从微观入手判断。大数据的形成使审计有了从宏观入手的手段,大数据对数据的影响使安全性,特别是宏观的安全性作为国家审计目标成为可能。因此,新时代将经济安全性作为审计目标的新变化,促使审计人员必须考虑如何从审计内容、手段、方法上适应新的审计目标要求,这是审计人员面临的新课题。

2. 重大错报风险的评估

互联网及云计算给企业带来了机会与潜在收益,也带来了风险。这些机会一方面给审计带来了延伸调查分析上的优势,另一方面却因系统复杂、错报方式更隐蔽而使现有审计监管难以实施、审计风险增加。大数据对现有信息系统传统的计算机技术和处理能力提出了严峻挑战:一是数据量巨大,不利于审计人员从价值密度低的、广泛存在的数据中迅速找到重点、评估重大错报风险并进行专业判断;二是越来越多的企业将核心业务转由云端提供或外包给云服务供应商,从而产生了新的、不同于以往的重大错报风险,如云计算固有风险、数据透明度风险、数据安全风险、云服务商与应用软件兼容风险、云服务商生存危机风险等。识别与评估被审计企业风险的方法是影响审计风险的重要因素。因此,在大数据环境下,企业面临的新风险将极大影响审计人员对审计风险的评估,使审计风险的来源与构成多样化、复杂化、多变化。

3. 审计取证模式的挑战

审计证据是指审计人员为了实现审计目标有目的获取、用来证明审计事项正确与否或可能性,并依此形成审计结论的证明材料。审计证据的获取及评价与审计所处的信息技术环境有着密切关联。大数据环境下,与被审计单位相关的数据同以前相比具有数据量大、异构、高噪声、存储速度快等特征,电子数据集成度高、规模大,以审计小组为单位进行分散审查的审计方式难以对审计总体进行快速有效的判断。此外,许多审计数据来源于信息系统,审计人员对系统的风险评估也必然对审计证据获取方式、充分性的判定产生极大的影响。在大数据环境下,审计证据的获取途径、获取来源、获取方法,证据的充分,证据的固化等将随之发生巨大变化。

4. 审计方法的变化

审计方法是指审计人员为了实现审计目标、设计审计方案获取审计证据所采取的方式方法或技术的总称。不同的社会经济环境要求有与之相适应的审计方法。大数据环境下,审计数据量的快速增长给数据的收集、整理、存储及分析带来了挑战:一是被审计单位业务复杂,审计人员短时间内很难对被审计单位的业务模式、运营状况、业务流程、系统情况等获得透彻清晰的认识;二是数据结构复杂,审计人员在短时间内难以全面掌握和了解系统架构、数据内涵、系统内部控制及数据表间钩稽关系,找到相应审计方法获取证据更是难上加难;三是数据类型多样,审计人员虽能较好地处理结构化数据,但对非结构化数据的综合分析和处理技术则普遍差强人意,全面的数据分析能力有待提高。同时,大数据也为审计带来了机遇:在以安全性为国家审计目标的新时代,由于微观和个体的数据经过聚集形成一定数量、一定规模后,本身就带有了一定的宏观性,为审计人员直接从宏观入手,分析宏观总量的运动状况和效果提供了审计可能。因此,传统审计方法如何将新审计环境带来的挑战转变为可供审计利用的技术手段,成为审计人员迫切需要解决的问题。

5. 审计报告的要求

审计报告是指注册会计师根据相关准则的规定,对被审计单位发表审计意见的书面文件。大数据环境下,被审计单位不仅面临经营风险,现代信息技术如云计算的应用等,也使其随时面临新的技术风险,这就要求注册会计师的审计报告中除了要对被审计单位的财务报表发表审计,还要对被审计单位信息技术应用产生的运营风险及相应的解决方案等发表客观公允的审计意见。

此外,大数据为审计人员提供了全时空的数据分析观。大数据不仅能揭示已经发生的危机,更能感知未来可能发生的危机,审计建议的重要性更为直观。大数据时代,注册会计师对过去的审计鉴证和对未来的审计建议将具有同等重要性。注册会计师如果能用大数据的分析技术分析出企业的未来发展趋势,对企业未来的审计建议意义更大。发现企业过去的重大错报风险只是揭示了危机,对未来可能或即将发生的风险的揭示才更有意义。

1.2 数字化审计模式的产生与发展

审计取证方式在传统的手工状态下经历了账项基础审计模式、制度基础审计模式、风险导向审计模式的变革,对审计实务有着积极的指导意义。随着信息技术的普遍应用,审计取证模式发生了质的变化,计算机辅助审计、信息系统审计等概念相继出现并逐步发展。

数字化审计模式的发展大致经历了以下三个阶段:

一是电子数据审计阶段。20世纪中后期,全球的信息化浪潮推动着会计信息化的迅速发展,各行各业都不同程度地开展了会计电算化工作。20世纪60年代,随着第二代晶体管计算机的出现,开始有了电子数据处理审计。80年代末,许多开展会计电算化的企业尝试以电子和纸质两种形式保存会计数据。从审计的角度看,保存在这两种载体上的信息量是不同的。纸质上的会计数据信息是按照财政部关于会计档案管理的要求生成的,是部分数据。电子会计数据的信息量显然要多得多,除了保存有大量的中间和结果数据外,还有数据之间的钩稽关系、数据生成过程等一系列辅助数据。这些信息对审计工作的开展有着极其重要的辅助作用,所以审计人员必须转变思路,关注审计对象及其载体的变迁,探索新的审计模式。越来越多的学者利用计算机辅助技术(Computer Assisted Audit Techniques,CAATs)使审计程序自动化,辅助获取审计证据。辅助使用计算机进行审计被称为计算机辅助审计。这个阶段的计算机辅助审计是指审计人员在取得会计电子数据后,利用计算机软件或数据库管理系统将其还原成相应的电子账目系统,再针对该转换后审计人员可识别的电子账务数据进行审计的模式。在这种模式下,审计的重点依然是会计账簿,只是其存储介质从纸质变成了电子。

二是信息系统审计阶段。随着计算机技术的快速推广应用,计算机辅助审计延伸到对计算机系统的可靠性、安全性进行了解和评价方面。风险导向审计模式的采用,以及信息技术在被审计单位的广泛应用,使信息系统的安全性、可靠性与组织所面临的各种风险之间的联系越来越紧密,并且可能直接或间接地影响财务报表的真实性和公允性。因此,将计算机信息系统纳入对被审计单位风险评估范围,信息系统审计概念随之出现。1996年,美国信息系统审计与控制学会(Information Systems Audit and Control Association,ISACA)公布的IT治理控制框架COBIT(Control Objectives for Information and related Technology)成为全球IT治理的最佳指南。ISACA协会主办的信息系统审计师(CISA)教材将信息系统审计划分为一般控制与应用控制测试,成为信息系统审计的标准流程。整个体系综合了ITIL、COSO和BS7799等国际标准,内容涵盖IT治理、内部控制框架、控制目标、管理指南和成熟度模型等方面,是目前国际上公认的最全面、最权威的IT治理、审计、安全与控制框架。

为了指导和规范国家审计机关组织开展的信息系统审计活动,提高审计效率,保证审计质量,审计署于2012年2月印发了《信息系统审计指南——计算机审计实务公告第34号》,为信息系统审计实践提供了有力的指导,取得了良好的效果,但在应用过程中也表现出一些不足。2014年10月,《国务院关于加强审计工作的意见》(以下简称48号文)明确提出"推进对各部门、单位计算机信息系统安全性、可靠性和经济性的审计",对开展信息系统审计工作提出更高的要求。为落实好48号文,审计署制定了《审计署关于深入贯彻落实党的十八届四中全会精神和〈国务院关于加强审计工作的意见〉的意见》,明确将信息系统审计指南纳入国家审计指南体系,作为专业审计指南之一进行修订完善。2016年,中国证券监督管理委员会颁布了《证券期货业信息系统审计指南》〔2016〕25号,为证券交易所、期货交易所、证券登记结算机构、其他核心机构、证券公司、基金管理公司、期货公司等七类金融行业信息系统审计建立了推荐性的系列标准。2016年审计署进一步修订了信息系统审计指南,从信息系统审计的概念内涵、一般性程序、审计方法、测评技术、项目管理审计、一般控制审计、应用控制审计等方面对信息系统审计进行了系统梳理。

三是数字化审计模式阶段。在这一阶段,计算机审计、计算机辅助审计、计算机数据审计(又称电子数据审计)、信息系统审计、数字化审计等多种概念并存并逐渐清晰。数字化审计模式涵盖了其他概念的内容,并以其应对大数据审计环境更强的适应性、更高的布局体系、更强的组织管理模式表达凸显出科技强审的时代特性。与传统审计相比,计算机审计在更多文献中被广泛认为包括利用计算机辅助审计和对计算机系统进行审计,换言之,计算机审计包括计算机数据审计及信息系统审计。

20世纪末21世纪初,随着我国会计信息化的逐步完善,现场审计人员广泛使用实用工具及应用软件开展计算机辅助审计。随着形势的发展,单纯依靠实用工具及应用软件灵活性不强、针对性差,审计署开始在审计系统内开展计算机审计培训,培养了一大批能访问被审计单位数据库、采集转换数据、查询分析、现场组建网络并进行系统维护的骨干人员。在这一阶段,石爱中(2005)副审计长等结合现场审计取证模式的改变,创新性地提出了信息化条件下的审计取证模式——账套式审计模式及数据式审计模式。这个概念的提出成为我国数字化审计模式的里程碑。账套式审计模式包括账套基础审计模式、账套式系统基础审计模式两种,其核心内容是将数据还原为电子账套,是否以系统内部控制为基础是两种模式的关键区别。信息化条件下,审计工作的对象从传统的纸质账目转变成了种类繁多的电子数据,数据式基础审计可以简单地描述为系统内部控制测评加数据审计。数据式审计模式包括数据基础审计模式和数据式系统基础审计模式两种。两种模式均以数据为直接对象,区别在于是否以系统内部控制为基础。MBA智库百科中数据式审计的定义是"以被审计单位底层数据库原始数据为切入点,在对信息系统内部控制测评的基础上,通过对底层数据的采集、转换、整理、分析和验证,形成审计中间表,并且运用查询分析、多维分析、数据挖掘等多种技术方法构建模型进行数据分析,发现趋势、异常和错误,把握总体、突出重点、精确延伸,从而收集审计证据、实现审计目标的审计方式"。2006年,审计署京津冀特派员办事处对计算机审计开展若干年来的成果进行了总结、归纳和提升,认为"计算机审计是以被审计单位计算机信息系统和底层数据库原始数据为切入点,在对信息系统进行检查测评的基础上,通过对底层数据的采集、转换、清理、验证,形成审计中间表,并且运用查询分析、多维分析、数据挖掘等多种技术构建模型进行数据分析,发现趋势、异常和错误,把握总体、突出重点、精确延伸,从而收集审计证据、实现审计目标的审计方式"。从上述两篇文献的定义看,计算机审计与智库定义的数据式审计其实相同。上述定义为数字化审计模式的进一步发展奠定了基础。

2010年前后,大数据、云计算的出现不仅改变了商业运营模式,而且改变了人类认识和思考世界的方式。肯尼思·库克耶和维克托·迈尔—舍恩伯格在引发热议的专著《大数据时代:生活、工作与思维的大变革》中肯定了大数据对社会带来的巨大影响,认为随着社会技术环境的变化,人类处理数据的能力将大大增强。由此,审计人员对大数据的认识出现了三个显著变化:一是审计数据从抽样数据变成全量数据成为可能;二是由于是全量数据,审计人员必须接受数据的混杂性而放弃对精确性的追求;三是审计人员应该增强对大数据的处理能力,放弃单一化的对因果关系的渴求,转而关注数据间的相互联系。大数据的出现对审计分析产生了深远的影响。大数据环境下的审计数据分析成为数据审计的核心内容和计算机审计发展的方向。2012年,审计署着力推进审计信息化建设,努力构建大数据审计模式,积极建设国家审计数据中心,提高审计能力、质量和效率,扩大审计监督的广度和深度,创新性地提出并推广"总体分析、发现疑点、分散核查、精确定位、系统研究"的数字化审计方式。不仅是政府审计领域,注册会计师审计、内部审计也快速适应信息化审计环境的变化,创新审计方法,探索数字化审计方式,综合运用现场审计与非现场审计模式提升审计监督效率。2019年,审计署发布了《审计署办公厅关于印发2019年度内部审计工作指导意见的通知》,明确提出"创新内部审计方式方法,加强审计信息化建设,强化大数据审计思维,增强大数据审计能力,综合运用现场审计和非现场审计方式,提升内部审计监督效能"。

1.3 数字化审计模式的概念与内涵

数字化审计模式是具有时代特征的审计模式,是随着信息技术的变革应运而生的时代产物。数字化审计模式是面向数据的审计,更应该是面向信息系统及信息系统生命周期的审计。数字化审计模式扩大了审计人员的视野,丰富了审计人员的可用信息。

1.3.1 数字化审计模式的概念

从现有学者的文献成果综合来看,数字化审计模式的概念包括广义和狭义两种。广义的数字化审计模式是指采用数字化方式,对信息系统及其相关的信息系统内部控制、系统安全性、可靠性、经济性、数据准确性、真实性、不可篡改性等进行评价,在此基础上,采用计算机辅助手段,对审计数据进行建模分析以确定审计总体的发展趋势及规律,是一种对被审计单位的经济活动、资金运动、内部控制、风险管理及信息系统进行系统的监督、评价、鉴证及建议的活动。广义的数字化审计模式本质上包括信息系统审计及计算机数据审计。狭义的数字化审计模式仅指计算机数据审计。本书采用狭义的概念对后续内容进行介绍。

1.3.1.1 计算机数据审计

计算机数据审计是运用计算机审计技术对被审计单位与财政收支、财务收支有关的计算机信息系统所存储和处理的电子数据进行的审计。通过对财务、业务系统相关底层数据的采集、转换、清理、验证,充分利用各种信息系统控制数据及其他数据,对被审计单位信息系统进行风险评估及控制测试;在此基础上,以被审计单位信息系统和底层数据库或数据仓库为基础,根据审计任务及目标整理形成审计中间表;对审计总体进行全量数据分析,运用查询、验证、预测等多种方法构建审计模型,从而发现审计疑点、异常和错误;分散核查、精确定位,从而收集审计证据,形成审计结论,实现审计目标并进行系统研究的过程。本书定义的计算机数据审计是系统基础数据审计模式的内涵扩展,审计对象不仅是电子数据,也包括对系统进行内部控制测评,以此为基础开展数据审计、实现审计目标的审计方式。

1.3.1.2 信息系统审计

信息系统审计是指国家审计机关、内部审计机构、注册会计师审计单位和审计人员,依法独立对政府部门、国有企事业单位和金融机构的信息系统及其相关的信息技术内部控制和流程的安全性、可靠性和经济性进行检查、监督与评价的活动;审计机关、机构、单位及人员采用调查法、资料审查法、实地考察法、数据测试法、综合测试法、平行模拟法、源代码检查法、嵌入审计模块法等方法,对包括但不限于信息系统项目管理、一般控制和应用控制进行审计并获取证据,出具独立的信息系统审计报告的过程。

1.3.1.3 数据审计与信息系统审计的区别和联系

首先是审计对象不同。计算机数据审计的对象是被审计单位内部控制、信息系统存储和处理的电子数据,计算机信息系统审计的对象是存储和处理电子数据的计算机信息系统。

其次是工作的侧重点不同。计算机数据审计是审计人员在对信息系统内部控制情况进行风险评估的基础上,采集、转换、清理、验证和分析获取的电子数据,进而掌握总体情况,发现审计线索,搜集审计证据,形成审计结论,实现审计目标的过程。计算机数据审计虽然也对信息系统进行内部控制测试,以验证被审计单位提供电子数据的真实性、准确性和完整性,但这种对信息系统内部控制的验证测试具有一定的局限性,很多时候是通过信息系统的内部控制数据如系统日志、用户密码、访问控制列表等进一步验证系统控制的有效性。而信息系统审计要通过对信息系统的调查与了解,对系统控制、系统功能、网络安全、系统可靠性、有效性、数据的不可篡改性的分析与测评,综合评价一个计算机信息系统是否能够满足安全性、有效性与经济性目标,是否能够提供真实、准确、完整的电子数据。

最后是使用的技术方法不同。计算机数据审计主要采用对电子数据进行分析的方法,包括审计数据采集转换技术、审计中间表设计、审计模型构建技术以及能够对数据进行有效分析的各种数据分析方法。计算机信息系统审计主要采用组织机构评价、网络安全评价、系统调查、系统分析、系统测试和系统评价的技术方法(如调查法、测试法、分析法、平等模拟法、综合评价法等)得出信息系统审计的结论。

虽然计算机数据审计和计算机信息系统审计存在以上差别,但它们是同一事物的两个方面是相辅相成的。首先,电子数据存储和处理的环境依赖信息系统。电子数据不能独立存在,电子数据是信息系统中存在问题的呈现方式,有什么样的信息系统,就有什么样的电子数据。因此,计算机数据审计发现的问题可以作为信息系统审计的参考和线索。其次,信息系统服务业务的最终成果是电子数据,是信息系统功能的重要体现。不同的电子数据代表不同的功能和作用,包括描述系统本身的元数据、实现系统控制的控制数据、辅助财务核算的财务数据、完成业务运行的业务数据等。因此,计算机数据审计离不开对信息系统的控制测试。信息系统审计中常通过对系统控制数据及其他电子数据的分析来获取系统可靠性、安全性、有效性的审计证据。

1.3.2 计算机数据审计模式的特点

1. 电子数据成为审计分析的重点

数据式审计的最大特点就是对电子数据的直接利用。在数字化审计模式下,审计人员面对的不仅仅是会计信息系统[①]中的电子账套,而是将被审计单位信息系统及其处理的电子数据、数据库或数据仓库数据、其他来源的多源业务数据、经营管理数据等作为直接的审计对象。在进行数据采集时,或通过采集软件获取会计信息系统的关键数据表,或直接通过被审计单位计算机信息系统的底层数据库,获取更多、更广泛的内部数据。审计人员通过结合内、外部数据源(比如从相关单位和部门采集的工商数据、税务数据、司法案件数据、重要的决策会议纪要及其他业务数据等)对这些数据进行综合分析,从而获得大量的有用信息。

2. 计算机数据审计模式改变了审计的核心方法

在账项基础审计模式中,审计的核心方法是详查法。在详查法的基础上,审计人员逐步开发了逆查法和顺查法。19世纪末20世纪初,随着审计事项规模的不断扩大和日益

---

① 会计信息系统是ERP的重要组成部分,是ERP中的重心,由会计核算系统、财务管理系统和财务决策支持系统组成,是整合企业各个部门各种资源的最佳手段。

复杂,审计人员开始使用测试法。测试法的大量运用,使审计方法发生了实质性的变化。

在制度基础审计模式中,由于大量运用了统计方法,测试法得到了长足发展,并最终取代详查法,成为审计的核心方法。例如,在美国的蒙哥马利模式中,测试被分为符合性测试和实质性测试;在美国的阿伦斯模式中,测试被分为控制测试、业务测试、分析性测试(也被译为分析性复核)和余额测试。当制度基础审计模式发展到风险基础审计时,测试的类型没有发生实质性变化,但分析性测试的作用更加突出,运用的范围更加广泛,成为核心中的核心。数字化审计模式的数据分析方法不同于传统的分析性测试。首先,数据分析是对数据的处理,并试图使数据转化为有用信息。分析性测试则是对信息的处理,是对信息的再利用。明确这种区别至关重要,因为数据是底层的、元素性的,可以有多种多样的组合,在用途上可以做多种多样的扩展,从而形成多种多样的信息;信息则具有明确的表现形态和具体内容,在用途上具有一定的限制,因而只能做有限的再利用,不能做深度的挖掘。其次,在理论上,分析性测试只是实质性测试的一种,数据分析则可以完全不限定于某一种测试。换言之,数据分析技术可以用于多种测试工作。

3. 扩大了审计范围和审计内容

数字化审计丰富了审计人员的可用信息,使其不再局限于财务信息,财务数据、业务数据、运营管理数据及其他外部环境数据等,只要与审计有关的都可以作为审计对象,使整个业务流和数据流的信息共享成为可能。利用计算机强大的数据处理能力,为计算机数据审计插上了技术的翅膀。与传统审计模式相比,这扩大了审计范围,解决了人工审计状态下的低效问题。

4. 数据分析是计算机数据审计模式的核心

大数据环境下,网络、信息系统、平台等所带来的风险与日俱增。审计人员面对的主要问题是如何对信息系统中的数据进行有效的分析以对审计目标作出准确判断。数据分析方法成为审计的核心方法。建立在数字化审计基础上的数据分析方法不同于传统的分析性测试。分析性测试的对象是会计信息,这些信息具有特定的格式和确定的内容,对其只能进行有限的再利用。而数据分析的对象是数据库中的底层数据,可以直接对其进行各种数据处理,形成满足审计目标的多种多样的信息。①

1.3.3 计算机数据审计的作业模式

计算机数据审计的作业模式一般包括现场审计和非现场审计两种。作为现场审计的重要手段,审计人员在审计现场可单机或组建专用审计网络开展数字化审计。单机开展适用于被审计单位规模小、数据量小、审计组人员少的情况;组建网络要在审计现场设置专门的服务器存储和处理数据,审计人员在局域网内协同工作,这种模式适用于被审计单位规模大、数据量大、数据实时要求高的审计环境。非现场审计环节开展数字化审计是通过架构审计服务器,采用专网远程采集数据或由审计单位上报数据,开展基于总体大数据的数字化审计。

在审计实务中,数字化审计模式贯穿整个审计过程。在审计计划阶段,数字化审计作

---

① MBA智库百科——数据式审计模式。

为分析性程序常被用来评估重大错报风险领域,确认资料间的异常波动,找出潜在的风险领域,确定被审计单位的重点领域,制订更为翔实周密的审计计划、更为恰当地部署审计资源,使接下来的现场审计更有效率和效果。在控制测试阶段,通过对被审计单位相关信息系统的访问控制数据等进行数据分析,明确重要的内部控制在系统层面是否正确执行;在实质性测试阶段,通过对相关财务、业务数据及其他数据的综合分析,收集与账户余额及各类交易相关的数据作为认定的证据;并且在取证结束时,运用审计数据分析程序对所有审计问题作最后的综合分析,发现异常,由各专业审计小组或项目主审对审计人员发现的问题进行综合比较,必要时考虑追加审计程序。在报告阶段,数字化审计常用来对各专业小组分报告进行比较分析,提高审计总体评价的准确性。

1.3.4 计算机数据审计的必要性及意义

计算机数据审计是整个审计报告的支持过程,利用计算机技术和方法,对数据进行审计分析以发现疑点并取证。数据是事实,审计数据分析是审计人员根据审计目标收集数据、分析数据,将其加工成为审计信息的过程。审计数据分析的目的是将隐没在看似杂乱无章的数据中的有用信息快速集中、萃取和提炼出来,以找出被审计对象的内在风险和规律。

计算机数据审计模式的运用是科技强审的核心问题,对审计人员提出了更高的技术要求。审计人员需要利用各种工具对采集和处理后的电子数据进行分析,计算机审计的效果常常取决于对电子数据的分析结果。实务中比较常见的做法是:审计人员对采集回来的数据,经过清理、转换和校验后,建立审计分析模型,有时通过分析和比较信息(包括财务信息和非财务信息)之间的关系,有时通过计算相关的比率,有时通过建立审计分析性"中间表"并编写程序对数据进行核对、检查、复算和判断,从而发现审计线索。在对具体数据进行分析的过程中,审计人员根据法律法规、业务处理逻辑、钩稽关系或审计经验等建立分析问题的概括化、程序化的表述,以确定审计重点、获取审计证据和支持审计结论。

在传统模式下,由于审计风险的存在,审计人员必须在确保审计质量的前提下,尽可能地执行较大范围的审计测试以收集充分的审计证据,同时又必须考虑审计成本。大数据环境使全量数据审计成为可能,审计人员既可以保持职业审慎,又避免了以牺牲审计质量来换取审计成本的降低。大数据环境下,计算机数据审计模式提供了多种效率高、效果好的技术方法来有效评估审计工作中收集到的信息,可以快速地把握审计总体的特征,在一定程度上避免了审计抽样带来的误差,有效地提高了审计效率。因此,计算机数据审计模式的运用对审计人员在审计工作中提高质量和效率均具有重要意义。

本 章 小 结

大数据时代,被审计单位商业模式、数据载体、业务处理流程的巨大变化,使审计对象、审计方法面临巨大挑战,数字化审计模式应运而生。本章重点介绍了大数据时代的审计环境变化、数字化审计模式产生的背景、发展历程,以及数字化审计的概念、内涵,数据、审计数据的概念及分类。作为一名审计人员,如何在审计实践中开展数字化审计?需要掌握哪些方法技术?下一章将为大家介绍。

思考题

1. 信息系统审计与计算机辅助审计有何区别?
2. 计算机审计与数字化审计有何异同?
3. 如何开展计算机数据审计?

第 2 章

计算机数据审计的技术基础

【引例】

> 项目组成立后,经初步了解,发现被审计单位规模较大,有多级子公司一级部署 SAP 系统,公司总部采用数据集成管理模式,各子公司数据通过公司内网实时更新。小丁作为新人,被项目经理指派跟随审前调查组学习。小丁觉得非常新鲜,数字化审计模式下的都有哪些审计流程呢?审前调查要做些什么呢?

下面,跟随小丁的学习步伐,我们一起来了解计算机数据审计的工作流程与内容吧。

2.1 数据审计的一般流程

计算机数据审计是采用数字化审计模式完成审计任务的过程。一般来讲,在确定审计项目、组建审计项目组后,应根据《中华人民共和国国家审计准则》及其他相关规定,评估被审计单位对信息系统的依赖程度,确定是否及如何检查相关信息系统的安全性、可靠性和经济性。进行计算机数据审计重点应完成以下工作。

2.1.1 审计准备

与经典审计模式相比,数据审计模式下的审计准备阶段在审前调查中要增加对信息系统的调查,在重大错报风险分析中要增加对信息系统风险的评估,并在方案设计中具体体现。

1. 开展审前调查

开展现场审计前,审计人员首先应调查了解被审计单位所处的行业特点,以及宏观经济发展、国家政策法规、税收金融政策对行业的整体影响,企业在行业中的地位、企业发展现状、企业内部的生产经营、发展战略、财务系统、业务系统等基本情况,并了解企业以前年度审计发现的问题及整改情况等。在了解上述大环境、大背景后,重点开展数据审计审前调查,根据审计组编制审计工作方案的需要,可以自行选择调查内容,有所侧重地进行适当的扩充和删减。对实行数据大集中的行业或者单位进行审前调查,应当统筹规划,充分考虑时间、资源及任务的紧迫程度,将部分采集、整理等数据准备工作列入审前调查的范围。

2. 制定数据审计实施方案

根据审前调查的基本内容,按照总体审计计划或审计方案的要求及实施方案的指引,根据审计项目计划形成过程中调查审计需求、进行可行性研究的情况，开展进一步调查，形成计算机数据审计实施方案，在服务总体审计目标、范围、重点和项目组织实施等方面对计算机数据审计进行细化、完善，为下一步更好地完成数据分析确定阶段目标及任务。审计项目计划或实施方案由审计组负责统筹设计，计算机数据审计实施方案由数据审计组负责编写。数据审计组应调查了解信息系统的详细情况，评估信息系统内部控制存在的问题，确定审计应对措施，编写数据审计实施方案。数据审计实施方案的内容与工作方案一致，但应针对被审计单位的情况作出更加具体明确的审计工作安排，尤其是要根据审计目标与审计任务，重点设计信息系统内部控制测试和审计数据分析的措施。

  计算机数据审计实施方案的内容包括但不限于：①计算机数据审计的目标。计算机数据审计目标可以是对信息系统的安全性、可靠性、经济性进行综合评价，也可以是针对其中某一重大风险的专项评价。②计算机数据审计范围。审计范围可以是被审计单位与财务、业务、关键控制流程相关的信息系统，一般是为实现审计目标所确定的关键信息系统。③计算机数据审计的内容、重点、措施等。计算机数据审计的内容可划分到具体审计事项，确定每一个审计事项的具体内容和应对措施等。应对措施包括每一个审计事项的审计步骤、方法、人员和时间安排等。④审计工作的要求。包括审计的时间进度安排、审计组内部职责分工和相关管理事项等。当审计工作方案、审计目标、重要审计事项发生变化，以及审计人员和分工、被审计单位发生重大变化时，应对审计实施方案进行调整。⑤审计取证、审计记录与审计评价。审计取证是指为发表审计结论，对审计事项进行审查所获取的审计证据。计算机数据审计的证据应符合审计证据的一般性要求，同时应考虑信息系统的技术复杂性和电子数据的特殊性。在计算机数据审计过程中，审计人员在获取电子审计证据时，应做好电子数据采集、清洗和处理过程的记录；对信息系统业务、管理流程的取证，也应做好业务流程分析过程的记录和评价；对以电子形式存在的审计证据，审计人员应做好记录，并由被审计单位盖章或相关人员签字确认。特殊情况下或专业领域的取证，可由审计机关聘请外部专家完成。计算机数据审计记录包括调查了解记录、审计工作底稿和重要事项记录等。审计工作底稿应重点记录信息系统审计事项的审计过程，包括计算机数据审计事项内容、审计程序步骤、对总体审计目标的支撑、数据审计评价结果等，并附上审计证据作为附件。计算机数据审计评价应客观、公正地反映被审计单位的真实情况。

  非独立安排的计算机数据审计项目，原则上不单独出具计算机数据审计报告，而是将计算机数据审计结果纳入一般审计报告。独立安排的计算机数据审计项目或需要单独出具数据审计报告的情况，以书面形式将计算机数据审计的重点、数据审计评价结论及依据、数据审计建议等报告清楚。数据分析过程、取证单及问题底稿应及时归档。

2.1.2 环境部署

  无论是现场审计还是非现场审计，均需根据项目需要，组建项目级审计局域网，按照被审计单位的数据量级、审计组的业务需求配置部署相应的服务器和局域网，使组成成员可通过局域网共同访问数据库服务器及应用服务器，共同完成项目任务。

  现场审计需在被审计单位支持下，组建审计组内使用的内部局域网，部署相应的数据和应用服务器,并确保获取的被审计单位的数据能够成功部署在审计服务器上,根据审计组内业务授权,使审计项目组成员可实时访问审计服务器并进行相应数据操作。审计人员应避免直接连接财务或业务服务器进行审计数据的增删改操作;对重要的审计成果或中间表数据,也要确定增删改查的授权,避免审计人员不当操作改变数据原有特征或造成审计成果的缺失。

非现场审计是计算机数据审计不同于传统审计模式的重要特征。在非现场审计环境下,审计组需部署相应的服务器,设置审计专网、加密渠道或以其他方式与被审计单位建立数据获取的安全通道。审计组获取被审计单位电子数据后将其部署在审计专网内服务器上,设置数据管理的相应权限,供项目组成员按授权查询分析审计数据。

2.1.3 数据处理

全面采集被审计单位的相关数据;对采集的数据进行清理、转换、验证;形成数据采集及处理报告,写清采集数据的信息系统、数据采集方法、范围、内容、格式;清理转换的操作概要、形成的最终成果等。

一般的会计信息系统常基于 WINDOWS、NT、UNIX、NETWARE 等平台开发,采用 SQL Server、Sybase、Oracle、DB2、Informix、MySQL、Access 等数据库管理系统。为避免破坏被审计单位会计信息系统、核心业务系统的生产环境,减少现场审计人员从会计信息系统及核心业务系统前台查询的工作量,审计组的解决方案一般是:将数据从被审计单位的数据库服务器备份并还原到审计人员的工作环境中,同时为审计人员安装被审计单位重要信息系统的客户端并提供相应的查询权限。

会计信息系统数据采集常用以下几种方式实现:直接备份被审计单位数据库数据,并还原至审计数据库服务器;文本采集;模板采集;使用采集软件,采用国标 GB/19581 标准接口进行采集;由被审计单位会计信息系统客户端查询并保存。熟练掌握数据库技术的审计人员在现场审计中常采用第一种方式采集数据。

1. 数据库数据采集

对于关系型数据库管理系统来说,开放数据库连接(ODBC)是最常用的数据下载方法,尤其要关注数据传输和数据下载过程中数据的完整性。

对数据库比较熟悉的审计人员,还可要求被审计单位提供数据库备份文件,并将其还原至审计现场相同版本的数据库管理系统中,之后再用数据库管理系统编写查询或分析脚本进行审计数据分析,或将数据导入审计人员熟悉的审计工具软件中进行审计。

在备份还原被审计单位数据库数据时,要注意被审计单位使用的数据库软件、版本与审计现场数据库服务器的型号版本兼容性问题。若使用低版本备份数据向高版本服务器还原,容易遇到系统兼容性问题导致报错或出现数据缺失,此时一定要注意进行数据校验。

2. 文本采集

现场审计人员不具有与被审计单位相同的数据库管理系统,或没有相同条件安装同类型同版本数据库管理软件时,可采用文本采集方式。审计人员可在分析被审计单位特殊业务流程、数据流程的基础上,通过分析行业软件后台数据表结构,选定关键数据表。

被审计单位按要求采集并提供文本格式数据后，审计人员将其导入熟悉的数据库管理系统或审计工具软件中进行查询分析。

3. 模板采集

有些被审计单位使用的软件不统一，所使用的数据库系统类型各异，有些被审计单位尚未使用信息系统进行数据处理，审计人员面临大型审计项目时，被审计单位手工账与电子数据并存的情况，不利于对总体进行分析。此时审计组一般会采用模板采集的方式获取数据。例如，审计某商业银行总行时，发现各分行分别采用不同公司开发的行业软件。为使获取的数据更为真实地反映各分行特点，并纵向连续、横向可比，审计人员要求被审计单位提供个贷系统、资金交易系统等重要系统中的关键数据表，如个人贷款信息表、个人贷款余额表、个人贷款利息计算表、贷款七级分类迁移表、个人贷款利息调整表、债券交易流水、正回购逆回购交易明细表、债券利息明细表等，并根据数据表结构获取主要属性。审计人员可将模板采集的总体数据导入工具软件进行横纵向对比分析，从而提高审计效率。

采用模板采集的方式需注意被采集数据的真实、完整、不可篡改性。由于模板采集的数据并非原始数据，为避免被审计单位提供数据时的人为错误和舞弊行为，提高审计效率，审计组应进一步要求被审计单位盖章后提供数据，并由审计人员对提供的数据进行初步分析、校验、复核后再使用。

4. ERP 系统查询及保存

当审计组不具备前几种数据采集条件时，可由被审计单位提供审计查询权限，在客户端进行查询并保存为审计人员需要的数据格式再进行审计分析。

5. 其他审计工具软件采集

除了上述采集方法外，还有许多软件也可实现数据的采集、转换及导入，如南京特派办开发的审计数据采集与分析工具，以及用友审易、中普、昂卓、易审通、鼎信诺、IDEA、Caseware、ACL 等审计工具软件。

2.1.4 创建审计中间表

创建审计中间表是构建审计分析模型的前提和基础，也是实现数据式审计的关键环节之一。审计中间表是审计人员根据审计任务需要，为了提高审计分析效率、实现审计目的，将转换、清理、验证后的电子数据按审计需求进行投影、连接等，再按照审计业务习惯，进一步选择、整理，形成的满足审计需要的较为精简的共享数据集合。在此基础上，审计人员可进行进一步的数据建模及数据分析。审计中间表是审计人员建立审计分析模型的基础，使数据分析建模工作更为便捷高效。

创建审计中间表是一个循序渐进的过程。按照使用目的的不同，审计中间表又可分为基础性审计中间表和分析性审计中间表。在对数据进行清理、转换和验证以后，审计人员应选定审计所需的基础性数据，如去掉与审计无关的字段、建立表与表之间的基本连接等。创建基础性审计中间表可以帮助审计人员选定审计所需的基础性数据。在建立分析模型进行具体的数据分析时，审计人员按照审计分析模型的需要，对基础性中间表进行字段选择、连接等处理，以实现对数据的建模分析，形成分析性审计中间表，以实现对数据的模型分析。

在大数据环境下,许多企业为了消除多个不同业务系统间的数据壁垒,自行构建了数据资源池,并在资源池中对多源、异构的业务数据及财务数据进行了标准化处理,形成了数据中台。这个数据中台可供审计人员直接利用,由于跨平台数据已做了标准化处理及跨平台资源整合,审计利用更为便捷。

2.1.5 把握总体,确定重点

审计工作必须始终坚持的战略定位是围绕审计目标,把握审计总体情况,站在更高的层面有针对性地发现审计中的关键风险,这样才能提出有效堵塞漏洞、加强管理、促进改革的建议。对清理转换后的电子数据,审计人员首先应当围绕审计目标对审计总体进行分析,掌握被审计单位的经营环境、政策背景、运营模式、业务流程等关键信息,找准薄弱环节,确定审计重点。

找准薄弱环节是审计工作中必须始终坚持的重要方向,也是应对审计风险的一种有效策略和方法。审计人员在纷繁复杂的情况下,必须有核心定力,紧密围绕审计目标,牢牢抓住核心业务、基本流程、关键控制,找准对全局、对未来有根本性影响或有可能造成重大危害的重点数据作为审计突破口,找准"火源"和引发"火源"的关键。在此基础上,区分轻重缓急,整合审计力量,有针对性地确定重点审计方案,发挥审计"治已病、防未病"的作用。

2.1.6 建模分析

审计人员为了发现审计疑点,常需要根据被审计事项间应该具有的逻辑、性质或数量关系,设计一定的数据分析公式,对审计事项进行计算、判断,或是通过设置限制规则或条件构建的业务规则,验证审计事项的本质特征或数量关系,对被审计单位经济活动的真实、合法及效益情况作出科学的判断。审计模型是一些业务规则或分析表达式,是为了验证审计事项而构建的,具有一定的推广应用可能性。

构建审计模型是数字化审计区别于经典审计模式的重要特征。衡量审计人员的审计能力和水平的重要指标包括:熟练地根据审计目标,对审计总体进行全面数据分析,构建系统模型;关注重大错报风险,确定审计重点,构建类别分析模型;选择关键重点进行数据分析,建立个体分析模型,挖掘审计疑点,形成审计线索,构建模型。而能否对审计事项作出正确、深刻的理论概括,能否概括出模型一般规律,是审计人员是否掌握了数字化审计模式的判断标准。

2.1.7 核查取证

在这一阶段,需要根据审计分析模型的分析结果,对审计线索进行研究,在确定的疑点线索基础上分组对发现的问题进行核查取证,各小组分头行动,调取细节资料、补充证据、现场延伸、精确定位、逐个落实并完成问题底稿。

如果数据分析的结果能直接发现与确定审计问题,审计人员可以利用有关电子数据直接取证。例如,在数据分析中发现某单位超过规定金额的采购业务未执行招投标程序,违反了内部规定,如果数据分析中发现的数据是准确的,且有明确的制度依据,审计人员应妥善保存被审计单位提供的原始数据、分析处理产生的中间表数据以及数据分析和处理过程的语句代码,作为审计证据。如果数据分析的结果仅能揭示问题的线索,不能直接发现与核实问题,如通过数据分析,发现被审计单位存在大量的存货负数余额,则应根据线索进行延伸审计,以获取盘存类科目出现负数余额的相应原因及审计证据。在编制审计工作底稿时,审计人员不仅需要详细记录数据分析的过程、方法、使用的数据等情况,并将一些关键的过程数据、系统内容截图保存,还应留好审计痕迹,记录审计人员对数据分析结果的判断。

2.1.8 审计报告

各小组将线索取证资料及延伸结果向上汇总,由数据分析组进行专题分析、系统研究,最终确定总体金额、问题类别,形成最终数据分析报告,为审计报告提供数据及证据支持。主审或组长(项目经理)组织团队对全部问题底稿、取证单、法规依据进行充分研讨后,形成审计报告。

2.2 数据审计的一般方法

审计实务中,常用的计算机数据审计方法按照不同标准,可分为不同类别:按数据类型,可分为结构化数据审计方法、非结构化数据审计方法;按数据审计流程,可分为审计数据处理方法、审计数据分析方法、审计取证方法等。

2.2.1 审计数据处理方法

审计数据处理方法包括数据获取、清理、转换、验证方法等。审计中获取到的多是账簿、报表、凭证等结构化数据,以及会议纪要、文档等半结构化或非结构化数据。结构化数据与非结构化数据的获取及处理方法有较大差别。

1. 审计数据获取方法

结构化数据的获取方法包括国家标准采集、模板采集、数据库采集、ODBC 接口采集、中间件采集等。

非结构化数据的获取方法包括从社交网络、被审计单位获取各种政策、法规、制度、会议纪要、决策、决议等,可采用数据爬虫工具在经授权或许可的前提下采集获取相应的审计数据。近年来,随着信息安全法规建设及信息保护意识的增强,许多涉密渠道设立了反爬虫机制,如未经授权,审计人员应避免爬取数据以免违反法律法规。

2. 审计数据处理方法

获取被审计单位数据后,需进行清理、转换、验证、存储操作。获取结构化数据后,一般将其转换为审计人员易于分析的数据库表。在转换过程中可能存在数据结构、数据类型、格式不匹配等问题,需要进行清理后转换。为避免获取的数据在存储过程中改变原有的数据特征、损失相关信息,要对原始数据与转换后的数据进行验证。获取非结构化数据后,需对数据进行结构化处理,一般可采用转换工具将图片、PDF 文档等非结构化数据转换为半结构化或结构化数据再进行下一步操作。转换完成后一般存储为文本。

2.2.2 审计数据分析方法

审计数据分析方法较多，包括但不限于排序、分组、重算、检查、核对、分层、抽样、统计、推理、判断、预测、头脑风暴、德尔菲法及其他综合方法等。

根据审计数据特征及在分析中的目的，可将审计数据分析方法分为查询型分析、推理型分析（数据透视）、预测型分析（包含定性分析、挖掘分析、文本分析等）三类。

2.2.2.1 查询型分析

查询型分析主要指用户对数据库中的记录进行访问查询。审计中常采用查询方式分析数据，一般采用以下三种手段：

一是直接在被审计单位管理信息系统中进行日常审计数据查询。比如经被审计单位授权，可以在被审计单位 ERP 或会计信息系统中查询相关财务账簿、凭证、报表数据，汇总分析销售数据，查询销售发票开票记录与销售合同间的对应关系等。这种方式下的查询分析功能受限于被审计单位管理信息系统提供的分析功能，一般局限于查询、统计、分类汇总、穿透查询等。

二是对获取的被审计单位的相关数据，采用 Excel/WPS 等表格工具进行审计数据查询分析。可以使用筛选、统计、分类汇总、条件格式等功能，对审计数据进行处理、排序、分组、重算、核对、检查、抽样、统计、比对等分析。

三是采用数据库进行查询分析。获取被审计单位数据库备份数据，在数据库中构建审计中间表，对表内数据、表间数据进行排序、分类、汇总、统计、比对、检查、抽样等分析。关系数据库管理系统是目前数据库管理系统的主流，查询型分析主要的对象就是关系数据库中的二维表。审计人员可利用 Access 数据库、SQL Server 数据库、PL/SQL 或其他数据库管理系统，采用 SQL 查询语句对审计数据进行灵活的交互式查询，使用数据库管理系统查询要求用户掌握 SQL 语言交互描述查询要求，并对访问的数据库的结构有所了解。

查询型分析的常用方法包括但不限于对比分析法、结构分析法、趋势分析法、交叉分析法、分组分析法、因素分析法、比率分析法、杜邦分析法、回归分析法、时序分析法、分类分析法等定量分析方法。

1. 对比分析法

对比分析法是比较两个或两个以上的数据，分析其中的差异，揭示数据所代表的发展变化情况和规律，从而对数据所代表的事物本质和规律作出正确评价。审计分析时通常是比较两个相互联系的指标数据（如收入与成本、发票金额与发货金额、报表数据与账簿记录等），以反映数据代表的各种关系是否符合其应有的关系、是否协调。

2. 结构分析法

结构分析法常用于对审计数据结构变动原因和趋势的分析。结构分析法是一种研究各部分占总体的比率的分析方法，即总体内各部分所占比例，属于相对指标。例如，进行资产负债表的结构分析，需要编制共同比资产负债表，在共同比资产负债表中以资产总额作为共同基数,分别计算资产、负债、所有者权益类别中每一个项目所占的百分比。共同比资产负债表分析的重点是企业的资产结构和资本结构。

$$结构相对指标(比例) = 总体某部分的数值 / 总体总量 \times 100\%$$

3. 趋势分析法

趋势分析法常用于对审计数据发展趋势变动原因的分析,一般通过对有关指标的各期对基期的变化趋势的分析发现问题,为追索和检查账目提供线索,属于相对指标。趋势分析法包括定比分析法和环比分析法。定比分析法是用某一时期的数值作为固定的基期指标数值,将其他各期数值与其对比来分析。如进行资产负债表的趋势分析,确定 2018 年为基期,本期 2019 年数据与基期 2018 年数据进行比率分析的方法为定比分析法。环比分析法是以每一分析期的前期数值为基期数值而计算出来的动态比率,其计算公式为

$$环比比率 = 分析期数值 \div 前期数值 \times 100\%$$

运用趋势分析法进行对比分析时应注意:各个时期的指标在计算口径上必须一致,否则对比没有意义;进行趋势分析时必须剔除偶发性项目的影响,使用于分析的数据能反映正常的经营状况;对趋势进行分析时应充分考虑例外事项,对有显著变动的指标作重点分析,研究其产生的原因,以便采取对策,趋利避害。

4. 交叉分析法

交叉分析法是将横向结构分析和纵向趋势分析结合起来,从交叉、立体的角度进行多维度分析、由浅入深的一种综合分析方法,又称立体分析法。该方法可促使审计人员综合分析问题,避免从单一角度分析问题带来的偏差和弊端。

5. 分组分析法

分组分析法是根据审计的目的和业务及数据的内在特点,按某个或几个标志把审计总体划分为若干个不同性质的组,使组内的差异尽可能小、组间的差异尽可能大,通过统计分组的计算和分析,揭示分析对象的特征、性质及关系的方法。比如在进行审计抽样时,可根据数据特征进行分组分析,在分组的基础上,对被审计单位的内部控制或数据之间的依存关系从定性或定量的角度做进一步分析研究,以便寻找数据变化的规律,正确地分析问题和解决问题。分组分析通常与对比分析结合使用。

6. 比率分析法

比率分析法是利用审计数据之间的比率(如资产负债率、毛利率、预算支出率等)来反映和揭示关系,以更好地分析企业的财务状况和经营成果的一种分析方法。

7. 杜邦分析法

杜邦分析法是通过对财务指标进行定量分析,采用杜邦指标分解体系对净资产收益率(ROE)的各因素进行分解分析,以确定各指标对总指标的影响程度的一种分析方法。杜邦分析法自上而下对企业财务状况进行综合分析,直观、明了地反映影响企业净资产收益率的核心因素,并将其分解为企业的偿债能力、营运能力、盈利能力,通过对各指标及其相互之间的关系分析,为经营者提供解决企业财务问题的思路及实现财务目标的控制途径。

8. 回归分析法

回归分析法是在掌握大量审计数据的基础上,建立因变量与自变量之间的回归关系

函数表达式(称为回归方程式)的一种分析方法。当研究的数据间因果关系只涉及因变量和一个自变量时,称为一元回归分析;当研究的因果关系涉及因变量和两个或两个以上自变量时,称为多元回归分析。此外,根据自变量与因变量之间因果关系的函数表达式是线性的还是非线性的,可分为线性回归和非线性回归。

审计中可采用回归分析法对销量、产量、收入、费用等变化趋势进行分析,找出显著的孤立点以发现审计疑点,并可对未来发展趋势进行预测分析。

2.2.2.2 推理型分析

推理型分析是指审计人员利用以 OLAP(Online Analytical Processing)数据处理技术为代表的演义推理工具,深入了解事务并进行结论性、总结性分析的过程。OLAP 专门用于支持复杂的分析。审计人员可利用 OLAP 快速、灵活地对大数据进行切片、切块、旋转等复杂的多维度查询分析,并以直观易懂的形式展示查询结果,作出决策。

推理型分析的核心概念是维度和度量值。要进行推理型分析,数据必须具有多个维度,如时间维度、地区维度、商品维度等。每个维度上的度量值均被记录并可供分析,如以元为单位的销售额、销售数量等。推理型分析的核心操作是对多维度的数据进行切片/切块、钻取/上卷、旋转/钻透等交互分析,使审计人员可以迅速从各个方面核对信息,以验证数据的真实准确性,发现、推理可能存在的疑点问题。

审计人员常用的推理型分析工具有 Excel 的数据透视图及数据透视表,操作简便、直观。此外,SQL Server Visual Studio 商务智能可直接对数据库中的数据进行操作,构建多维数据集并进行推理型分析,也可使用多维数据展示工具进行直观可视化操作以快速发现疑点。

2.2.2.3 预测型分析

预测型分析包括定性分析、挖掘分析及文本分析。

1. 定性分析

定性分析是一种主要依靠丰富的实践经验以及主观的判断和分析能力,推断出事物的性质和发展趋势的分析方法。这类非数量的分析方法适用于一些不具备完整数据却又需要进行分析预测的应用场景。定性分析方法主要有头脑风暴法和德尔菲法等。

头脑风暴法是指组织者通过群体无限制的自由联想和讨论,促使通过思想碰撞从而产生新观念或激发创新设想的一种分析方法。在群体决策中,由于群体成员心理相互影响,易出现"随大溜"现象。为了保证群体决策的创造性,提高决策质量,管理上发展了一系列改善群体决策的方法,头脑风暴法是改善这种现象的一种较为典型的决策方法。比如在审计应用场景中,头脑风暴法就有助于解决舞弊审计这一类非结构化问题。在舞弊审计中运用头脑风暴法是注册会计师审计中的一项必要程序,头脑风暴技术也是审计理论界和实务界关注的一个重点问题。头脑风暴法不仅有助于审计人员识别更多的舞弊风险因素、提高识别因素的质量,而且能够使审计人员表现得更加谨慎,调高了客户舞弊风险的预期水平;此外,头脑风暴讨论会还能使审计人员更愿意修改实质性测试程序,尝试采取更为有效的应对程序。

德尔菲法又称专家意见法或专家函询调查法,是依据系统的程序、采用背对背的交流方式,以反复的集结问卷的形式来征询专家小组成员的意见,经过几轮征询,使专家小组的预测意见趋于集中,最后得出符合发展趋势的预测结论。审计过程中对一些特殊疑难事项的决策,可采用德尔菲法进行沟通,形成结论。

2. 挖掘分析

挖掘分析是指审计人员在业务中,采用以数据库管理系统(DM)为代表的挖掘工具,对审计数据进行聚类、关联分析、分类、预测等建模,作出预测性分析的方法。

挖掘分析一般通过观察审计业务中常见的疑点特征,对审计关注的问题与特征变量进行建模,分析问题与特征变量间的潜在的、倾向性的关系,通过大数据分析揭示、预测苗头性问题。常用的挖掘型分析方法包括线性回归、Logistic 回归、人工神经网络、决策树、朴素贝叶斯、贝叶斯网络、支持向量机、随机森林、关联分析、时间序列、聚类等多种分析方法,这些数据挖掘方法可以解决分类、预测等问题,对审计实践有一定的指导意义。但目前,由于挖掘分析这种大数据时代以关联关系揭示问题、认识世界的模式与常见的因果分析模式有很大不同,不符合常见的发现问题、分析潜在原因、获取审计证据的认知模式,因而未在审计领域得到广泛应用。

3. 文本分析

文本分析是非结构化数据的定量分析方法,一般包括关键词提取及词频分析、语义网络分析、情感分析等。

对文本数据可通过分词处理、词频分析、语义网络分析等,挖掘潜藏其中的关键信息,分析深层的控制关系和数据特征、结构等,以揭示关键问题。常用的文本分析工具如 Python、R 等编程语言,可对大数据量的文本数据进行处理且结果可满足更高的要求。

2.3 数据审计常用分析技术与工具

大数据分析需要一些在有限的时间内对大量数据进行有效分析的技术。为了充分从大数据中挖掘有用的信息,覆盖计算机、统计学、经济学等学科的不同种类的大数据技术与工具被研究和开发出来。不同的大数据分析工具有不同的专长,有些擅长批处理数据分析,有些擅长实时数据分析,还有很多大数据的开源工具也可以很好地帮助审计人员开展大数据审计工作。

2.3.1 电子表格

Excel 或 WPS 提供的电子表格是审计人员常用的数据分析工具。大部分审计人员更擅长使用电子表格来处理审计数据并形成工作底稿。电子表格软件尤其是 Excel,因其强大的功能、便捷的使用方式成为审计人员的有力助手,在审计工作中得到广泛使用。

Excel 中强大的财务、数学、统计公式为审计工作提供了极大方便。审计人员常在 Excel 工作簿中设计工作模板,对多张工作表进行连接查询、引用、对比分析、汇总计算等操作,以复算、验证或核对数据的准确性。

Excel 的数据菜单功能对审计人员获取外部数据、进行数据分析大有裨益。排序、筛选、抽样、分列、分类汇总、合并计算等常被用来进行复核、验证、分析，预测、模拟分析可对财务数据进行盈余预测、可持续发展预测等。此外，数据分析加载项里提供了可供审计人员进行随机抽样或周期抽样的工具。

此外，Excel 还可对表格加密、对某些数据进行锁定操作，以保护数据及工作簿；新版本的 Excel 数据透视功能更为强大，可实现多维数据的切片/块、上卷/下钻等检索操作，实时便捷。此外，通过 Power View 功能的数据可视化功能更可为审计报告增添直观的美感。

2.3.2 数据库系统

数据库(Data Base,DB)是存储数据的仓库。数据库是长期存储在计算机存储设备上的相互关联的、可以共享的数据集合，由包含数据的表集合和其他对象（如视图、索引、存储过程和触发器）组成，目的是为执行与数据相关的活动提供支持。

数据库管理系统(Data Base Management System,DBMS)是对数据库进行组织和管理的系统。数据库管理系统对数据资源进行管理，在确保数据安全性、可靠性、完整性、一致性和高度独立性的同时供多个用户共享。

数据库系统(Data Base System,DBS)是包括数据库、数据库管理系统及其他开发工具、应用系统、数据库用户和管理员在内的系统。数据库是系统的核心，数据库管理系统及其他开发工具和数据库管理员是系统的基础，应用系统和用户是系统服务的对象。数据库系统常被简称为数据库。

多年来，基于结构化查询语言(SQL)定义和操作数据的关系型数据库一直占据着市场主体。各大企事业单位常用的商用数据库包括但不限于 Oracle、Microsoft SQL Server、DB2、Sybase 及神通数据库、Gbase、人大金仓、武汉达梦、浪潮 K-DB 等国产数据库。

近年来，随着非关系型数据库(NoSQL 数据库)的应用，由于其允许使用动态模式存储和检索非结构化数据，MySQL、MongoDB 和 PostgreSQL 正变得越来越流行，在市场上的占有率也逐年提升。

2.3.2.1 Oracle

Oracle 是美国甲骨文公司研制的一种关系型数据库管理系统，可以支持从台式机到大型与超级计算机的多种不同的硬件和操作系统平台，为各种硬件结构提供高度的可伸缩性，支持对称多处理器、群集多处理器、大规模处理器等，并提供广泛的国际语言支持。

Oracle 属于大型数据库管理系统，主要适用于大、中、小型应用系统，或者作为客户机/服务器系统中服务器端的数据库管理系统。Oracle 具有很好的可移植性，通过其短信功能，微型计算机上的程序可以与小型乃至大型计算机上的 Oracle 进行通信并相互传递数据。

2.3.2.2 Microsoft SQL Server

Microsoft SQL Server 是美国微软公司推出的一种关系型数据库系统。它是一个可扩展的、高性能的、为分布式客户机/服务器计算所设计的数据库管理系统，提供基于事务的企业级信息管理系统方案。它既可用作基于服务器端的中型数据库，也适合大容量数据处理应用，在功能管理上具有以下特点：

（1）高性能设计，真正的客户机/服务器体系结构，强大的事务处理功能，采用各种方法保证数据的完整性。

（2）系统管理先进，支持 Windows 图形化管理工具，使系统管理更加直观、简单，支持本地及远程的系统管理和配置。

（3）实现了与 Windows 操作系统的有机结合，充分利用操作系统的功能，如发送和接收消息，管理登录安全性等。Microsoft SQL Server 也可以很好地与 Microsoft BackOffice 产品集成，与 Access 等微软产品的兼容性较好。

（4）支持对称多处理器结构、存储过程、开放数据库连接（ODBC），并具有自主的 T-SQL 语言。Microsoft SQL Server 以其内置的数据复制功能、强大的管理工具、与互联网的紧密集成和开放的系统结构为广大的用户尤其是计算机审计人员提供了一个较好的数据库平台。

（5）提供数据仓库功能，这项功能只在 Oracle 及其他更昂贵的数据库管理系统中才提供。

（6）丰富的编程接口工具，为用户进行程序设计提供了更大的选择余地。

2.3.2.3 Access

Access 是美国微软公司于 1994 年推出的微机数据库管理系统，其主要特点包括：

（1）能够完善地管理表、查询、窗体、报表、宏等各种数据库对象，具有强大的数据组织、用户管理、安全检查等功能。

（2）具备许多先进的大型数据库管理系统所具备的特征，如事务处理、出错回滚能力等，具有较为强大的数据处理功能。

（3）具有界面友好、易学易用、开发简单、接口灵活、可视化好等特点。

（4）作为 Office 套件的一部分，可与 Office 集成，实现无缝连接。

Access 作为一种桌面数据库，主要适用于中小型应用系统，或作为客户机/服务器系统中的客户端数据库。

以上三种关系型数据库系统都可使用 SQL 查询语句进行审计查询分析。在不同数据库中，查询语法有些许差异。

2.3.3　R 语言

R 是统计领域广泛使用的一种用来进行数据探索、统计分析和制图的统计分析软件，集统计分析与图形显示于一体，可以运行于 UNIX、Windows 和 Macintosh 的操作系统上。R 是一种完全免费的开源软件，可以在其网站及其镜像中下载任何有关的安装程序、源代码、程序包及其源代码、文档资料，标准的安装文件自身就带有许多模块和内嵌统计函数，安装好后可以直接实现许多常用的统计功能。同时 R 还是一种可编程的语言。使用者可以根据需求和算法编制自己的函数来扩展现有的语言，因此更新速度比一般统计软件快得多。大多数最新的统计方法和技术都可以在 R 中直接得到。

R 语言有助于审计人员进行审计数据分析、潜在疑点或倾向性苗头性问题挖掘、可视化展示。R 语言的使用,很大程度上是借助各种各样的 R 包的辅助,从某种程度上讲,R 包就是针对 R 的插件,不同的插件满足不同的需求,如用于经济计量、财经分析、人文科学研究及人工智能等方面。经验证,R 语言提供的各种包广泛应用于数据审计模型中,用于揭示审计中的风险。

2.3.4　Python 编程语言

Python 是一种面向对象的、跨平台的动态类型计算机程序设计语言。20 世纪 90 年代初 Python 语言诞生至今,从最初编写自动化脚本(shell)到现在独立的大型项目的开发,它正在被广泛应用于各行各业及审计数据分析中。

概括来说,Python 具有以下特点:简单易学,代码定义清晰,易于维护和阅读;免费、开源和可移植性强,能够用在不同的平台上;提供所有主要的商业数据库接口,可以连接各种类型的主流商业数据库;具有庞大的标准库及其他高质量的 Python 图像库、扩展库等;在科学计算方面优于 Matlab,可以轻易完成各种高级任务;开发者可以用 Python 实现完整应用程序所需的各种功能。

由于 Python 语言的易读性、简洁性及可扩展性,Python 已经成为国内外最受欢迎的程序设计语言之一。众多开源的软件包都提供 Python 的调用接口、快速数组处理、数值运算及绘图扩展库等。对审计人员来说,Python 语言及其众多的扩展库所构成的开发环境十分适合处理数据、制作图表,甚至开发科学计算应用程序。审计人员可以用 Python 进行结构化数据处理、数据计算、分析,可对文本数据进行处理、分析、挖掘审计信息,可进行数据的可视化展示等。

2.3.5　数据可视化软件

近年来,随着网络和信息技术的迅猛发展,人类产生的数据量呈指数级增长。商业数据分析和可视化迅速得到广泛推广及应用。

数据可视化是审计人员为了获得对审计数据更深层次的认识,采用可视化工具,将不可见或难以直接显示的审计数据转化为可感知的图形、符号、颜色、纹理等可视的表示形式,增强数据识别效率,有效传递信息的过程。数据可视化可将数据映射为视觉模式,用数据讲故事,探索、解释隐藏在数据背后的信息,在保证信息传递的基础上寻求美感,因此数据既是一门科学,又是一门艺术。结构化数据与非结构化数据均可使用可视化方法,更直观地展示数据特征、揭示审计问题。

使用工具可以借助图形化手段,将结构化数据或文本分析结果以可视化的形式(如借助数据大屏、管理驾驶舱等方式将面积图、雷达图、时间气泡动态图、词云图、语义网络图等)呈现出来,以清晰有效地传达信息,便于从中直观地发现价值点。除了审计人员常用的 Excel 外,有代表性的数据可视化工具包括纯可视化图表类、BI 类(含可视化报表、数据地图、可视化大屏)、数据挖掘编程语言类等多种表现形式。其中纯可视化图表类包括 Echart、AntV、HIghcharts 等;BI 类可视化报表有 FineReport、JReport、Excel、水晶报表、ActiveReports 报表；可视化展示如 Tableau、PowerBI、Smartbi 等；数据地图类包括 Power Map2016、地图慧等；可视化大屏类以阿里 DataV、FineReport、数字冰雹为代表；数据挖掘编程语言类如常用的商业智能分析和数据挖掘 R-ggplot2、Python 等。上述工具随应用场景不同，在国内外、各行业均有不俗的表现。下面选取国内外审计行业常用的几种进行简要介绍。

2.3.5.1 Tableau

Tableau 是目前全球最具代表性的可视化分析工具。它能够根据用户的业务需求对报表进行迁移和开发，使分析人员独立自助、简单快速、以界面拖拽式的操作方式对业务数据进行联机分析处理、即时查询，并应用其强大的统计分析扩展等功能。

对个人用户来讲，使用桌面端软件 Tableau Desktop，可实现对一个或多个主流的数据源类型（包括 Microsoft Office 文件、逗号分隔文本文件、Web 数据源、关系数据库和多维数据库数据源等）的数据获取、数据分析（单数据源的多表连接和多数据源的数据融合）、可视化展示功能。数据分析用户连接数据源后只需使用拖放或点击的方式即可快速地创建交互、精美、智能的视图和仪表板。任何 Excel 用户甚至是零基础的用户都能很快、很轻松地使用 Tableau Desktop 直接面对数据进行分析，从而摆脱了对开发人员的依赖。

对于企业用户而言，使用基于 Web 平台的企业内部数据共享的服务器端 Tableau Server 应用程序，通过统一用户权限和数据权限管理进行模板和数据源管理。当授权业务人员用 Tableau Desktop 制作好仪表板后，可以把交互式仪表板发布到 Tableau Server，通过 Desktop 与 Server 配合实现报表从制作到发布共享，再到自动维护报表的过程。Tableau Server 是 B/S 结构的基于浏览器的商业智能平台，用户可以借助 Tableau Server 通过浏览器或者使用 iPad 或 Andriod 平板中免费的 App 浏览、筛选、排序分析报告。

Tableau 被众多 IT 测评机构描述为"一款颠覆传统的 BI 产品"，它是一款极速 BI 软件。部署轻松、集成稳定、扩展简单、可靠性高。审计人员可以利用 Tableau 在可信环境中自由探索数据，不受限于预定义的问题、向导或图表类型，推动业务进步。

2.3.5.2 Echarts 与 PyEcharts

Echarts(Enterprise Charts)是一款百度开源的商业级数据图表，是使用 JavaScript 实现的开源可视化库，支持 PC 端和移动设备，兼容当前绝大部分浏览器（IE8/9/10/11，Chrome，Firefox，Safari 等），可为审计人员提供直观、交互丰富、高度个性化定制的审计数据可视化图表。PyEcharts 是一个用 Pthon 语言生成 Echarts 图表的类库，实际上就是 Echarts 与 Python 的对接。

ECharts 具有以下优点：

（1）内置丰富功能的图表，可为审计人员提供常规的折线图、柱状图、散点图、饼图、K 线图，用于统计的盒形图，以及用于地理数据可视化的地图、热力图、线图，用于关系数据可视化的关系图、树形图、旭日图等。它还可以为多维数据可视化提供平行坐标，可制作商务智能的漏斗图、仪表盘，支持图与图之间的混搭。

（2）多种格式的数据源均可在ECharts中进行可视化展现，从数据到图形的映射操作便捷，通过简单的设置encode属性就可以完成。以更少的内存提供大数据量的存储，大幅提升可视化应用的性能。

（3）ECharts支持大数据量的流畅数据交互，能够展现千万级的数据量，在移动端占用的内存也非常小。

（4）配合视觉映射组件visualMap可支持对多维数据的丰富视觉编码。除了平行坐标等常见的多维数据可视化工具外，还能将不同维度的数据映射到大小、颜色、灰度、透明度等不同的视觉通道。

与其他可视化软件相比，ECharts离应用层更近，提供了许多示例模板，上手容易、图表漂亮，交互式效果也很好。但由于其模板化的设计，相对自由度低，灵活性不足。

2.3.5.3 Smartbi

思迈特商业智能与大数据分析软件（简称Smartbi）作为纯国产的数据分析产品，是企业级商业智能和大数据分析平台，整合了各行业的数据分析和决策支持的功能需求，针对国内用户普遍的本土性需求有更好的设计弹性和适应性。Smartbi产品体系主要包含针对企业客户、系统集成商、软件开发商推出的企业报表平台Insight，为业务人员提供数据分析服务的企业级自助分析平台Eagle，为企业决策提供预测性智能的数据挖掘平台Mining，可满足最终用户在企业级报表、数据可视化分析、自助分析平台、数据挖掘建模、AI智能分析等大数据分析方面的业务需求。

近年来，Smartbi因其操作友好、兼容性强、转换效率高、数据挖掘功能简便等优点，在政府审计、企业内审、商业银行领域的应用逐年扩大。Smartbi使用Microsoft Excel直接作为报表与可视化设计器的产品，无须依赖浏览器，操作友好，放大了Excel自身格式、公式、图形、预警等数据分析功能，全面兼容WPS2016/2019（Windows），支持WPS所有功能，基于报表体系制作可刷新数据的报告模板，提高数据与报告的转换效率，支持涵盖数据预处理、机器学习算法应用、模型训练、评估、部署、服务发布等数据挖掘全生命周期的处理，简便易操作。

本 章 小 结

本章重点介绍了计算机数据审计的一般流程、方法、技术与工具。对初步开展数据审计的人员来讲，了解这些方法与技术基础，有助于下一步更好地开展数据审计作业。在了解了这些方法与技术的基础上，应如何开展审计实践呢？下一章将从审计准备阶段开始深入学习。

思考题

1. 计算机数据审计中的哪些步骤是最为关键的？
2. 审计实践中你用过哪些分析方法？
3. 数据可视化对审计人员有何作用？

第 3 章

审 计 准 备

【引例】
了解了数字化审计模式下的审计流程,小丁随着项目组开始进入审计准备阶段,如何按照审计流程开展工作呢?审计准备阶段要如何实施?

下面,跟随小丁的学习步伐,我们一起来进行审计准备吧。

3.1 审前调查

开展现场审计前,审计人员需先对被审计单位的基本情况进行调查了解,计算机数据审计也不例外。但是计算机数据审计的审前调查与经典模式下的审前调查相比,也有一定的特别之处,具体表现在:首先在调查内容选择方面,应当根据审计目标和审计任务的需要,有所侧重地选择,尤其是在信息系统、内部控制、数据资料的需求方面要进行适当的扩充和删减;其次,对实行数据大集中的行业或者单位进行审前调查,应当将采集、整理、切分等数据准备工作列入审前调查的范围,并安排所需时间。

3.1.1 数据审计审前调查的内容

1. 被审计单位的业务性质及内外部环境

与经典审计模式相同之处在于,计算机数据审计的审计调研也要对被审计单位的业务性质和生产经营情况进行了解,以充分评估被审计单位的信息技术战略是否符合企业与组织战略目标的要求,信息治理环境是否与企业内外部环境、主营业务,以及被审计单位整体的信息技术环境,如软硬件、网络设施和运行环境相匹配。

2. 了解被审计单位的组织结构和管理水平

了解被审计单位信息技术组织和管理的架构、管理活动的水平、关键管理人员的素质和品行,以及对内外部环境的应变能力等。对被审计单位与信息系统有关的管理机构及管理方式进行调查,应当收集了解相关法规、规章制度等对现有信息系统的规范要求;了解是否存在独立的信息技术部门及其在被审计单位组织架构中的地位;了解信息系统主要的控制节点、控制措施;了解信息技术部门的岗位设置与职能分工情况,了解是否存在对关键岗位、关键风险点的梳理与设置、是否存在不相容岗位职能未相分离的情况。审前调查中可以根据审计任务和目标需要、现有工作条件、配置资源绘制组织机构图、关键业务流程图,抽查管理制度的实际运行情况及内部控制执行程度。

3. 了解被审计单位信息化项目的投资、建设及绩效情况

首先,了解被审计单位信息系统的种类、数量、功能、建设方式、投资经费、供应商及运维模式等。信息系统的建设方式包括自行建设、外包、采购等。为了了解被审计单位信息系统建设的经济性、事前论证的充分性、项目运行的绩效情况,避免重大信息系统投资决策失误和重复建设,确保系统运行中的信息管理有效,需对被审计单位信息系统项目管理进行审前调查。了解被审计单位在信息系统建设和运维中,是否遵守国家、地方及行业相关的法律、法规、规章、制度、标准及业务规范,是否建立并实施了恰当的内部控制,是否有效保障了经济业务活动的有效运行,是否协助业务部门顺利实现了组织目标;了解被审计单位提供的各类资料、数据是否真实、完整、有效。

其次,了解被审计单位的网络架构、信息系统、数据存储模式并评估组织所依赖的所有信息资产的可靠性、稳定性、安全性及数据处理的完整性、合法性、有效性、不可篡改性、安全性和准确性。

计算机审计审前调查的核心内容,一是调查被审计单位所使用的信息系统与开发、应用、运维情况,二是调查信息系统项目管理、一般控制、应用控制的情况,为开展计算机数据审计做好准备。具体包括调查了解被审计单位所有的信息系统、网络架构、电子数据情况;了解被审计单位信息化对业务流程的支撑程度;了解与信息系统有关的机构设置、管理模式;了解在被审计单位开展计算机审计的环境条件等。目的是保证计算机数据审计时审计组具有同等能力与条件,确保获取数据的公允性。

具体来讲,对被审计单位所使用的信息系统进行调查,应当收集、记录下列资料,了解相关情况:①目前关键信息系统的名称、版本、开发方式、开发时间、运维模式、供应商及经营现状;②各关键信息系统所使用的操作系统、数据库管理系统、其他辅助应用软件的名称及版本,关键信息系统需要的运行环境及硬件配置;③关键信息系统对核心业务流程的主要支撑任务,所处理数据的主要来源、归属,数据传递方式,核心业务流程,与其他信息系统的共享、交互情况;④信息系统输出数据的方式及类型;⑤信息化部门主要岗位设置情况、职责权限等关键控制,主要访问控制、变更控制等安全策略,关键安全事项的处理方案、处理过程及结果;⑥系统建设文档、系统取得之后重大调整升级的更新记录、关键例外事项的处理措施、应急响应机制等。

4. 信息重大错报风险评价

了解被审计单位关键业务流程的信息处理情况,评估关键信息在系统控制流程中出现重大错报的风险;了解被审计单位关键业务、管理流程与信息系统业务模块的对应关系,调查了解各流程所对应的业务类型,输入、输出及处理过程。在对被审计单位信息系统基本情况调查了解的基础上,对信息系统审计的风险进行初步评价,并根据审计目标与任务,结合信息系统数据存储等形成数据需求文档。

3.1.2 审前调查的方法

1. 询问

审计人员可通过询问被审计单位的相关人员,了解被审计单位的组织管理模式、经营模式、管理层最关心的主要问题、最近的财务状况、可能影响财务报告的重要交易或事项，或目前发生的重大会计处理问题、所有权结构、组织结构等重要变化。审计人员也可对内部审计人员、相关业务人员（如进、销、存等关键岗位员工）进行访谈，通过对关键部门不同职级的员工的访谈，获取对识别重大错报风险有用的信息。

2. 观察和检查

审计人员可通过观察被审计单位的生产经营活动，如观察仓储情况，掌握与存货管理相关的内部控制执行及管理情况；观察生产过程，掌握工艺流程及材料耗用、产品完工的情况，进一步了解经营活动；追踪交易在会计信息系统中的处理过程，执行穿行测试，了解客户的内部控制是否得到执行，其交易流程与通过其他途径了解的情况是否一致等。

3. 审阅法

审计人员可查阅或者索取相关制度、文件、记录及内部控制手册、信息系统开发文档等资料，了解被审计单位的基本情况、内部控制及制度建设情况；阅读由管理层和治理层编制的财务报告，了解被审计单位近期发生的重大事项；调阅以前年度的审计报告、底稿、整改报告等，了解以往审计中发现的主要问题及处理情况等，以确定下一步采取的策略。

4. 访谈与会议

审计人员可在被审计单位召开面谈会，组织有关人员座谈，由被审计单位相关人员介绍情况，列出具体清单，由被审计单位向审计组提供书面材料；审计人员可与核心业务关键人员访谈，了解重要内部控制和关键风险点，获取不同途径的信息。审计人员在执行访谈程序时，需有两名以上审计人员参加，最好同时做好会议记录或访谈记录，现场打印并由参会人员或访谈人员复核后签字，将口头证据转化为书面证据。

5. 调查问卷

调查问卷法是一种间接的、书面的访问。审计人员向主管部门和有关综合管理部门调查了解，发放调查表或调查问卷。调查者一般采用线上或间接方式进行调查，通过线上平台或由相关协调部门组织，由被调查者自行完成问卷。采用非见面方式有助于收集用其他方式难以获得的信息，如账外资金、小金库等。

6. 实地考察与走访

实地查看被审计单位的生产经营场所、存货和设备，了解被审计单位的相关信息；实地考察开展计算机审计的环境条件，了解被审计单位在基础条件上对审计组的支持资源，充分估计并安排审计组完成审计工作的自备设备（如服务器资源等）；查看被审计单位可利用的网络，评估审计组网络环境的规模及对方的保障情况；了解被审计单位可以协助提供的软件、工具，评估审计组需要准备的软件；评估由于利用被审计单位的计算机环境条件对审计工作进度的影响；评估由于审计组介入对被审计单位系统安全产生的影响是否处于可接受的程度。

审计人员还可走访与审计项目有关的单位、被审计单位的上级主管部门及财政、税务、银行等专门机构，收集有关资料。通过走访上级主管部门了解其行业考核目标完成情况；通过走访财政部门了解财政注入资金（国家投入资本金）及该企业上缴利税和国有资产收益情况；通过走访税务部门了解其执行税收政策和完成情况，在税务稽查中是否发现偷漏税现象,以及税收优惠和减免等情况;通过走访其开户银行,了解其银行贷款、资产抵押情况及票据政策情况。

7. 流程图

必要时可对被审计单位重要的业务流程、数据流程、网络拓扑采用绘制流程图的方法进行分析,确定关键节点,发现核心控制可能存在的问题。

8. 系统分析法

系统分析法是根据审计目标的要求,将有关数据资料和具体情况结合起来,通过结构分析、趋势分析、分组分析、逻辑关系分析、对比分析、因素分析等方法,对被审计单位的数据进行归纳、判断、推理,从中概括出对审计事项有用的信息,从而得出结论。运用这种方法可以从总体上把握风险,避免只见局部不见总体。

3.2 信息系统控制测试

在对会计信息系统进行数据审计前,审计人员应关注信息系统控制带来的风险。以下风险更容易被审计人员忽略:

(1) 信息系统重大错报风险。现代信息技术带来的商业运行模式的变革,大数据云计算、区块链等新技术的广泛应用给审计人员带来了极大挑战。审计人员面对大数据时,首先要确保所获取数据的真实性、合法性、完整性和机密性。目前审计人员在进行计算机数据审计时,常缺少对信息系统安全性、可靠性的关注,而更多地将审计重点放在对财务数据的关注上,缺乏对信息系统重大错报风险的充分评估,因而未能实施恰当的审计程序获取保障。

(2) 信息系统检查风险。由于审计人员常常缺乏对信息系统重大错报风险的评估,导致在制订审计计划时,对会计信息系统的检查风险估计不足。在确定可接受的检查风险时,对信息系统重大错报风险估计过低,将检查风险评估为一个较高的可接受水平,容易造成误受风险。

(3) 审计程序设计风险。在可接受的审计风险确定的情况下,由于低估了会计信息系统重大错报风险,审计人员设计的审计程序常常存在信息系统审计程序缺失的问题。即使考虑到该风险设计了相关审计程序,在执行中也常因技术不到位、方法不到位、证据获取难等原因采用了非系统的方法,间接导致了审计风险增加。

因此,为适应大数据审计环境和技术变革,审计应确立双重目标:一是根本目标,即对被审计单位财务报表的真实性、公允性提供一种合理保证;二是系统目标,审计人员有责任在防范组织信息系统风险、维护正常的经济秩序方面提供一种合理保证。审计人员在进行计算机数据审计前,首先要对信息系统的可靠性、安全性、真实性、完整性、机密性进行充分评估,对信息系统所提供的数据及内部控制的有效性提供合理保证。

因此,审计人员应在审计双重目标要求下,进行信息系统控制测试。信息系统控制测试应当编制恰当的审计预案以确保信息系统的正常运行,测试内容包括一般控制测试与应用控制测试。

3.2.1 控制测试方法

2012年审计署发布的《审计署关于印发信息系统审计指南——计算机审计实务公告第34号的通知》（审计发〔2012〕11号）及新修订的《信息系统审计指南》中列举了信息系统审计方法，审计人员在审前调查阶段可参考以下方法完成控制测试。

1. 资料审查方法

在数据审计中，审计人员为了确定信息系统的关键控制，应对信息系统全过程进行审查，在资料上应获取信息系统的论证、立项、审批、系统设计、招标采购评标、项目投资、项目实施、项目验收、系统运行、运维服务以及各类第三方测试或者评估等相关文档资料，重点审查应用控制、一般控制和项目管理资料。

2. 系统检查方法

在数据审计中，审计人员为了确定影响会计报表的重要项目金额是否被正确核算和反映，需要对产生会计报表数据的控制情况进行检查。首先，要对被审计单位一般控制环境、网络架构设计、通信，以及信息系统的物理环境、网络安全、机房、存储、应用、数据和安全等各类系统控制进行实地检查。其次，要对产生和影响会计报表重要项目金额的应用控制进行检查，包括对系统的数据输入、数据处理、数据输出情况进行检查，还需对与其进行信息共享与业务协同的相关控制进行检查。

3. 数据测试方法

在数据审计中，为了验证一般控制的执行情况，或为了验证应用控制的有效性，比如确认某信息系统在数据输入、处理和输出控制方面的有效性，常采用数据测试方法。一般采用测试数据生成器和整体测试工具进行检测。该工具可以根据审计人员的要求生成测试数据，是一种检测数据完整性、证明被测试的应用软件可靠性的重要方法。测试数据生成器可依据设计好的规则自动构造测试数据，对生产系统或者备份系统进行符合性测试；或通过数据测试验证系统中涉及重要的计量、计费、核算、分析等计算功能及其控制的有效性，配合设计文档审查、系统设置检查和数据实质性测试的审查。采用这种方法，审计人员需要对被测试的应用软件非常了解，而且必须确保生成的测试数据不能对系统中的真实数据产生影响。整体测试工具由应用软件自己产生，而测试数据生成器在应用软件之外产生数据记录。这种测试的结果必须从最终报告里清除，不然汇总结果将受到影响。要想设计出能够对应用软件控制进行全面测试所需的数据组合通常是比较困难的。

4. 数据验证方法

在数据审计中需要对数据采集进行验证。常用的数据采集方法和工具包括直连式、旁路式、代理式等。数据审计中利用恰当的采集方法或工具，根据审计目标采集系统监测日志用于分析系统内部控制的设计与执行情况，采集相关业务数据与财务数据进行钩稽关系校验和数据符合性验证。

在数据审计中需要对数据转换结果进行验证。利用数据库等其他一些软件和工具进行结构化数据转换、网页信息转换、文本转换，对异构数据库之间的数据转换、结构化数据和非结构化数据的转换、不同数据类型和格式之间数据转换的一致性和准确性进行检查验证。

在数据审计中需要进行数据处理验证。通过对数据处理结果进行验证,确保在数据转换或采集过程中获取和处理的数据是真实有效、准确完整的,审计数据真实、客观地反映了各类经济业务活动的计量、计费、核算、汇总等情况。

5. 工具检测方法

通常采用安全工具检测、审计工具检测、测评工具检测方法实现审计目标。利用入侵检测、漏洞扫描等安全工具的检测结果对信息系统安全情况进行分析评价。利用网络审计、主机审计、数据库审计等审计工具对日志记录结果进行分析评价。利用系统配置检测、网络分析检测等工具,采集信息系统通信数据包并进行逆向分析,还原系统间通信内容,检测生产主机的网络配置、操作系统、数据库等重要系统是否满足配置标准和规范要求;采集操作系统、网络设备、应用系统及负载均衡、防火墙等安全设备生成的日志信息进行检测分析。大多数系统都有用户登录日志,可以方便地使用文件审查软件或自设程序进行审查。

同时,利用网络流量、应用进程、CPU利用率、内存利用率等分析指标对信息系统运行情况进行监测分析和评价。利用监控记录对机房环境、设备设施、网络、应用、数据等方面的系统运行监控记录进行分析评价。

6. 风险评估方法

数据审计还需对信息系统内外部风险进行评估。

首先,对信息系统总体风险进行评估,要充分考虑被审计单位经济业务活动所面临的重要内外部环境等影响因素,以及信息系统战略规划是否符合单位总体发展战略目标,是否符合组织面临的国内外经济、政策、市场、技术、文化等环境对信息系统的总体要求,系统评估信息系统的总体风险。

其次,评价信息系统控制缺失风险。重点关注信息系统是否存在各类控制缺失,并对其风险程度进行评估,区分可接受的风险和不可接受的风险,更要重视对潜在风险的评估。

再次,评估由于控制缺失而产生的业务数据风险。重点关注控制缺失不可接受的风险,评估经济业务活动相关数据的风险因素、数据风险程度,评估哪些数据库和数据表是关键数据且存在风险。

最后,界定信息系统风险责任。按照风险导向的审计理论,对信息系统的设计与建设、运行与维护、风险监督等各环节的固有风险、控制风险和检查风险进行评估,对各部门的责任进行界定。

7. 专家评审方法

数据审计中可借鉴专家经验,采用专家评审方法,聘请信息系统等相关方面的专家或者委托有资质的专业机构,对信息系统审计中的相关专业领域、关键技术等进行必要的评审。

8. 平行模拟法

平行模拟法是指审计人员根据相应的规则或标准,编写具有相同功能的数据处理程序,将数据处理结果与原业务处理系统产生的结果进行比较,根据结果的异同判断处理过程的符合性和准确性。比如在对大型企业集团会计报表及合并报表数据准确性进行测试时,审计人员可依据被审计单位会计报表的编制规则,编写程序,利用总账模块的会计数据平行模拟报表结果进行比较,以验证被审计单位报表编制的准确性及系统控制的有效性。

9. 源代码检查法

信息系统审计人员直接获取系统的程序编码以及数据处理过程的 SQL 脚本源代码,或直接进入系统后台对编码进行检查。审计人员可以尝试审查程序源代码的片断。一般来说,审查全部的源代码是不切实际的,审计人员通常是重点审查几个感兴趣的片断,如金额的计算、关键逻辑点。通过检查源代码的计算逻辑,审计人员可以更为直接地对系统逻辑进行判断,发现与业务规则不同的异常点,同时识别程序中的异常规则、异常代码等。需要通过源代码的检查来判断源代码是否存在错误,分析语句实现的处理过程是否符合所需功能规定的要求。通过代码检查发现在特定的条件下被触发、导致破坏和欺诈的、未经允许的非法嵌入源程序中的代码,通过代码检查发现一些不符合相关标准与技术规范的代码等。不规范的代码容易导致程序质量的下降并且可维护性很差。

审计人员还可采用程序库分析方法,在程序输出结果中出现异常变化时,通过分析程序修改的记录,确定问题的潜在原因。

采用代码比较方法进行检查,将应用软件的源代码或目标代码与可靠保存的原始版本进行比较。审计人员也常常有兴趣去发现实际运行的经编译的程序(目标代码)是否真的源自源代码的主版本。这样就可能发现舞弊人员的篡改或错误,以保证正在使用的是软件的最新版本。

10. 嵌入审计模块法

数据审计中也常运用嵌入审计模块法识别和检查系统记录。在被审计单位的应用系统中嵌入一个审计模块,嵌入的审计模块可以设计为对交易数据进行实时监控或定时的批量检查,对识别出的非标准事项或处理进行筛选和输出,审计人员再对识别出的事项进行进一步的审查。

3.2.2 控制测试步骤

数据审计中的信息系统测试服务于整体审计目标,因此可将信息系统测试分为控制测试和实质性测试两个环节。风险导向的审计模式必须进行控制测试。在数据审计的控制测试中,需要设计完善的测试底稿以评价控制风险。

(1) 初步了解被审计单位信息系统一般控制环境,包括但不限于企业的运营模式、组织架构、相关 IT 技术部门、软硬件等信息系统资产、服务、数据中心环境、重要的信息系统等。

(2) 了解核心业务、重要岗位职责及执行情况,分析关键流程、重点信息系统、数据流程,评估重大错报风险。

(3) 审计组应及时制订信息系统测试计划,分析信息系统现状、评价信息系统内部控制、安排审计工作的组织、确定独立 IT 审计小组并进行分工,评估审计风险,确定 IT 规划测试与信息安全测试方案,设计一般控制测试与应用控制测试方案,确定实施计划,设计审计方法,确定沟通与协调机制等。

(4) 信息系统测试、实施与报告。按照审计实施计划进行信息系统测试,采用必要的审计程序,对被审计单位的信息系统进行测试与评价,获取审计证据、形成测试结论。审计人员在获取电子审计证据时,应做好对电子数据采集、清洗和处理过程的记录以及对信息系统业务、管理流程的取证,也应做好业务流程分析过程的记录和评价,并由被审计单位盖章或相关人员签字确认。特殊情况下或专业领域的取证,可由审计机关聘请外部专家完成。

信息系统审计记录包括调查了解记录、审计工作底稿和重要事项记录等。审计工作底稿应重点记录信息系统审计事项的审计过程,包括信息系统审计事项内容、审计程序步骤、审计处理过程、审计评价结果,并清晰记录审计轨迹。

为了完成控制测试,审计人员需获取相应的系统数据(如日志文件、访问控制列表、基础表、主文件及交易文件等),进行控制测试。

(1) 数据获取。审计人员从客户处获得计算机辅助审计测试要求的数据备份,记录源文件名、获得的时间、数据提供者及联系方式、文件大小、记录条数等信息。

(2) 数据核对。检查客户的数据采集脚本,确保使用正确的脚本公式提取所需数据。单独建脚本提取工作表并链接至相关检测底稿,分析脚本中每个字段的含义、字段的可能属性,检查是否有特殊的限制等。审计人员检查备份数据与原始数据的一致性,填写并链接至检测底稿。首先,将获得的数据与客户数据库中保存的备份数据进行比对,主要比对记录的总条数、总金额等内容,并对系统里查询的脚本及结果进行拷屏。其次,选择某些记录对比至前台系统,查看获得的数据与系统中的记录是否一致。

(3) 数据整理。审计人员应对原始数据进行格式整理,为数据的导入做准备。

(4) 数据导入。使用审计人员熟悉的审计软件进行数据导入,注意导入后每列的数据格式是否满足计算要求,是否有因数据类型(浮点型、字符型等)设置不当而造成信息丢失的情况。

(5) 具体测试执行。运用审计人员熟悉的审计软件,使用经过复核的脚本进行测试,根据原始数据的字段情况对脚本中包括字段名称等在内的参数进行适当修改。执行具体测试时,应注意数据中金额的计量单位(元或分等)。执行脚本生成结果后要保存计算机辅助测试结果。

(6) 结果的交付。将计算机辅助测试结果对比至数据核对表,检查是否一致。将结果提交审计小组之前要检查结果是否清晰易理解,必要时添加详细注释以阐明测试目标、测试过程及测试结论,尤其要注意在底稿中留有清晰的审计轨迹。

3.2.3 一般控制测试

在对被审计单位信息系统进行一般控制测试之前,要先进行充分的调查,了解被审计单位信息系统总体控制的目标、战略规划、单位组织架构、内部制度、关键岗位职责、内部监督机制等。在此基础上,通过控制测试,分析信息系统有效性,评估其风险,形成信息系统总体控制的审计评价。

审计人员在进行一般控制测试时,会关注总体控制测试、组织与管理控制测试、信息系统环境测试、应用系统开发和维护控制测试、变更管理控制测试、网络及系统安全控制测试、灾备与连续性测试、物理访问控制测试、系统日常运维测试、数据和程序控制测试等内容(图 3-1 所示)。表 3-1 给出了可供参考的应用控制测试审计底稿样例。

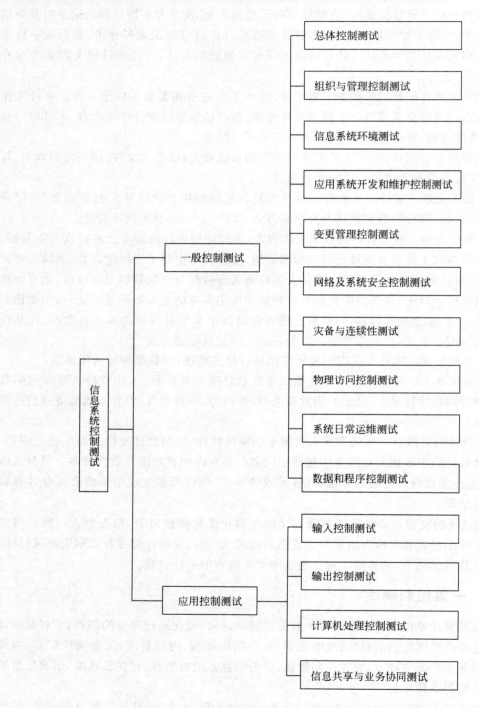

图 3-1　信息系统控制测试内容

表 3-1 一般控制测试底稿样例

单位名称：　　　　　　最后更新时间：　　　　　测试人　　　　　审核人

序号	信息技术活动领域/子领域		控制目标		关键控制				测试步骤	测试结果	样本总体	样本数量	计划例外情况数量	备注
					关键控制编号	关键控制	方法	频率						
	领域	子域	序号	控制目标描述	1	2	3	4	5	6	7	8	9	
1	控制环境	监控	GIT-01	建立合理的监控制度，及时报告信息技术活动的表现，以保证信息技术流程可以满足企业目标及内部控制要求。	GCC-HJ-1	各级信息技术部门应每年评估信息系统控制相关政策和制度在本单位的执行情况，对于所发现的问题应分析其原因并制定相应的补救措施，并上报责任领导。								
2	信息安全	管理机制	GIT-02	能够在合理的范围内确立信息安全管理组织及人员的安全职责，以避免信息系统、资源和数据受到有意或无意的危害或误用。	GCC-AQ-1	信息安全管理负责人定期（每六个月）审核本单位信息系统总体控制活动的职责分离状况，填写《职责分离检查表》，将不符情况报相关责任领导。								
…	…	…	…	…		…			…	…				

（1）总体控制测试。检查信息系统战略发展规划是否建立，战略目标是否明确、整体规划是否设计、实现指标和相应的实施机制是否可行，以及规划的业务、所辖行业和管理的覆盖面是否到位，是否能够推进经济业务活动的战略发展。

（2）组织与管理控制测试。为了验证被审计单位是否建立了合适的组织架构、人员、岗位责任，确保能够在合理的范围内确立信息安全管理组织及人员的安全职责，检查重大问题的决策机制、管理层领导机构是否与信息系统战略发展规划相匹配，项目实施层工作机构及行业内各层级的信息化工作机构是否能够体现信息化战略，各类机构的权利、责任和制约机制是否建立，各类机构的作用是否有效地发挥，与信息系统战略规划和组织架构相匹配的项目管理制度、项目建设制度、质量检查制度是否建立；检查被审计单位信息系统规划、建设、运维等方面的岗位设置、岗位职责及人员配置情况，了解信息技术部门及其工作人员职责分工；了解财务、业务人员使用信息系统的职责分工；确定各类岗位职责的检查考核机制是否建立，信息系统建设和经济业务活动之间、信息系统建设的相关岗位之间有效的信息沟通与交互机制是否建立。

（3）信息系统环境测试。旨在测试被审计单位是否建立合理的监控制度，以保证信息技术流程可以满足企业目标及内部控制要求，检查被审计单位是否形成了恰当的管理环境、软硬件、数据中心等内外部环境，项目实施机构能否对项目建设进度、项目质量、风险防范和投资效果进行有效控制。为了保证企业系统资源的持续可用性,测试信息处理及通信传输设备是否能够在合理的范围内得到适当的保护并定期监控。

（4）应用系统开发和维护控制测试。检查被审计单位信息系统的信息安全管理情况,包括对企业已使用重要信息系统的需求与设计、研发与集成、使用与控制、运维与保障等进行测试,对系统建设流程(如可行性研究、需求、验收报告)进行测试;对系统规范性(如系统开发文档、资源配置、系统调试、系统上线控制等)进行测试;对运维情况(如系统维护、更新、扩展、备份等)进行测试等。确定被审计单位信息系统建设和运维全过程的内部监督机构和机制是否建立健全,对信息系统的风险评估、控制活动和信息交互等方面的有效控制和监督是否实施,评价信息安全管理的完整性和有效性。

（5）变更管理控制测试。审计人员应对企业信息系统的变更管理流程、变更上线、应用系统版本测试等关键控制进行测试。关注是否建立系统变更管理流程,并测试流程的有效性;关注是否标准化所有的系统变更文档,并对正式的系统变更管理程序的执行情况进行测试;关注变更项目是否得到有效的评估和分类,并对相应的审批、授权、测试、实施和报告监控机制的执行情况进行测试;关注是否只有授权的、经过测试的变更才能迁移到生产环境;关注应用软件的版本管理机制是否建立,并对系统版本和更新等情况进行测试。

（6）网络及系统安全控制测试。安全控制技术测试的目的是通过检查被审计单位信息系统的信息安全技术及其控制的整体方案,检查安全计算环境、区域边界、通信网络等方面的安全策略和技术设计,验证被审计单位是否能够在合理的范围内确保对企业内部网络的外部Internet接入点采取足够的安全保障措施,以防止未经授权的外部人员接触公司信息系统与资源,识别对网络安全的潜在威胁及侵入,发现并揭示信息系统安全技术控制的缺失,分析并评价风险程度,为数据审计防范和控制审计风险。

（7）灾备与连续性测试。为了验证被审计单位是否能够确保在意外情况下财务报告所需要的数据、交易及流程得到及时准确的恢复,审计人员要对被审计单位合理范围内实施的备份和恢复流程进行测试,对被审计单位是否建立了应急响应机制进行测试,关注被审计单位在突发事件状态下能否将对财务报告所需要的数据、交易和流程的影响减少到最小。

（8）物理访问控制测试。为了验证被审计单位是否能够在合理的范围内满足职责分离的要求,要对用户被授予的系统权限和他们的工作职责的符合性进行测试;测试管理层或系统所有者是否能够定期审阅与财务报告有关的应用系统及数据的接触权限,是否能够在合理的范围内确定授予权限的适当性;测试被审计单位是否能够确保企业信息系统与资源有适当的安全配置;测试是否能够确保已经建立了对数据中心、机房及敏感的纸质系统文件的有效的物理安全控制;测试是否能够有效防止对信息资源(包括数据库、操作系统、网络、应用系统)的未经授权的逻辑接触。

（9）系统日常运维测试。为了验证被审计单位各关键系统的批处理都能及时正确地执行,所有异常情况都能及时识别和调整,审计人员要对被审计单位的批次作业进行测试;同时,为了验证被审计单位能够确信管理层实施了正式的问题管理流程,系统出现的问题能及时反映至适当级别的管理层并定期进行问题分析,审计人员要对被审计单位的问题管理进行测试。

（10）数据和程序控制测试。为了保证系统提供数据的完整性、机密性和不可篡改性，审计人员要对被审计单位是否建立了控制措施进行测试，检查是否存在数据丢失、损毁、无痕篡改、泄露、非法侵入等异常情况；要对被审计单位是否建立了安全的程序保护措施进行测试，检查是否存在源程序被修改、违规添加木马的情况；对被审计单位是否制定了完善的防病毒措施进行测试，测试是否对所有来历不明的介质、是否定期对系统进行病毒检测，测试是否建立了安全的防火墙，检查是否存在系统被非法侵入和篡改的情况。

3.2.4 应用控制测试

被审计单位应保障信息系统设置了恰当的应用控制以保障数据的安全性、完整性、可用性、不可篡改性等。表 3-2 给出了可供参考的应用控制测试审计底稿样例。应用控制测试包括以下四个部分：

表 3-2 信息系统应用控制测试样例

单位名称：　　　　　　　　　单位编码：
业务流程名称：　　　　　　　业务流程编码：　　　　　计划编制人：　　　　　编制时间：
业务流程负责人：　　　　　　影响会计科目：　　　　　计划审批人：　　　　　审批时间：

序号	集团公司关键控制		被测试单位控制措施				测试计划								计划执行情况			备注
	关键控制编号	关键控制描述	风险可控制文档索引	现有控制措施	控制方法	控制频率	测试步骤	测试结果	样本总体	样本量	计划例外情况数量	测试业务起始时间	测试业务截止时间	测试人	测试进度	测试表索引	更新计划	
	1	2	3	4	5	6	7	8	9	10	11	12	13	14	15	16	17	18
1																		
2																		
…	…	…																

（1）输入控制测试。审计人员为了发现因系统控制缺失产生的数据风险，通过模拟输入法、观察法、询问法、校验法等方法，检查被审计单位信息系统数据输入的有效性，从而形成数据控制水平的审计评价和结论，提出审计意见和建议。

（2）输出控制测试。为防范和控制审计风险，数据审计实务中常采用模拟输出法对输出信息的格式、内容、传送过程的安全性、完整性进行控制测试，以检查被审计单位信息系统数据输出控制的有效性，为信息系统数据风险控制的审计评价提供支持。

（3）计算机处理测试。为了评价系统业务流程控制的合理性和有效性，发现被审计单位在系统业务流程设计方面的缺陷及控制缺失等问题，审计人员首先应确定关键应用系统，分析每个系统之间的关系，梳理数据流程，逐个系统分析数据传递过程，分析每个业务流程对应的数据映射关系，剖析后台核心数据表结构，检查被审计单位信息系统承载的经济业务活动的全流程和循环过程，进行应用控制测试。

（4）信息共享与业务协同测试。为了确定被审计单位信息系统内外部信息共享与业务协同情况，发现并揭示控制的缺失，分析并评价风险程度，审计人员应当在调查了解被审计单位业务流、资金流和信息流的基础上，按照不同经济业务活动的数据输入、处理和输出功能，分类建立协同共享测评指标，重点标识信息系统的关键控制环节和控制点，从而形成被审计单位信息共享与业务协同水平的审计评价，获取真实、完整和正确的审计数据。

本 章 小 结

本章重点介绍了计算机数据审计审前调查的内容、方法，介绍了信息系统控制测试的方法、步骤、重点内容，这是数据式审计的重要前提和基础。掌握并做好审前调查与信息系统控制测试，有助于有效地开展数据分析工作。但如何获取及处理数据？下一章将从数据获取与处理部分开始深入学习。

思考题

1. 数据审计审前调查与经典审计模式下的审前调查有何异同？
2. 信息系统控制测试是否必须开展？对审计风险有何影响？

第 4 章 审计数据获取与处理

【引例】

小丁跟随审前调查组完成审前调查后,认为被审计单位在某些信息系统内部控制方面可能存在不相容职务未相分离的缺陷,给项目经理提了几点建议,建议重点关注公司某几个信息系统。因此,项目经理将小丁分配到数据分析组。接下来,数据分析组应该如何关注重大错报风险,并通过数据审计发现问题呢?

为了确保电子数据的公允性,必须在充分了解被审计单位信息系统、业务流程及外部关联单位电子数据情况的基础上进行审计数据选择,避免匆忙做决定。项目组在测试完信息系统,进行数据分析前,应对被审计单位的电子数据进行调查,对业务流程及所依赖的信息系统进行初步分析,了解相关情况,收集、记录下列资料:①数据内容、审计所需的数据范围、存储模式;②以 GB 为单位的源数据规模、估算的审计所需数据规模;③数据采集方式的初步估计,是否能顺利采集;④数据元素与专业审计数据规划的匹配程度,最核心差异;⑤数据字典、用户使用手册等文档资料的获取路径;⑥被审计单位的数据提供程度及能力;⑦有可能涉及的其他外部电子数据清单。根据调查结果,以及审计目标要求和被审计单位业务特点,视审计需要,采集、转换审计所需要的数据,对数据的真实性、可用性进行初步审查,按照审计项目对数据进行初步分析。下面跟随小丁的步伐,我们一起来了解审计数据如何获取和处理吧。

4.1 大数据环境下的审计数据获取方法

所谓审计数据获取,就是审计人员为了完成审计任务,按照审计目标的需求,在审前调查提出的数据资料清单的基础上,采用一定的方法和工具从被审计单位或其他来源获取相关电子数据的过程。

一般情况下,审计人员只采集与审计需求相关的数据。但审计数据采集也不一定完全局限于特定被审计单位,在必要条件下,审计人员利用内外部数据进行关联分析也不失为一种有效的手段。此外,在获取被审计单位的财务数据与业务数据时,审计数据应尽量完整。仅特别情况下才能就项目需求获取部分数据,如当审计范围仅涉及被审计单位的某一方面,或是审计人员对被审计单位信息系统、数据、业务流程等情况了解得比较深入,确定获取的数据足以完成审计项目时,可以根据需要只采集审计人员关注的数据,也可以采用从核心、关键数据入手,逐步扩展的方法来确定数据采集的内容和范围。

审计数据采集方式可视数据种类及获取条件有多种不同方式,尤其是大数据环境下审计数据获取方法各异,但是按照审计资料需求、获取实施的方式,一般分为数据接口采集、整库数据备份采集、非数据库数据采集等方式。无论采用哪种数据采集技术和方法,都必须易于操作。所采集的数据应该是真实、正确和完整的。

4.1.1 数据接口采集

数据接口采集是通过已有的审计数据接口访问与采集被审计单位数据的策略和方法。由于被审计系统和审计应用系统是两个相对独立的系统,在对数据的处理和过程方面存在很大差异,在被审计信息系统与审计应用系统之间传递信息的情况较为复杂。为了避免两个系统互相造成影响,往往需要开发专用的审计接口。审计接口是一种在审计应用系统与目标信息系统间进行信息交换的通道。这个通道是一种信息传输的格式和规范,同时也是完成传输作业的程序。审计数据从被审计信息系统经过审计接口传输到审计系统,必须确保得到的数据与原始数据是一致的,这是审计接口的一个根本要求。

按接口的用途划分,可以分为通用接口和专用接口。通用接口是指一些数据采集和转换工具,利用这些工具可以方便地完成数据采集工作。通用接口的应用前提是被审计信息系统建立在常用的数据库平台上,而且比较规范,审计人员对它也比较熟悉。专用接口是指为了完成某项特定功能而专门开发的接口。专用接口具有很强的针对性,而且易于理解和使用。

4.1.1.1 通用审计接口

1. 直接连接目标数据库采集

如图 4-1 所示,这种类型的数据接口是通过网络将审计应用系统与被审计系统直接相连,可以根据审计需求,在满足特定权限的情况下,获取规定时间、规定范围内的审计数据。由于审计不能干扰被审计系统的正常运行,审计接口只具有读取数据的权限,而没有对数据进行增加、删除、修改的权限。数据库直连采集的复杂情况通常由被审计系统的类型决定,不过主流的数据库系统一般都能通过 ODBC、OLE DB 等数据库连接工具进行连接。

采用数据库直连的方式进行连接、获取数据的方法具有数据完整、实时性强、方便、快捷、易用性等优点,但是接口的参数设置通常需要一定的计算机专业技术进行支持,并且需要被审计单位的大力配合,一旦被审计系统升级变化,接口的升级也需要立刻修改开发。而且这种方式有可能给被审计系统造成一定的处理负担,甚至有可能接口被劫持从而造成对审计应用系统和被审计系统的破坏。

下面举例说明数据库的连接操作。本书主要介绍两种数据库连接操作方式:一是通过常用的本地 SQL Server 数据库连接被审计单位的 Oracle 数据库;二是通过数据库管理工具 Navicat 进行连接操作。

第 4 章 审计数据获取与处理

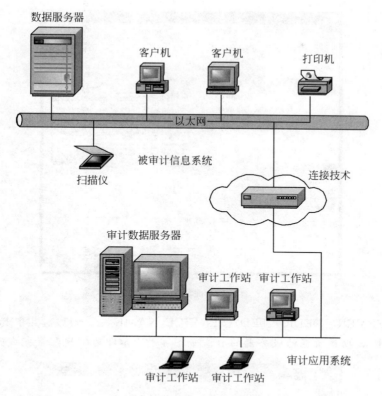

图 4-1 直接连接目标数据采集技术

【例 4-1】 SQL Server 数据库链接被审计单位的 Oracle 数据库

步骤一：数据库账号及查询权限。由于数据采集需要连通被审计单位的数据库，首先必须通过数据库查询账号进行连接，要杜绝该账号对数据库的修改操作。

步骤二：打开登录 SQL Server 数据库，展开服务器对象→链接服务器→右击【新建链接服务器】，如图 4-2 所示。

图 4-2 新建链接服务器

步骤三：选择"常规"，输入"链接服务器名称"（检验用英文字符名称），"服务器类型"选择"其他数据源"，"提供程序"选择"Oracle Provider for OLE DB"，如图 4-3 所示。

"产品名称"输入"oracle"；"数据源"输入：(DESCRIPTION = (ADDRESS = (PROTOCOL = TCP)(HOST = 192.168.xxx.xxx)(PORT = 1521))(CONNECT_

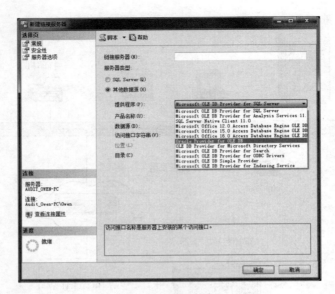

图 4-3 选择数据接口

DATA=(SERVER=DEDICATED)(SERVICE_NAME = orcl))),其中 host 是本审计单位的 Oracle 数据库所在的服务器的 ip。如图 4-4 所示即为常规配置完成的示意图。

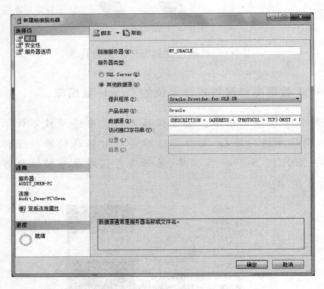

图 4-4 链接配置—常规配置

需要注意的是,在 SQL Server 数据库上创建链接服务器,连接 Oracle 数据库,访问接口需要设置为:"Oracle Provider for OLE DB"。如果电脑上没有这个驱动,则需要下载"ODAC112030Xcopy_x64.zip"进行安装。

步骤四:选择"安全性",勾选"使用此安全上下文建立连接",输入"远程登录"和"使用密码"(Oracle 的登录名和密码),此处的账号密码即为在步骤一中获取的数据库只读账号密码。图 4-5 为安全性配置示意图。

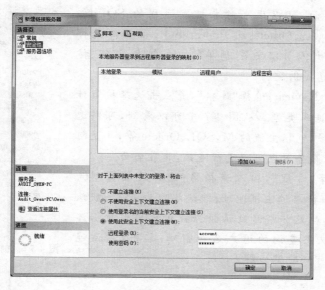

图 4-5　链接配置—安全性配置

步骤五：选择"服务器选项"，注意图 4-6 中所示的"RPC"和"RPC OUT"默认为 False，需要将值重新设置为 True。

图 4-6　链接配置—服务器选项配置

【例 4-2】 Navicat 连接数据库

Navicat 是一套性价比高、快速、可靠的数据库管理工具，其设计符合数据库管理员、开发人员及中小企业的需要，利用这个数据库软件辅助审计人员进行数据采集，可有效简化数据库的管理并降低系统管理成本。Navicat 具有直觉化的图形用户界面，可以用来对本机或远程的 SQLite、MySQL、SQL Server、Oracle 及 PostgreSQL 数据库进行管理与开发，为审计人员以安全、简单的方式创建、组织、访问并共用审计信息提供便利。

步骤一：打开 Navicat，选择"连接"，并点击选择被审计单位信息系统数据库类型。从图 4-7 中可以看到，可供选择的连接类型很多，包括主流的 MySQL、Oracle 等，甚至阿里云、腾讯云等云服务器也可以进行连接，非常全面。

步骤二：选择"常规"，输入连接名；选择连接类型为"Basic"；键入被审计单位主机地址；默认端口为 1521，默认服务名为 ORCL，此处如需修改请根据被审计单位数据库情况操作；输入仅供查询的用户名和密码；单击【测试连接】，连接成功即可。配置如图 4-8 所示。

图 4-7　选择连接数据库类型

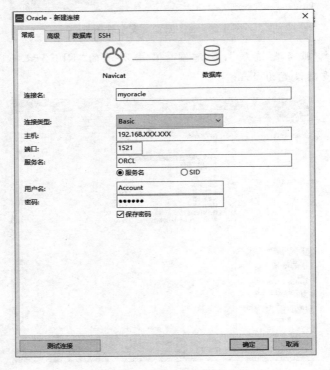

图 4-8　连接配置图

2. 使用数据采集工作站联网远程采集

考虑到信息安全的影响和降低审计风险的需求，多数情况下推荐数据采集工作站联网远程采集的方式。在被审计信息系统与审计应用系统的通道中加入一个受信任的中间工作站，一般情况下，中间工作站会设置一个时钟定期从被审计系统中获取数据到中间数据库中进行增量存储,审计应用系统需要时从中间数据库获取特定的数据到审计服务器中进行处理。

如图 4-9 所示的使用数据采集工作站联网远程采集方式避免了审计系统与被审计系统的直接相连,具有较好的安全性,能够避免安全攻击对两方系统造成的破坏。

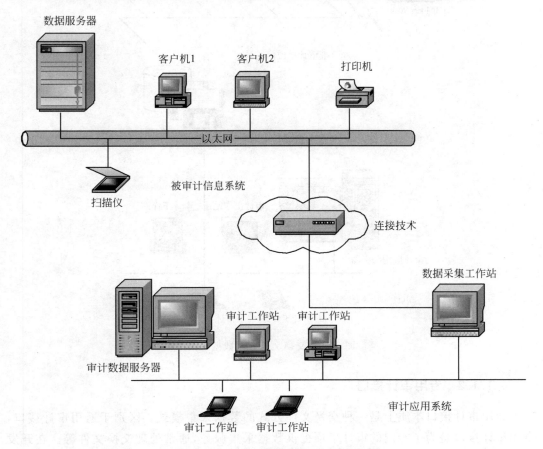

图 4-9 使用数据采集工作站联网远程采集

3. 获取并生成交换文件,转换为目标格式数据

很多情况下,被审计单位没有中间工作站,考虑安全又不能通过直连数据库方式进行数据获取,此时双方一般会事先约定数据格式,如通过数据交换文件传输的内容、格式和规范(数据接口标准),然后被审计单位按照要求将约定的数据库数据导出为所需的数据交换格式交给审计人员。如图 4-10 所示,审计人员获取交换文件后,可采用相应版本的数据库或者工具对文件进行处理和采集。

由于审计人员与被审计单位的数据库可能不相同,约定导出的文件格式也不固定,因此部分交换文件可能需要进行恢复和处理。总体来说,用于交换的文件一般有文本文件、Excel 电子表格文件、Microsoft SQL Server 数据文件、备份文件、Oracle 备份文件、Access 数据库文件等。

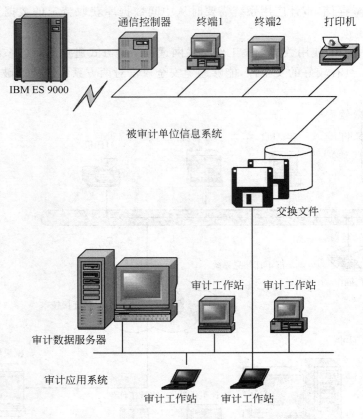

图 4-10 交换文件方式数据采集

4.1.1.2 专用审计接口

专用审计接口本质上是一种交换文件方式的数据采集模式。区别于通用审计接口，专用审计接口是为了专门的审计事项提供数据采集服务，通常处理交换文件等。在开发专用审计接口时，双方需约定数据交换文件的格式，如数据内容、格式和规范，然后开发数据文件的前处理器（被审计系统），开发数据文件的后处理器（审计系统）。接口工作时，前处理器从被审计信息系统中读取相关审计数据，转换成特定的交换文件，后处理器读取交换文件并进行数据处理转换，最终存储在审计系统数据库中。

4.1.2 利用数据库软件进行备份采集

被审计单位通常都建有专门的数据库，所以在大数据时代，对数据库对象整库数据的采集是相对比较常见的采集方式，一般会利用备份、导出等方式进行采集。利用数据库软件的数据导出、备份方法通常用于数据体量不是特别大的情况。主流的数据库对象包括 Access、SQL Server、Oracle 等。

整库数据的全备份文件可能存在大量冗余文件，给后续分析处理带来一定的负担，所以一般会按照审计需求进行定向和定量的单独备份，或将需要的数据库表导出用于审计。

按备份的层次划分,备份可分为应用软件生成的数据备份和在数据库系统中自行完成的数据备份。备份恢复法存在的一个问题是被审计单位的数据备份可能与审计单位的数据库不相匹配,需要一定的转换处理,如果数据量大则这一步工作也会很耗时。

4.1.2.1　ACCESS 数据采集

Access 是微软发布的关系数据库管理系统,是 Microsoft Office 的系统程序之一,Access 数据库文件的后缀为 MDB。

Access 有其独特的优势,比如对小型关系型数据的处理比较灵活、便捷。其报表创建功能可以处理任何它能够访问的数据源。Access 提供功能参数化的查询和 Access 表格,VBA 和.NET 及其他程序等可以通过 DAO 或 ADO 访问参数化的存储过程。虽然不适合大型数据库处理应用,但它的 JET 数据库引擎允许用户通过链接表和 ODBC 来访问大型的数据库系统,如 Microsoft SQL Server、Oracle 等,也可以使用链接表访问 ISAM 数据文件,如 dBase、Excel、文本文件等,这给 Access 应用程序开发带来了很大的灵活性。

但是,Access 也有其不足之处。比如它的数据文件不能突破 2G 的限制,结构化查询语言(JET SQL)能力有限,同时访问单个文件的理论并发用户为 255,受此限制,Access 不适合大型数据库处理应用。此外,虽然微软允许 Access 使用微软的数据访问组件如 DAO、ADO 来访问各种数据源,但这种方式复杂而又不直观,对审计人员有很高的技术要求。

Access 数据文件可以直接通过 Microsoft Access 软件直接访问,也可借助其他第三方接口访问。通过 Access 软件直接访问是最直接、方便的方法。只要是安装了 Microsoft Office 软件即可直接创建。对于相对较小的数据库及相对简单的应用,Access 的功能基本上能够满足,同时很多数据库软件对于 Access 文件的兼容性也很好。

4.1.2.2　SQL Server 数据采集

Microsoft SQL Server 数据库引擎为关系型数据和结构化数据提供了更安全可靠的存储功能,可以构建和管理用于业务的高可用、高性能的数据应用程序。SQL Server 具有使用方便、可伸缩性好、与相关软件集成程度高等优点,主要的版本有 2000,2005,2008,2008R2,2012,2014,2016,2017 和 2019 版本(本书采用 SQL Server 2008R2 版本作为参考)。

下面举例讲解 SQL Server 数据的采集,书中采集的目标是某单位 2018 年工会数据。

【例 4-3】 **数据库整库备份**

步骤一:登录 SQL Server 数据库,选中相应的数据库,即 2018 年工会数据库,右击【任务-备份】,如图 4-11 所示。

步骤二:进入如图 4-12 所示的选项配置,选择数据库和数据备份类型,数据的备份类型一般默认为"完整"。

步骤三,选择目标备份地址,默认会有一个 SQL Server 的备份地址,单击【添加】,选择备份目标文件夹,用户可以进行添加,如图 4-13 所示。

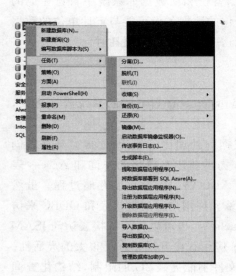
图 4-11 任务—备份

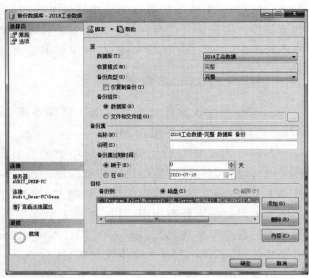
图 4-12 常规配置

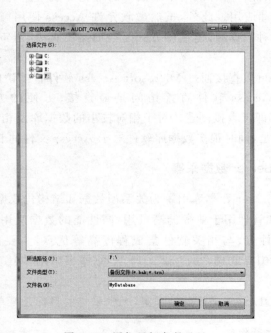
图 4-13 添加目标备份地址

步骤四：单击确定，等待数据库备份完成。

【例 4-4】 使用导出数据功能导出 mdf 文件

步骤一：登录 SQL Server 数据库，选中相应的数据库，即 2018 年工会数据库，右击【任务-导出数据】，如图 4-14 所示。

步骤二：由于是导出 SQL Server 的数据库，此处数据源选择"Microsoft OLE DB

Provider for SQL Server",如图 4-15 所示。

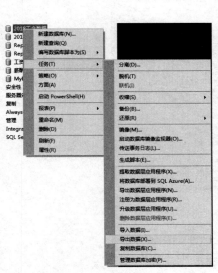
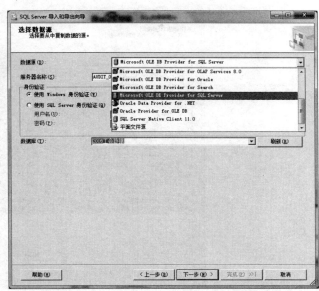

图 4-14　任务—导出数据　　　　　图 4-15　选择"Microsoft OLE DB for SQL Provider"

步骤三：根据获取数据后进行数据恢复的数据库工具选择数据源，可供选择的种类很多，可以是 Access 数据库数据、Excel 数据、SQL Server 数据库数据等，以 SQL Server 数据库为例，选择目标"Microsoft OLE DB Provider for SQL Server"，如图 4-16 所示。

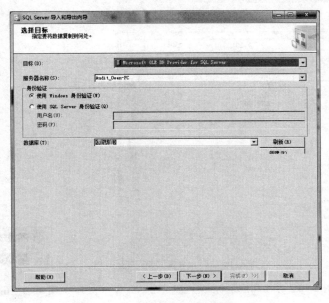

图 4-16　选择目标数据

步骤四：选择需要导出的数据表，最后运行得到文件，如图 4-17 所示。需要注意的是，在导出时可以根据审计需求选择导出的数据表，这一点跟数据库整库备份有明显的区别,数据需求更加明确,导出的数据在体量上也会有一定程度的降低,便于提高审计效率。

图 4-17 选择数据表

步骤五:单击【下一步】,等待数据导出完成,如图 4-18 所示。导出的数据为 mdf 文件格式,伴随一个同名的 log 文件,如图 4-19 所示。

图 4-18 导出程序运行

图 4-19 mdf 数据采集文件

4.1.2.3 Oracle 数据采集

Oracle 数据库系统是美国甲骨文(Oracle)公司提供的一组软件产品,以分布式数据库为核心,是目前最流行的客户/服务器(Client/Server)或 B/S 体系结构的数据库之一。Oracle 数据库具有完整的数据管理功能,可以实现分布式处理,系统可移植性好、使用方便、功能强,是目前世界上使用最为广泛的数据库管理系统。它适用于各类大、中、小、微机环境,是一种效率高、可靠性好、适应高吞吐量的数据库方案。

Oracle 数据库经过了多次版本迭代。最早的版本是 Oracle 8 和 Oracle 8i。Oracle 10g 和 Oracle 11g 是市场主流运行的数据库版本。Oracle 数据库 12c 引入了一个新的多承租方架构,使用该架构可轻松部署和管理数据库云。最新版本为 Oracle Database 19c。

Oracle 导出的数据一般是 dmp 文件,其内容包括整个数据库和表以及用户的所有信息,如存储过程、表定义、表结构等。dmp 文件一般可通过调用 Oracle 的 exp 命令或者相关 Oracle 数据处理工具如 PL/SQL 或 SQLPlus 等进行导出,下面会分别举例。对于需要导出的 dmp 文件,我们还需要知道数据采集的需求是什么级别,一般分为全库备份、表备份、用户备份及表空间(tablespace)备份,不同数据采集需要进行不同的备份,同理在数据恢复时也需要使用相应的方法进行恢复。此外,我们需要了解数据文件存放的表空间。Oracle 的数据文件都是放在表空间中,每个表空间有唯一的逻辑名称,对应若干物理文件。每个数据库都有默认表空间,在没有明确指定的情况下,用户表通常存放在 users 表空间,临时文件使用 temp 表空间。

下面举例讲解 Oracle 数据的采集。

【例 4-5】 使用 exp 命令导出 dmp 文件

首先进入命令提示符窗口。在该窗口输入 exp 导出命令进行导出,此时在命令提示符窗口直接进行操作即可,不需要登录进入 Oracle 任意用户。

(1) 导出数据库 ORCL 中的所有用户

语法:exp[拥有 oracle 数据库管理权限的用户(如 sys,system)/该用户密码]@数据库实例名(安装 oracle 数据库时指定的 SID 或全局服务名)file=[导出路径+导出文件名.dmp] full=y。

举例 1:exp system/secret@ORCL file=D:\dms.dmp full=y

(2) 导出数据库中的 system,sys 用户

语法:exp[拥有 oracle 数据库管理权限的用户(如 sys,system)/该用户密码]@数据库实例名(安装 oracle 数据库时指定的 SID 或全局服务名)file=[导出路径+导出文件名.dmp] owner=(指定需要导出的用户)。

举例 2:exp system/secret@ORCL file=D:\dms1.dmp owner=(system,sys)

(3) 导出数据库中的 User,Salary 表

语法:exp[拥有 oracle 数据库管理权限的用户(如 sys,system)/该用户密码]@数据库实例名(安装 oracle 数据库时指定的 SID 或全局服务名)file=[导出路径+导出文件名.dmp] tables=(指定表名)。

举例 3:exp system/secret@ORCL file=D:\ dms2.dmp tables=(User,Salary)

(4) 导出数据库中 User 表中的字段 num 以 2018 开头的数据

语法:exp[拥有 oracle 数据库管理权限的用户(如 sys,system)/该用户密码]@数据

库实例名(安装 oracle 数据库时指定的 SID 或全局服务名) file=[导出路径+导出文件名.dmp] tables=(指定表名) query=\" where 字段名 like '00%'\"

举例 3：exp system/secret@ORCL file=D:\dms3.dmp tables=(User)query=\" where num like '2018%'\"

【例 4-6】 使用 PL/SQL 导出 dmp 文件

步骤一：登录进入 PL/SQL，需要注意的是，登录的用户应该拥有需要导出的数据库的操作权限。

步骤二：单击顶部菜单"Tools"→"Export Tables"，进入并选择需要导出的数据表，如图 4-20 所示。如果不选中任何表名称，会提示是否导出所有表(如图 4-21 所示)，直接单击【YES】即为导出所有表。

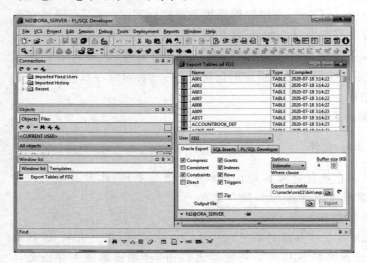

图 4-20　选择需要导出的数据表

图 4-21　提示导出所有表

步骤三：选择要导出的用户(默认是当前登录的用户)，单击"Output file"后面的文件夹图标，选择数据库导出文件存放位置与导出文件的名称。

步骤四：单击【Export】，等待数据导出完成。

4.1.3　非数据库数据采集

这种方法适用于被审计单位信息系统的数据是非数据库数据(如 txt 文件、xml 文件和 excel 文件等)的情况。这些非数据库文件的采集可使用文本采集、模板采集等多种方法，获得文件后可通过相应的数据库管理系统进行处理，过程类似于交换文件获取的方法，中普、用友审易等通用的审计软件也能直接读取通过数据采集软件获取的财务数据。

4.1.3.1　文本数据采集

文本数据是一种典型的顺序文件，其文件的逻辑结构又属于流式文件。文本数据中除了存储文件有效字符信息(包括能用 ASCII 码字符表示的回车、换行等信息)外，不能存储其他任何信息。几乎所有的数据库管理系统都能导出和导入文本文件。

文本文件的优缺点都很明显。优点是存储灵活，数据量的大小基本上不受限制。缺点是存储空间占用较大，查询、修改、删除非常麻烦，只能顺序查找，修改、删除需要更新整个文件，无法实现多个程序同时修改数据库中的不同记录，而且应用程序和数据结构的变化必须同步，否则数据容易出错。因此，直接采用文本文件类型进行数据存储基本上只适用于系统建设初期或者是无须任何数据库扩展的程序。

采集到数据库中的文本文件按照字段分隔类型的不同，可分为带分隔符的文本文件和固定长度的文本文件。

带分隔符的文本文件主要包括字段名称、字段、字段分隔符、记录分隔符、文本限定符，其中字段、字段分隔符和记录分隔符是必须存在的，两种分隔符必须相异且未经文本限定符限定的文本字段中不能出现同类分隔符。文本名称和文本限定符是可选的，根据开发人员对数据结构的设计而定。下面是一个文本数据示例，其中第一行为字段名称，(♯)为字段分隔符，回车换行(CR)(LF)为记录分隔符，示例如下：

```
货号♯名称♯产地♯价格♯生产时间
P02♯电冰箱♯北京♯   4800.00♯2002-02-14 00:00:
P03♯计算机♯北京♯   7900.00♯2001-11-01 00:00:
P04♯音响♯  上海♯   4000.00♯2001-04-06 00:00:
P05♯空调♯  上海♯   3800.00♯2001-10-11 00:00:
P06♯洗衣机♯青岛♯   3100.00♯2001-09-18 00:00:
P07♯笔记本♯北京♯  11230.00♯2001-08-30 00:00:
P08♯微波炉♯天津♯   1980.00♯2002-01-20 00:00:
```

下面重点介绍各个组成部分。

(1) 字段名称

字段名称通常列在第一行，作为字段的说明和介绍。特别是在每条记录的字段相对较多时，字段名称有助于使用者直观明了地看出字段所代表的含义。

(2) 字段

字段集合组成每一条记录，每个字段描述数据的某一特征，即数据项。

① 字段分隔符。字段分隔符就是分隔每个字段的符号，可以是逗号(,)、星号(*)、顿号(、)、井号(♯)、空格( )以及垂直条(|)等，也可以是多种符号，这样每一条数据可以分为多个字段，但是在一个文本文件中，字段分隔符必须唯一。

② 记录分隔符。记录分隔符的作用与字段分隔符类似，只不过字段分隔符将数据分为一个个字段，而记录分隔符将数据分为每一条记录。记录中包含多个字段，因此一般可以通过识别分隔符出现的频率来识别两种分隔符。记录分隔符的频率应该低于字段录分隔符，顺着文本数据查找，在规律出现的字段分隔符之间相对低频出现的非字段分隔符一般为记录分隔符。

记录分隔符通常是回车(CR)和换行(LF)，这样记录的文本数据相对清晰明了，也可以是逗号(,)、分号(;)、制表符号(TAB)及垂直条(|)等，使用这类符号需要注意与字段分隔符区分。图 4-22 中的字段分隔符为(♯)，记录分隔符为(&&)。图 4-23 中的字段分

隔符为空格( ),记录分隔符为回车(CR)和换行(LF)。

图 4-22　符号作为记录分隔符

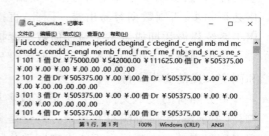

图 4-23　回车作为记录分隔符

(3) 文本限定符

文本限定符用于标识出字段的内容,通常使用双引号(")、单引号(')等,也可以使用定义的其他符号,但要注意区别于字段分隔符和记录分隔符。也可以不使用文本限定符,但是当字段内容中包含字段分隔符时,必须使用文本限定符加以区分。示例如图 4-24 所示。

图 4-24　文本限定符示例

4.1.3.2　Excel 电子表格数据采集

Microsoft Excel 是 Microsoft 生产的一款电子表格软件,具有直观的界面、出色的计算功能和图表工具,使用广泛,主流使用的版本为 2003,2010,2016。目前最新的版本为 Microsoft Excel 2019。

采集 Excel 电子表格数据时,通常由数据人员导出 Excel 格式文件,按照后缀的不同,一般分为 xls 文件和 xlsx 文件两种,2010 版本以后的 Excel 可以打开两种文件,但是打开的 xls 文件是使用兼容模式处理。此外,需要注意的是,常用的 Excel 只能处理 65535 行数据。

访问 Excel 电子表格数据,通常有五类方法:Excel 软件直接访问;使用数据库引擎通过编程实现;使用 ODBC 数据源连接;调用 Excel 对象库编程;使用主流数据库管理系统导入。第一种方法基本上能够熟练使用 Office 办公软件即可实现,非常简单。第二、三、四种方法在大数据环境下使用相对较少,这里也不再赘述。下面重点介绍数据库管理系统导入的方法。

主流的数据库如 Microsoft Access 和 Microsoft SQL Server 都带有数据导入/导出

功能,可以将 Excel 数据文件直接导入数据库中。很多审计软件也可直接导入导出 Excel 电子表格。

电子表格和关系数据库存在对应关系。每一个 Excel 文件可以是一个工作簿,其中包含多张工作表,一个工作簿就对应一个关系数据库,其中的每张表对应数据库中的一张表,工作表中的每一行代表数据库中的一条记录,每一列对应一个字段。因此,需要将一个 Excel 数据文件当作一个关系数据库来对待。但是将 Excel 电子表格数据导入关系数据库中时需要注意下面几点:

(1) 表格格式规范化。Excel 表格的格式相对于关系数据库中的格式比较复杂,有可能存在标题中带有副标题或存在拆分的单元格等情况。这些情况是无法满足关系数据库的规范要求的,如果不对表格进行格式化处理,将无法正确读入数据库中。因此,需要在导入前将数据格式规范化,保证每列只有一个标题,且只有最高级一级标题。

(2) 数据类型统一。Excel 电子表格中的类型相对丰富,且允许同一列不同单元格的值可以是不同数据类型,但是在关系数据库中要求每个字段的数据类型统一固定,因此需要在导入数据之前统一调整每列单元格的数据格式。

(3) 数据独占性。数据库管理系统通常需要独占 Excel 工作表的全部控制权限,因此需要导入的文件必须在不被任何程序打开的情况下导入,否则就会提示"Excel 文件已被别的用户以独占方式打开,或没有查看数据的权限"。

4.1.3.3 XML 数据采集

XML(Extensible Markup Language,可扩展标记语言)是一种可以用来创建自己的标记的语言。XML 是 Internet 环境中跨平台的、依赖内容的技术,也是当今处理分布式结构信息的有效工具。早在 1998 年,W3C 就发布了 XML1.0 规范,使用它来简化 Internet 的文档信息传输。它可以用来定义数据类型、标记数据,计算机之间可以通过这种标记来理解和处理各种信息。XML 是一种允许用户对自己的标记语言进行定义的源语言。XML 被设计为传输和存储数据,其焦点是数据的内容,而非显示数据。

XML 在数据的传输和存储方面具有以下特点:

(1) 可使用 XML 进行数据交换。信息系统所存储的数据有多种形式,在遍布网络的系统之间交换数据是最费时耗力的一项工作。基于 XML 可以在不兼容的系统之间交换数据,把数据转换为 XML 格式存储将大大减少交换数据时的复杂性,还可以使这些数据能被不同的程序读取。

(2) 可利用 XML 进行 B2B 电子商务。目前 XML 正成为遍布网络的商业系统之间主要的信息交换语言,许多完全基于 XML 的与 B2B 有关的应用程序正在开发中,如在网络中交换金融信息、客户信息、订单信息、物流信息等。

(3) 使用 XML 实现数据综合利用。XML 是一种数据存储语言,与软件、硬件和应用程序无关,用其记录的数据可以被更多的用户、设备所利用,使用其他客户端和应用程序,可以像操作数据库一样,把 XML 文档当作一种数据源,直接被各种各样的"阅读器"处理。

(4) 可利用 XML 实现数据共享。XML 是使信息自描述的新语言(文档包含语义),

即不需要参考其他信息就能理解文本的含义。以纯文本格式存储的 XML 数据具有简便、易读、易记录、易调试等特点，使不同系统、不同程序之间的数据共享变得更加简单，而且很容易使用工具读写。XML 数据一般采用树形结构，支持各种通道的数据传输，可实现数据重用、可扩展。

例如："李××，男，1961 年 10 月 2 日生于北京，现任××公司副总经理"这段文字隐藏了一些信息。将这些隐藏的信息显式地表达出来就是：

姓名：李××

性别：男

出生日期：1961 年 10 月 2 日

出生地：北京

单位：××公司

职务：副总经理

这些被隐藏的信息称为元数据。元数据是关于数据的数据，只有显式地说明关于数据的元数据信息，才能进行完整、清晰、准确的交流。

为了显式地表达数据的元数据，需要对数据进行一定的"标记"，并用标记名称（又称标签）表达数据的元数据信息（如下）：

<resume>

<name>李××</name>

<sex>男</sex>

<birthday>1961 年 10 月 2 日</birthday>

<homeplace>北京</homeplace>

<company>××公司</company>

<position>副总经理</position>

</resume>

例如，一张发票可采用以下格式来表达：

<order>

<identifier>SV-101</identifier>

<purchaser>

<name>北京信息科技大学</name>

<address>海淀区清河小营东路 12 号，北京</address>

</purchaser>

<supplier>

<name>A 公司</name>

<address>中关村东路 5 号</address>

</supplier>

<itemlist>

<item identifier="RS1">

<quantity>2</quantity>

```
<price> 3900 </ price >
</item>
<item identifier="HP30">
<quantity> 1 </quantity>
<unit-of-measure> liter </unit-of-measure>
<price> 99.99 </ price >
</item>
<itemlist>
<total_cost> 3999.99 </total_cost >
<payment_terms> Cash-on-delivery </payment_terms >
</order>
```

总之,XML 提供了一种灵活简便的标准格式,是基于 Web 应用描述数据和交换数据的最佳选择之一。图 4-25 为一个简单的 XML 数据示例。

4.1.3.4　其他格式数据采集

其他常见格式数据包括 Word 文档文件、PDF 文档文件、网页文件、WPS 文档文件、ET 电子表格文件等,这些格式的数据相对较少,主流的还是前面介绍的几种类型。

对于其他格式的数据,采集的主要思路是将不常用的数据类型转换成主流数据存储类型,然后用前面的方法进行采集。

以 Word 文档为例,将文档中的表格通过复制、粘贴的方式放入 Excel 文件中,然后用 Excel 数据采集的方法导入数据库中。PDF 文件也可使用相同的办法。

网页文件可以复制到 Excel 文件中,也可直接导出成 XML 文件。WPS 文档文件和 ET 电子表格文件分别与 Word 和 Excel 兼容,采集方法也相同。

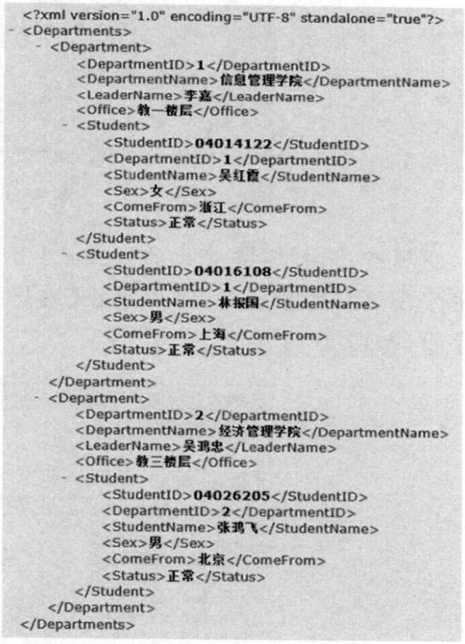

```
<?xml version="1.0" encoding="UTF-8" standalone="true"?>
- <Departments>
  - <Department>
      <DepartmentID>1</DepartmentID>
      <DepartmentName>信息管理学院</DepartmentName>
      <LeaderName>李嘉</LeaderName>
      <Office>教一楼层</Office>
    - <Student>
        <StudentID>04014122</StudentID>
        <DepartmentID>1</DepartmentID>
        <StudentName>吴红霞</StudentName>
        <Sex>女</Sex>
        <ComeFrom>浙江</ComeFrom>
        <Status>正常</Status>
      </Student>
    - <Student>
        <StudentID>04016108</StudentID>
        <DepartmentID>1</DepartmentID>
        <StudentName>林振国</StudentName>
        <Sex>男</Sex>
        <ComeFrom>上海</ComeFrom>
        <Status>正常</Status>
      </Student>
    </Department>
  - <Department>
      <DepartmentID>2</DepartmentID>
      <DepartmentName>经济管理学院</DepartmentName>
      <LeaderName>吴鸿忠</LeaderName>
      <Office>教三楼层</Office>
    - <Student>
        <StudentID>04026205</StudentID>
        <DepartmentID>2</DepartmentID>
        <StudentName>张鸿飞</StudentName>
        <Sex>男</Sex>
        <ComeFrom>北京</ComeFrom>
        <Status>正常</Status>
      </Student>
    </Department>
</Departments>
```

图 4-25　XML 数据示例

非数据库数据的采集主要通过直接复制法获取。这类数据量一般不太大,因此现阶段被审计单位基本上很少使用非数据库数据方式进行存储,大多数情况下只是从数据库中导出非数据库数据。本节以导出 Excel 数据为例,其他的非数据库数据的导出方法与之类似。

【例 4-7】　以 Excel 数据为例的非数据库数据采集

步骤一:登录 SQL Server 数据库,选中相应的数据库,右击【任务-导出数据】。

步骤二:由于是导出 SQL Server 的数据库,此处的数据源选择"Microsoft OLE DB

Provider for SQL Server"。这两步与导出 mdf 数据相同。

步骤三：根据获取数据后进行数据恢复的数据库工具选择数据源，因为要导出 Excel 文件，因此选择目标"Microsoft Excel"，如图 4-26 所示。

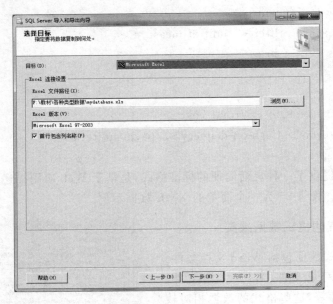

图 4-26　选择目标数据

步骤四：选择需要导出的数据表，可以进行预览，如图 4-27 所示。此外，如果需要对表中字段进行映射编辑，可以单击【编辑映射】，对表格的名称、字段类型等进行编辑之后再导出，如图 4-28 所示。

图 4-27　选择数据表

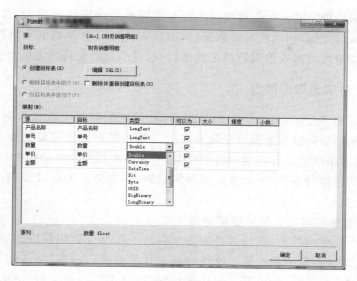

图 4-28　编辑数据映射

步骤五：单击【下一步】，等待数据导出完成。

4.2　审计数据处理

数据处理是大数据环境下审计中的重要环节，旨在检查、控制和分析审计数据的质量。如果数据质量存在问题，则可以直接发现审计线索，还可以在确定质量问题是否属于疑点问题后，对有质量问题的数据进行清理转换，为后续的审计数据分析服务。

4.2.1　审计数据质量

审计人员获得原始的审计数据，首先要验证审计数据的质量，如是否真实、完整，是否存在缺失的或不完整的数据、不准确的数据、不一致的数据、重复的记录等。因此，审计数据质量的主要的评价指标包括下面几个：

(1) 准确性：判断审计数据的值与预期正确的值是否一致。
(2) 完整性：判断需要值的审计数据属性中值缺失的程度。
(3) 一致性：判断审计数据对一组约束的满足程度。
(4) 唯一性：判断数据记录（及码值）的唯一性。
(5) 有效性：判断维护的数据是否足够严格，以满足分类准则的接受要求。

4.2.2　审计数据清理

为了确保审计数据真实、客观地反映被审计单位的实际情况，在数据采集完成后，开始数据分析之前，有时需要进行数据清理。

数据清理的主要任务是先分析异常数据是否审计疑点，然后在落实数据的有用性后将与审计工作无关的或者冗余的数据删除。由于被审计单位数据种类繁杂、来源众多，常常存在各种数据质量问题。由于这些问题将直接影响后续审计工作,并对将得出的审计结论的准确性有重大影响,因此采集数据后,审计人员必须对原始电子数据进行分析,并进行清理。数据清理可以在数据转换之前进行,也可以在数据转换之后进行。

4.2.2.1 数据清理的原因

在面向数据的审计中,审计的对象是数据,有问题的数据会造成数据分析工作的错误。清理的目的是为后续的数据分析做准备。首先要根据数据质量的要求,对审计数据进行检查,不能简单地抛弃有质量问题的数据,因为这些数据中可能蕴含审计线索。对发现的数据质量问题进行分析,找出造成问题的原因,发现隐含的审计线索,然后清理有质量问题的数据。

1. 值缺失会影响审计人员的数据分析工作

由于存在不完整的数据,审计人员的数据分析工作会受到限制。如果某一属性存在大量空缺数据,按这一数据值的某一特性对被审计数据进行分析(如查询、筛选、汇总)往往会导致错误的分析结果,如对某一属性计算均值,由于存在缺失值,可能会造成这些数据中原本蕴含异常记录,结果取平均值后反倒正常了。此时如果按平均值判断审计事项,可能会导致错误判断。这种情况普遍存在于 Excel 数据中,如图 4-29 中地区的值为空,需要审计人员进行填充。

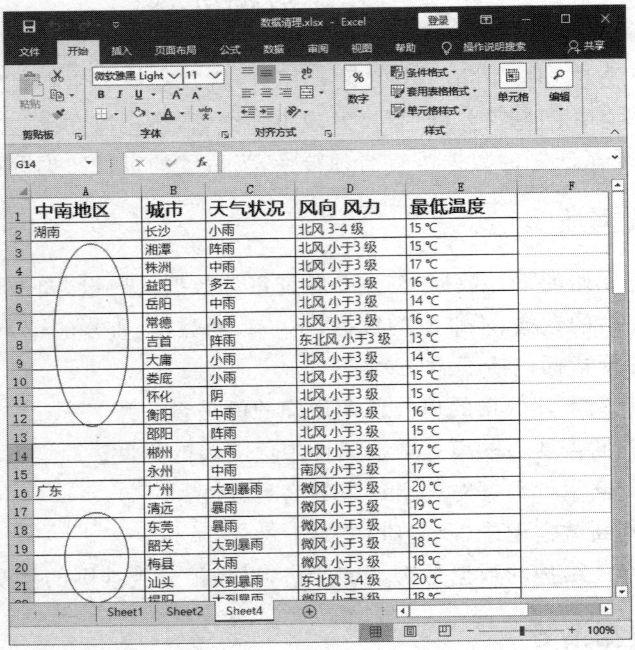

图 4-29 值缺失

2. 数据表中的空值会直接影响数据分析结果的准确性

被审计数据中经常存在部分数据值为空(Null)的现象。如图 4-30 所示,有些利率为空(Null)。在进行数据分析时,原始数据中为空的数值型字段值并不等同于"0",空值的数据类型与 0 不同,不能直接参加运算、比较大小等分析,必须对这部分空值进行数据清理。但是要注意,有的空(Null)是合理且有意义的,有的空值则会对运算分析产生影响。这需要根据数据本身的意义和数据格式的具体情况进行分析和处理。

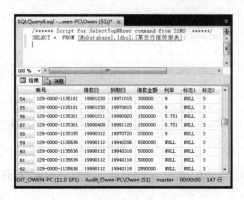

图 4-30　数据表中存在空值

3. 大量的冗余数据会降低数据分析的效率

审计人员采集到的数据表中常常存在系统数据库中设计了某些属性,但在使用中没有录入数据的情况。这些字段和记录有时候对数据分析并没有意义,可能是多余的。这种冗余数据的存在大大降低了审计人员以数据查询为主的数据分析的效率。因此,必须对冗余数据进行清理。如图 4-31 所示,该凭证数据中多数字段数据为空,且这些字段对数据的分析没有任何作用,则可以清理这部分字段,以提高分析效率。

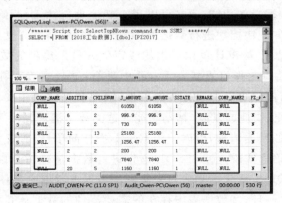

图 4-31　冗余数据

4. 数据值域定义的不完整性会给数据审计工作带来障碍

由于被审计单位信息系统对某些数据格式的约束性限制设计不到位,极易造成审计人员获取的数据中存在错误值(如图 4-32 所示),或同一类型数据值的表达格式不统一等情况。此时首先要判断是否审计疑点。如果在一个数据表中存在大量错误数据,则可判断为审计需要抓的风险点。例如,在对某银行贷款利率的审计中,审计人员根据掌握的金融业务知识,知道超过 15% 的活期存款利率显然是一个错误数值。排除疑点后要进行数据清理。

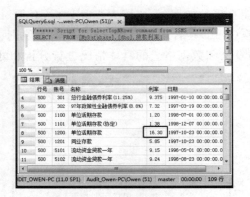

图 4-32　数据值错误

如果审计人员在未经清理的情况下对上述数据加以利用,将直接导致数据分析结果不完整、出错、无意义,甚至导致审计失败。

4.2.2.2　数据清理的技术方法

数据清理可以提高数据质量。审计数据清理工作主要包括但不限于:确认输入数据的准确性、修改错误值、删除或替换空值、消除冗余数据、解决数据中的冲突、保证数据值落入定义域等。

1. 数据清理技术

(1) 使用 Excel 处理。Excel 不仅提供了数据导入、导出,以及数据排序、筛选、分类汇总等比较实用的数据操作功能,而且可以很直观地进行插入、删除、修改字段或数据记录的数据清理工作,方便快捷地进行数据值的复制、粘贴、清除。使用 Excel 进行数据清理适合以下几种情况:①被审计单位提供的或审计人员采集到的数据本身就是 Excel 表(*.xlsx),部分数据清理工作可直接在 Excel 中进行;②数据表存在大量值缺失的情况,而且这些值缺失没有明显可以加以分类的条件,因此数据清理主要依靠审计人员手工进行填充,而 Excel 方便、快捷的复制、粘贴功能为这类数据清理提供了极大的帮助;③对于数据量小、任务较轻的数据清理,可以使用 Excel,操作简单、省时省力。

(2) 通过 SQL 语言实现。使用 SQL 语言进行数据清理适合以下几种情况:①数据来源较多,需要以 SQL Server 为平台对采集到的数据进行集成,使用 SQL 语言进行数据清理成为其中的重要一环;②数据表中存在的需要清理的数据质量问题具有一定的规律性,通过归纳,数据清理工作可以由多条 SQL 命令来完成;③数据量较大,存在同一类型数据质量问题的记录较多,将数据导入 SQL Server,使用 SQL 语言进行数据清理可以简化操作、节约时间、提高效率。

(3) 其他技术:审计软件相关功能等。数据清理中,审计人员还可以根据所采集数据的具体格式,采用除 Excel、SQL 以外的其他清理技术实现数据清理。例如,可以利用审计软件提供的"数据维护"功能进行数据清理;对于数据格式为(*.mdb)Access 文件的,可以通过在 Access 数据库中执行"更新查询"或更改表结构等操作来实现数据清理;对于已经存放于本地数据库中的数据,可以使用 Navicat 等数据管理工具进行可视化处理,并且可以结合 SQL 语句,实现更高效率的数据清理。

2. 数据清理的方法

(1) 值缺失处理。通常情况下,审计人员会根据缺失值的情况进行判断。如果是无用数据,直接删除。如果存在缺失的属性可通过源数据中的某些字段计算填补(如金额缺失,可用单价×数量填补),通常手工填入缺失的数据值或进行批量替换。其他少数的缺失值可以从本数据源和其他数据源直接导入。对于没有分类条件的连续值缺失,可以将数据导入 Excel 中,利用"填充柄"手工连续填入。某些缺失值可以从本数据源或其他数据源推导出来。如图 4-29 所示的数据表格是有排序的,可以很容易进行数据的填充处理。如果是打乱的数据,则需要借助外部数据源进行匹配处理,清理的结果如图 4-33 所示。

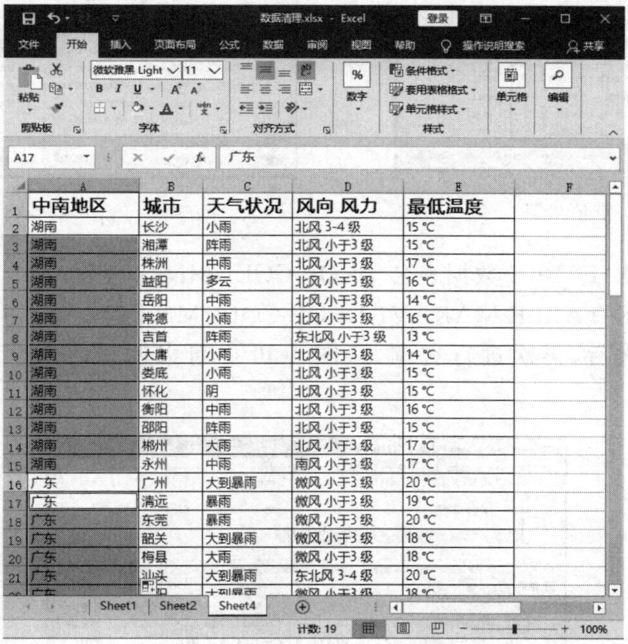

图 4-33 值填充

(2) 空值处理。针对 SQL 等数据库中存在的空值(NULL),可以在 SQL Server 的查询分析器中执行如下 SQL 语句,用"0"替换某些字段的空值:

语法:UPDATE 数据表名 SET 字段名=0 WHERE 字段名 IS NULL;

举例:UPDATE 某支行信贷报表 SET 利率=0 WHERE 利率 IS NULL;

很显然在执行语句后,图 4-30 中的第 59~62 行数据的利率都调整为 0 了,如图 4-34 所示。

(3) 清除冗余数据。清除冗余数据就是清除与审计工作无关的字段信息和记录。假设一个数据表中有大量空值(NULL)数据,且数据对于分析没有意义,则可以在确定某一字段全部为空的情况下删除该字段。可以通过先进行数据排序,确认该字段是否全部为空值(NULL),在确认后可以删除字段。可顺序执行下列语法。

语法：SELECT * FROM 数据表名 ORDER BY 字段名 DESC；

举例：SELECT * FROM MARAV1 ORDER BY [列 0] DESC，[列 1] DESC；

由于已经降序排列，从图 4-35 中可以明显看出，字段"列 0"和"列 1"的值全部为空，且该字段对于审计数据分析没有作用，因此可以进行字段删除。

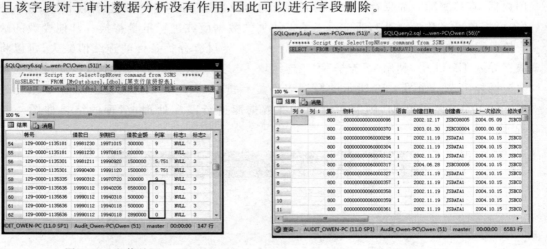

图 4-34　空值处理　　　　　　　　图 4-35　对冗余字段进行降序查询

语法：ALTER TABLE 数据表名 DROP COLUMN 字段名；

举例：ALTER TABLE MARAV1 DROP COLUMN [列 0]，[列 1]；

在操作完毕之后，再次进行查询，从图 4-36 中可以明显看出，冗余的两列已经被清除。

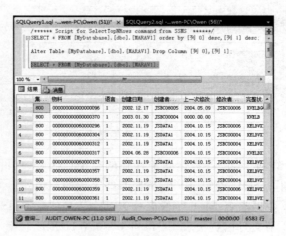

图 4-36　清除冗余字段

（4）数据值定义不完整。数据值定义不完整问题主要是值域问题、数据格式问题。

假设审计人员在采集数据后，发现固定资产表中的固定资产原值字段存在负值，这显然与会计处理的常规不符，需要对其进行处理。审计人员可以使用下列 SQL 语句清理数据。

语法：UPDATE 数据表名 SET 字段名＝新值 WHERE 约束条件；

举例：UPDATE［MyDatabase］.［dbo］.贷款利率 1 SET 利率＝（利率－10）WHERE 利率＞15；

在图 4-32 中可以明显看到第 8 条的单位活期存款利率数据有异常，通过查询外部数据得知当年活期存款利率没有大于 15％的，利率在 10％以内比较合理，因此修改此条数据即可得到如图 4-37 所示的结果。

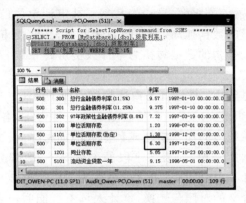

图 4-37　数据值定义不完整处理

（5）字段类型不合法问题。有时，在采集到的被审计单位的数据库中存在某些反映金额、数量的数据字段的类型被定义为字符型或其他类型，审计软件无法识别，也不便于审计人员利用其他工具软件对数据进行核对。审计人员需要将这些字段的数据类型调整为数值型，以方便审计过程中的计算、汇总和分析。举例如图 4-38 所示。

图 4-38　字符类型转换

语法：ALTER TABLE 数据表名 ALTER COLUMN 字段名新的字段类型；

举例：ALTER TABLE 财务销售明细 ALTER COLUMN 金额 float；

经过数据清理的数据就可以进行数据转换了。

4.2.3　审计数据转换

数据转换的前提是完成了审计数据的采集工作，之后数据转换技术要将采集到的原始数据转换为审计人员可识别、可利用、可分析的一种形式。同时，审计人员还需要将同一数据源或不同数据源中具有相同或相近含义的、异构的数据转换成审计人员可识别、分析、处理的形式相对统一的数据，这个过程就是数据转换。

4.2.3.1 数据转换的原因

1. 被审计单位多源数据的融合度差

计算机数据审计必然面临多源、异构的数据。被审计单位信息系统可能来源于多家供应商，系统间存在大量的数据孤岛，数据间融合度差，必然使审计工作面临数据融合的问题。如何将这些多源、异构的数据转换为审计人员可跨系统、跨结构、跨数据源使用的数据是必须解决的问题。

2. 被审计系统的安全性工作设计为审计数据增加了障碍

数据安全是一个组织最大的安全。目前基于安全性考虑，各单位的系统都会对数据进行加密处理，可采用系统级的加密措施或数据级的加密措施。尤其是审计人员最需要的、具有一定含义的数据库结构，如表与字段的名称等，一般都会进行映射或转换处理。例如，将表命名为 ABE1, RTRE2 …；将字段命名为 YL 1, FC2 …。对于这样的数据，不掌握数据字典、不进行含义的对照与转换，审计人员不可能明白表或字段的经济含义，无法判断表中数值的真实性和准确性。诸如此类的加密措施都会给数据审计带来极大障碍，也是数据转换面临的巨大挑战。

3. 审计数据的范围和要求服务于审计目标

审计人员应根据审计任务及目的和要求，选取一定范围的、满足一定要求的与审计需求相关的部分审计数据。例如，在财务审计业务中，审计人员关心的只是与销售收入有关的会计报表、销售明细账、销售发票、发货单、订单、出库单等相关数据表，而不关注系统控制参数数据表（如用户访问日志等），在不对系统进行控制测试评价时，可以不采集。

4. 数据分析、处理的要求

面对多源异构的数据，审计人员无法对其进行综合利用，消除数据孤岛，必须对其进行转换。审计人员可先选择适当的分析工具，如 Excel、SQL 数据库等，选定软件后，可将多源异构的数据转换到选定的数据分析工具软件中，以开展下一步分析工作。这些方法和专用工具往往要求一定的数据转换格式及结构。审计人员应充分运用所掌握的专业知识，完成多源异构数据的专业融合。

4.2.3.2 数据转换的内容

从计算机数据审计的需求来讲，数据转换主要包括两个方面：一是将被审计单位的数据有效地装载到审计人员选择的工具软件或所利用的数据库中；二是对转换好的数据进行标准化处理，即明确地标识出每张表、每个字段的经济含义及其相互之间的关系，方便审计人员开展数据分析工作。下面简单介绍数据转换的几种基本类型。

1. 数据类型转换

例如，将文本数据"00012"转换到 Excel 表格中时，如果数据类型选择不当，常会导致转换错误。在转换时应将"00012"这种文本类型的数据确定为"文本"格式，若错误选择了

"以文本形式存储的数字",则会转换为"12",与源数据不一致,出现转换错误。数据转换的前提是类型相容。两种数据类型在转换时存在一种值域相同或相容的映射,这种映射不会丢失数据的精确度,如非日期类型数据向日期类型数据的转换,以及整型数据向浮点型数据的转换。

2. 对象名的转换

审计获取的许多数据经常将表名、列名用编码或拼音缩写来命名,这是数据库存储的便利性或要求,但不利于审计人员直观性地阅读和理解,在数据转换阶段,需要将对象名转换为审计人员直观易懂的名称。

3. 数据编码的转换

审计获取的数据库系统数据中常以编码的方式存储数据的值,如对"地区",经常用"1"表示"东北"、"2"表示"华北"。出于数据规范化和降低冗余等目的,需要将这些不利于审计人员直观分析的编码转换为易懂的内容。

4. 表结构的转换

审计人员可将获得的被审计单位数据库中的表结构进行更改,如增加、删除字段等使其更符合审计分析的需求。

4.2.3.3 数据转换的方法

在充分了解被审计单位的信息系统、功能划分、操作流程、数据结构、数据项与事务处理逻辑等的基础上,审计人员可采用以下方法选择需要转换的数据。

1. 直接转换数据类型

审计人员可采用系统提供的隐式类型转换规则实现直接转换,如整型向字符类型的转换。也可以通过 ALTER TABLE 语句实现直接转换。以 SQL Server 数据库管理系统为例,如下的类型转换可以直接进行转换:①日期时间型与小日期时间型的互转;②整型类型转换为定点小数类型或浮点字符型;③定长字符类型(格式为"yyyymmdd")转换为日期时间型或小日期时间型;④数值型转换为字符型;⑤值全部为数字和小数点的字符类型转换为数值型。

例如,图 4-39 中日期项下的时分秒对数据分析意义不大,若要转换为精确到日,可使用如下语句,得到的结果如图 4-40 所示:

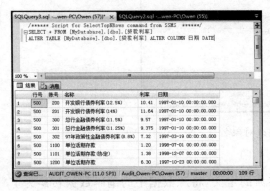

图 4-39 贷款利率表

图 4-40 贷款利率表转换日期

语法：ALTER TABLE 数据表名 ALTER COLUMN 列名新数据类型

举例：ALTER TABLE 贷款利率 ALTER COLUMN 日期 DATE

不仅可以使用 SQL 语句进行转换，使用 SQL Server 数据库自带的设计功能也可以达到同样的效果。如图 4-41 所示，右击需要转换的表格，单击【设计】，进入后可以更改图 4-42 中所示的字段的数据类型。

图 4-41 设计表

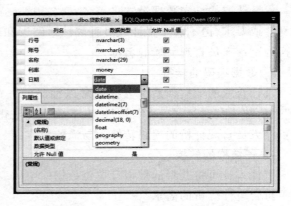

图 4-42 通过 SQL Server 修改数据类型

2. 对象名的转换

对表名的转换方式灵活多样、简单直接。比较简单的常用方法是使用 SQL Server 提供的系统存储过程 sp_rename，或者直接右击进行重命名。

例如，将企业数据库中的"code"表名转换为"代码表"，结果如图 4-43 所示。

语法：EXEC sp_rename '原表名'，'新表名'

举例：EXEC sp_rename 'code'，'代码表'

另外也可通过 sp_rename 系统存储过程实现对字段名的转换。

语法：EXEC sp_rename '表名.原列名'，'新列名'，'COLUMN'

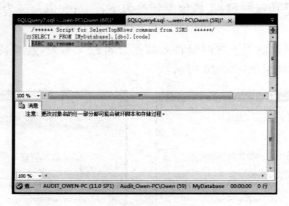

图 4-43 更改对象名

3. 数据编码的转换

根据审计目标和任务需求，结合源数据字典的定义，将源数据中的编码数据转换为审计人员易于理解的中文文字。

例如,图 4-44 中"cclass"字段的含义必须通过查询数据字典才能获取。在银行代码表中,"cclass"字段的取值对应的含义如表 71 所示。对应的 SQL 语句如下。

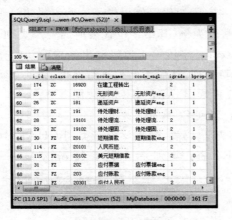

图 4-44　银行代码表

表 4-1　代码含义对照表

cclass 字段代码	含义
ZC	资产
FZ	负债
QY	权益
CB	成本
SY	损益

语法:UPDATE 表名 SET 编码列名 = CASE 编码列名
　　　　WHEN 编码值 1 THEN 中文含义字符串 1
　　　　WHEN 编码值 2 THEN 中文含义字符串 2
　　　　WHEN 编码值 3 THEN 中文含义字符串 3
　　　　…
　　　　END
举例:UPDATE 代码表 SET cclass = CASE cclass
　　　　WHEN 'ZC' THEN '资产'
　　　　WHEN 'FZ' THEN '负债'
　　　　WHEN 'QY' THEN '权益'
　　　　WHEN 'CB' THEN '成本'
　　　　WHEN 'SY' THEN '损益'
　　　　END

需要特别注意的是,审计人员在进行数据编码转换的过程中,必须确认转换前后的数据值是否符合属性列给出的定义。例如,如果"cclass"字段的数据类型是整型类型,在执行上述语句之前,应先将数据类型转换为字符型,并确保数据长度足够容纳转换后的中文字符。

4. 表结构的转换

(1)用列数据构建新字段。审计中常根据目标需要构建一些新字段。例如,在被审计单位的数据库表中,某些字段的代码值提供了一些可供审计分析的信息。以图4-45所示的代码表中的"ccode"字段为例,其第1位代表所属资产类别。如果想了解资产类别的信息,可构造新字段,将"ccode"字段第1位提取出来构建新的分析字段。

首先,需要为表增加新的列,然后为新列进行赋值,语法如下:

语法:ALTER TABLE 表名 ADD 新列名数据类型;
UPDATE 表名 SET 新列名 = 值;
举例:ALTER TABLE 代码表 ADD z 资产类别 CHAR(10);
UPDATE 代码表 SET 资产类别 = LEFT(ccode,1);

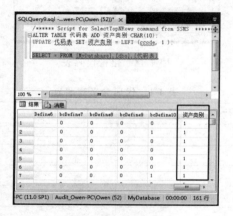

图4-45 列数据构建新字段

(2)为扩展分析内容构建新字段。如图4-46所示为"银行存款代码表"中的部分数据,其"代码"字段为字符串类型。如果希望对代码进行分解分析,如分析某代码是属于哪个银行,又归属于哪种货币,则需要总结代码规律,并对代码进行分解,其中第4~5位为银行代码,6~7位为币种代码。实现功能的SQL语句操作如下,结果如图4-47所示。

图4-46 银行存款代码表

图4-47 扩展后的分析表

语法：SELECT SUBSTRING(原始表.字段名,起始位置,结束位置) AS 分析表.字段名 INTO 分析表 FROM 原始表；

举例：SELECT SUBSTRING(代码,4,2) AS 银行代码,

SUBSTRING(代码,6,2) AS 币种,

代码 AS 代码,

含义 AS 含义

INTO 银行代码分析表 FROM 银行代码；

4.3 审计数据验证与存储

4.3.1 审计数据验证

为什么要进行审计数据验证工作呢？

首先，完成数据采集和数据清理转换后，需要验证和评价数据的完整性。分析一些缺失或遗漏是由于审计人员处理数据的能力不足、下载程序设置不合理还是数据类型转换过程中选项不合理等导致的，确保数据是真实的、完整的，并且在审计数据获取和处理过程中没有改变源数据的真实特征。因此，审计人员需要对数据内容、格式、关联关系等进行核对，初步检查数据是否完整一致、没有遗漏，是否能够满足审计分析需要，是否能够发现一些人为的舞弊行为。

其次，需要验证数据的真实性。为了避免审计人员处理数据过程中导致的审计数据失真问题，在采集处理完数据后，要对数据进行验证，确保数据保持了原有的真实形态和特征，验证数据不真实是否由于被审计单位的错误或舞弊所致。唯有确保数据真实、完整、准确，数据审计工作的开展才有意义。

因此，数据验证是审计疑点揭示的基础，是确保审计数据真实、准确、完整的前提，对于开展下一步的审计数据分析至关重要。

审计数据验证工作包括以下方面：

(1) 验证待采集数据的真实性。在采集数据之前，审计人员需要确认待采集的数据是否审计人员需要的、真实的数据，以避免假账真查。通常应关注被采集数据的创建日期、修改时间是否符合业务逻辑、是否未经篡改、是否真实的原始数据。审计人员通常可观察数据库、日志文件的创建时间、修改时间，或观察数据库的大小、表空间或物理数据库文件的大小等，以判断是否真实。例如，某次针对上市公司并购的审计中，审计人员对该公司信息系统进行一般控制测试。由于要根据某系统的日志文件确定整个收入入账依据的下载量，于是提出采集某几个月的日志文件进行抽查的资料需求。在采集过程中，审计人员发现，其他所有日志文件的修改时间均为正常的业务时间，唯有审计人员要求获取的这几个月的日志文件的修改时间为审计人员索要数据的时间，这说明已经不能确保这几个月的日志文件是真实的原始日志文件了。

(2) 验证待采集数据的完整性。审计人员在获取数据时，要充分了解被审计单位的业务逻辑、数据流程，以获得完整的数据资料。对采集的数据，要通过分析数据库、表空间

的大小来验证采集数据的完整性。会计信息系统的数据库文件,由于存放多张表,有的甚至存放多个年度账,不会太小,如果文件太小,或数据库中包含的表不完整,有可能是没有采集正确的数据,或在采集过程中发生了数据截断等问题。例如,某审计软件有数据采集工具,但近几年被审计单位信息系统多次升级,审计人员一直使用的审计采集工具却未能及时升级,在采集数据过程中就也可能由于采集工具本身数据量的限制导致采集的表不完整、该有的表未能全部采集完成的情况。

（3）验证转换后数据的准确性。数据清理、转换是为了更好地分析审计数据,但在数据转换过程中,要避免转换后的数据改变了原有的数据形态、格式、内容的情况。例如,某次审计人员获取到被审计单位的证券投资基础信息表和交易表,其中基础信息表中有一列证券代码,是文本形式存储的数字如"000006",在数据转换过程中,将其转入 Excel 表格时,默认转为数字格式,被存储为"6",从而导致源数据发生了变化,不利于后期进行数据分析。为了验证转换后数据是否保留了原有的数据类别、数据内容,验证转换前后数据的一致性,可与采集前记录的参数进行比对,验证记录总数,进行凭证表的借贷平衡校验等。同时,要关注采集、转换后的数据是否出现乱码、数据缺失、不规范、数据类型转换失败等情况,通过验证,及时发现问题,及时处理。

（4）验证转换后数据的完整性。必须保证数据转换过程中,数据的完整性不被破坏,确保数据没有在转换中被删除。因此,转换完成后,审计人员应验证转换后数据的大小、格式、内容,表的数量等。验证审计人员所需的每张表或视图都在被转换后的数据中,验证某些关键数据表的记录数、表结构、视图内容与源数据相同,如数据库表的数量、关键数据表的记录数、表中字段的数量、视图多少等。验证关键数据表中的某些分层次的统计数据(如按科目分组后各科目的数量、行记录的多少、各科目各会计期间的累计借贷方发生额、各科目年初年末余额等)与源数据一致,验证转换后的数据包含了审计人员所需的全部信息。

（5）验证转换后数据的有效性。数据转换完成后,还需要验证数据清理工作没有损害数据的有效性,确保数据清理转换没有产生新的错误、数据清理和转换的目标顺利实现。验证的方法一般包括四种:一是对关键核心数据进行核对,确保数量、金额等主要变量正确且可计算,避免由于在清理转换过程中的增、删、改等操作改变了原有数据形态或产生了新的错误;二是验证记录条数,确保在清理转换过程中删除的确为冗余记录,有效记录之和与源数据相同,生成的新数据与源数据可比对,增加有原因,清理转换过程被分步记录形成日志,转换过程可追溯,转换质量可控制;三是验证复式记账的业务规则未被破坏,数据之间的一致性约束、钩稽关系得到满足;四是验证数据结构的转换正确有效,尤其关注主键约束(唯一性,非空性)、唯一约束(唯一性,可以空,但只能有一个)、外键约束(需要建立两表间的关系)、非空约束(设置非空约束,该字段不能为空)等。

4.3.2 审计数据存储

为了确保原始数据可追溯,审计人员通常不会直接对财务或业务的生产数据库进行直接操作,以免误操作引起生产系统崩溃或发生非正常改变。非现场审计时,审计人员一般将财务或业务的备份数据库镜像备份至审计服务器上,对审计服务器上的备份数据进行分析;联网审计时,审计人员也会将财务或业务的整库数据、增量备份数据通过审计服务器或前置机采集过来,然后再进行转换、清理、验证、分析。

在审计数据转换过程中或转换完成后,有经验的审计人员会将转换后的数据单独存储在一个数据库或某些数据表中,形成审计中间表,为开展数据分析工作打好基础。

因此,存储审计数据时,应掌握以下原则:不对原生产数据做增、删、改操作;优先选择将财务或业务实时数据备份至审计服务器;对审计备份数据做清理、转换、验证、分析时,将发生改变的、新生成的数据单独存储为新的审计中间表,可采取表、视图等多种形式存储以确保原始数据可追溯对比。

4.4 审计数据获取案例

项目组助理小丁在小组长帮助下采用文本采集、数据库备份、导出数据等方式获取了不同子公司的部分数据。小丁对于如何利用这些数据实在没有思路。文本数据有的太大根本打不开,有的用 Excel 打开了有乱码,而且数据库备份文件小丁不会用。如何能让审计人员共同使用这些数据呢?数据分析组组长部署了数据库服务器供审计项目组共同访问,采用 Microsoft SQL Server 数据库进行审计数据分析,给小丁介绍了数据处理过程。

4.4.1 文本数据的导入

在审计实践中,首先需要打开文本文件进行大概的分析,分析这个文件的记录分隔符和字段分隔符等,然后才能进行具体的导入。下面介绍如何进行文本数据导入。

步骤一:登录 SQL Server 数据库,选择需要导入的数据库,如果没有指定的数据库,需新建数据库,如图 4-48 和图 4-49 所示。

图 4-48 新建数据库

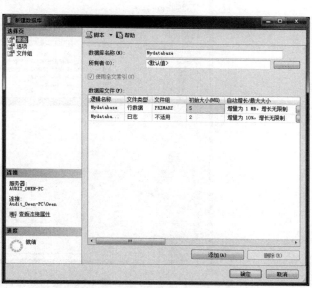

图 4-49 新建数据库名称

步骤二：选择需要导入的数据库，右击任务→导入数据，如图4-50所示。需要注意，由于我们使用SQL Server数据库进行操作，不管是导入何种类型的数据库，最初的这两个步骤基本上是没有区别的。

图4-50　任务—导入数据

步骤三：选择数据源为"平面文件源"，如图4-51所示，单击浏览文件位置进行文件读取，选择文件位置并确定，如图4-52所示。

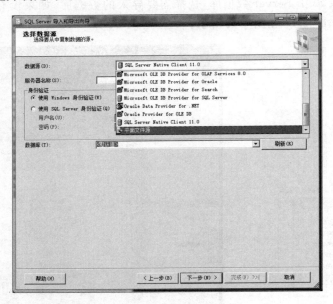

图4-51　选择数据源

第 4 章　审计数据获取与处理

图 4-52　文本数据读取

步骤四：在选择文件后，程序通常会默认读取文件的分隔符，所以格式为"带分隔符"，如果程序在读取分隔符时有误，则需要审计人员修改对应的分隔符。选择"列"，修改分隔符并调整进行预览。如图 4-53 所示，程序读取将每一行都放在了一个字段，明显错误，因此需要修改字段分隔符。通过分析，"ccode"字段由于数据为空，导致程序无法分辨字段分隔符为一个空格还是两个空格，因此审计人员只需要在列分隔符中输入空格即可，效果如图 4-54 所示。确定无误后单击【下一步】。

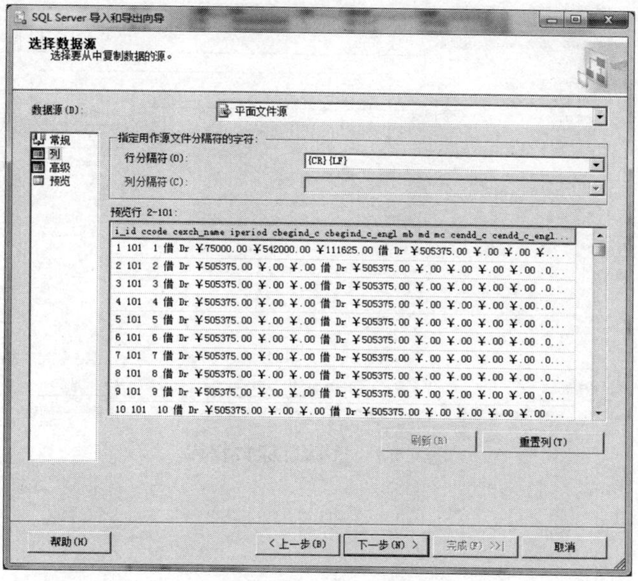

图 4-53　文本数据分隔错误

图 4-54 重新校正列分隔符

步骤五：选择目标为"SQL Server Native Client 11.0"，选择数据库为需要导入的数据库，并单击【下一步】，如图 4-55 所示。系统开始导入数据，如图 4-56 所示。

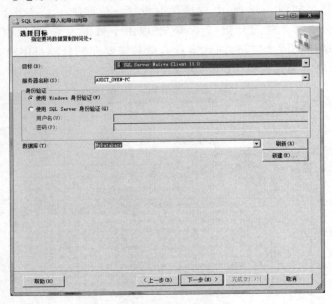

图 4-55 选择目标数据库

第 4 章 审计数据获取与处理

图 4-56　导入数据

4.4.2　数据库备份数据的还原

由于大多数被审计单位使用的可能是 SQL Server 和 Oracle 数据库，本节主要介绍这两种数据库的备份还原。

1. SQL Server 导出的 mdf 文件还原

步骤一：登录 SQL Server 数据库，右击数据库，选择"附加"，如图 4-57 所示。

步骤二：添加 mdf 文件，并选择相应目录的文件，如图 4-58 和图 4-59 所示。

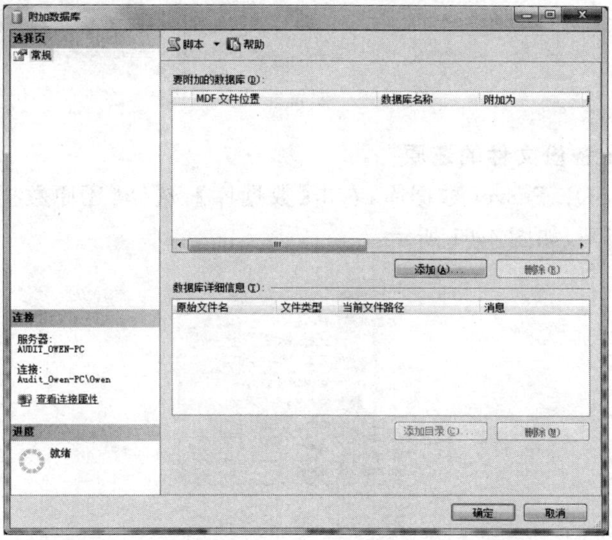

图 4-57　附加数据库

图 4-58　添加 mdf 文件

图 4-59　选择需要添加的文件

步骤三：单击【确定】，等待导入数据完成即可，如图 4-60 所示。

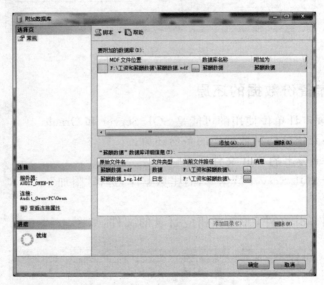

图 4-60　配置完成并导入

2. SQL Server 备份文件的还原

步骤一：登录 SQL Server 数据库，右击【数据库】，选择"还原数据库"，这一点跟 mdf 文件的还原要区别开，如图 4-61 所示。

图 4-61　还原数据库

步骤二:选择设备,点击进入文件夹获取备份介质,点击添加文件并确定,如图 4-62 所示。

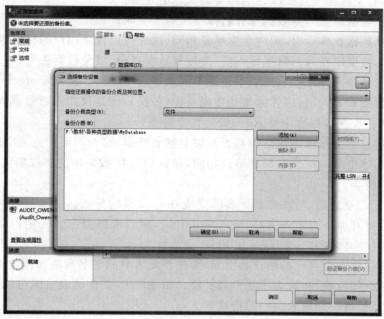

图 4-62　获取备份介质

步骤二:读取备份介质之后可以看到目标的信息及需要还原的备份机,如图 4-63 所示。必须勾选"还原"的复选框,再单击右下角【验证备份介质】,无误后单击【确定】进行还原。

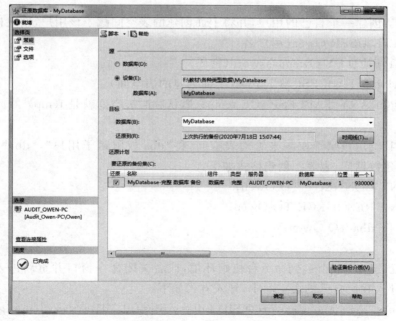

图 4-63　还原数据库

3. 使用 imp 命令将 dmp 文件导入 Oracle 数据库

在将 dmp 文件导入数据库之前需要确认以下几点：

（1）目标数据库要与源数据库有名称相同的表空间；

（2）目标数据在导入时，用户名应尽量相同（这样可以保证用户的权限级别相同）；

（3）目标数据库在进行数据导入前，应做好数据备份，以免数据丢失；

（4）弄清是导入导出到相同版本还是不同版本（oracle10g 版本与 oracle11g 版本）；

（5）目标数据导入前，应弄清楚是数据覆盖（替换），还是仅插入新数据或替换部分数据表，如果是首次在数据库中导入，一般是数据覆盖；

（6）确定目标数据库磁盘空间是否足够容纳新数据，是否需要扩充表空间；

（7）导入导出时应注意字符集是否相同，通常 Oracle 数据库的字符集只有一个，并且固定，一般不改变。

确认以上几点之后，可按照如下步骤完成 dmp 文件的导入。

步骤一：打开命令提示符窗口，输入"sqlplus"，然后根据提示输入用户名、密码，通常建议登录权限较高的用户，如 system 用户。

步骤二：建立一个自己的用户表空间，要注意此表空间的名称应与源数据库表空间名一致，设置表空间位置、初始大小及自动扩展。由于 dmp 文件的表空间可能很大，所以一定要设置自动扩展。创建表空间的格式如下：

CREATE TABLESPACE FD2(表空间名)
DATAFILE 'D:\oracle\userdata\FD2.dbf'(用户可自行设置路径)
SIZE 50M(设置初始大小)
AUTOEXTEND ON;(设置自动扩展)
/

步骤三：创建一个自己的用户，并将上面创建的表空间赋予该用户，创建格式如下：

CREATE USER Owen(用户名)
IDENTIFIED BY Owenpassword(密码)
DEFAULT TABLESPACE FD2(上面创建的表空间)
TEMPORARY TABLESPACE temp;(默认临时表空间就是 temp)
/

步骤四：给用户赋予权限来管理表空间，将"dba 权限赋予用户"，"dba"为最高级权限，可以创建数据库、表等。创建格式如下：

GRANT CONNECT TO Owen;
GRANT RESOURCE TO Owen;
GRANT dba TO Owen;
/

步骤五：退出 sqlplus，到命令台初始环境，或者关闭命令窗口并重新进入，将我们的 dmp 文件导入我们自己的表空间中，导入方式如下：

语法：imp usename/password@SID full=y file= d:\data\xxxx.dmp ignore=y

举例：imp Owen/Owenpassword@orcl file=D:\FD2.dmp full=y ignore=y

4.4.3 电子表格数据的导入

电子表格数据的导入与文本文件、mdf 文件及 Access 文件等类似，基本操作都一样，区别主要在于选择源的数据不同。下面详细介绍电子表格数据的导入。

步骤一：登录 SQL Server 数据库，选择需要导入的数据库，如果没有指定的数据库，则需新建数据库。

步骤二：选择数据源为"Microsoft Excel"，并选择数据库，如图 4-64 所示。接着选择需要导入的数据表，如图 4-65 所示。

图 4-64　选择数据源

图 4-65　选择数据源表

步骤三：可以先预览数据的导入效果，然后在编辑映射的位置对导入的数据进行一些预处理，如完成类型转换等，如图4-66所示，在前期完成一部分清理和转换工作。

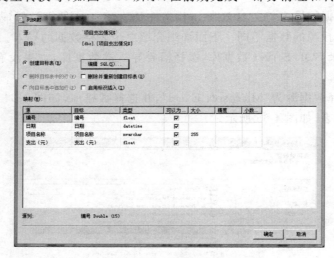

图4-66　映射编辑

步骤四：依次单击【确定】和【完成】，等待数据导入，如图4-67所示。

图4-67　导入电子表格数据

本 章 小 结

本章重点介绍了在数据审计前的数据采集、处理及验证方法，整体的脉络就是一个数据从获取到处理的流程。首先综述了数据的特征和数据接口，然后按照数据库数据采集和非数据库数据采集进行了分类介绍，并举例说明了多种采集方法的具体操作。接着介绍了获取后的数据处理,包括数据清理和数据转换。最后介绍了数据的验证与存储,并给出了几种主流的审计数据导入还原的案例。数据采集、处理及转换验证是计算机数据审计的重要前提和关键环节。在一个审计项目中,对数据的处理往往会占整个审计期30%~50%的时间。因此,打好数据处理的基础有助于有效地开展数据建模分析,快速锁定审计重点。下一章将介绍获取电子数据后,如何理解和分析这些数据。

课内实验一

请扫码获取第四章的例题与作业数据,完成本实验。

1. 文本文件数据采集

(1) 在审计过程中采集到文本文件"Code.txt 和 GL_accsum.txt",请选择一种合适的方法将其导入 SQL Server 数据库或其他分析工具中。

(2) 在审计过程中采集到一个文本文件"MARAV1.txt",请选择一种合适的方法将其导入 SQL Server 数据库或其他分析工具中。

2. 电子表格数据采集

(1) 已知"各种类型的数据"文件夹内有电子表格文件"贷款利率.xls"和"GL_accvouch.xls",请选择一定的方法将其转换到 SQL Server 数据库或其他分析工具中。

(2) 在审计过程中采集到一个电子表格文件"某行信贷报表.xls",为了方便处理,请选择一种合适的方法将其导入 SQL Server 数据库或其他分析工具中,并完成相应的数据转换(其中第 2 列与第 3 列代表借款日和到期日)。

(3) 在对 SAP 审计的过程中采集到一个电子表格文件"LFM1.xls",请选择一种合适的方法将其导入 SQL Server 数据库或其他分析工具中。

3. 连接数据库

(1) 通过 SQL Server 数据库连接 Oracle 服务器。

(2) 尝试使用 Navicat 连接本地 SQL Server 数据库。

4. dmp 文件导出与导入

(1) 使用 exp 命令导出你可以连接的数据库服务器中的某数据库。

(2) 使用 imp 命令导入某数据库数据。

5. 在 Access 中获取各种数据

(1) 将"code.txt"和"GL_accsum.txt"文件中的数据导入 Access。

(2) 将"贷款利率.xls"和"GL_accvouch.xls"文件中的数据导入 Access。

提示:分别利用 SQL Server 和 Access 提供的导入/导出工具来实现。

本章资源 扫码获取

第 5 章

对电子数据的理解

【引例】 数据分析组将完整的账套数据还原至数据库后,小丁觉得非常困难,被审计单位每个会计主体的数据库中都有很多张表,哪些才是审计人员想要的表呢?如何找出 ERP 或会计信息系统后台数据中的审计相关数据呢?如何理解电子数据的数据结构及思路,是审计人员需要掌握的一个关键技巧。

下面,我们一起来学习被审计单位常见电子数据的设计理念和表现形态吧。

5.1 会计信息系统的设计逻辑

在大数据时代,会计信息的质量很大程度上取决于 ERP 系统中会计信息系统的开发与控制部署。在对被审计单位信息系统进行初步测试、对电子数据进行初步评价的基础上,审计人员应对所获取的会计信息系统电子数据进行系统分析,以确定关键业务流在数据层面的映射,理解重要数据表、字段所代表的业务内涵,理解重要数据表间的业务逻辑及依赖关系,从而发现疑点,以此验证会计信息系统控制与业务流程控制中存在的潜在风险。

我们可以通过数据层面的映射关系来观察企业的控制活动是否得到有效执行。审计人员应围绕会计信息系统的业务模型,掌握各业务循环主要的业务流程、数据流程及数据文档,掌握重要控制活动在数据存储中的特征。通过分析数据表间的时间轨迹及存储逻辑,分析字段取值范围及关联关系,发现系统控制、业务控制是否按制度设计并得到有效执行,从而揭示舞弊及违规行为。

企业会计信息系统的电子数据一般包括总账、报表、固定资产、薪资、供应链等模块。在实际审计过程中,企业会计信息系统的财务数据更多来源于 ERP 系统供应链模块中的销售、采购、库存、存货管理、主生产等模块中的业务数据。很多审计疑点来自财务数据与业务数据的对比分析,因此了解 ERP 系统中供应链模块的数据存储特征也是审计人员关注的重点。

5.1.1 会计信息系统中的数据传递

在常见的被审计单位会计信息系统中,一般由系统部署人员按照企业组织架构及会计主体整体配置要求,设计并部署合理的会计信息系统内部控制程序。在企业内部经济业务流程设计的基础上,由会计人员根据(或扫描)原始凭证,手工录入记账凭证,或由业务模块自动完成业务数据采集过程;在人工智能时代,财务机器人的出现将会部分乃至完全取代会计人员的制单工作,可根据业务特点由财务机器人自动生成记账凭证。在此基础上,利用计算机对数据进行加工与存储,实现高速、快捷、完整、准确的记账,按照会计准则和会计数据处理要求自动生成电子账簿,形成会计报告信息。人工智能的出现,极大地提高了计算机批量、实时处理能力,而准确性、计算速度以及模块间的系统性、全面性及共享性也大大增强。

不同 ERP 系统中财务模块的设计有很大不同,但大多数 ERP 系统都包括总账、供应链、物资、成本、薪资、报表等子系统。各 ERP 系统中子系统名称各有不同,但核算的内容存在许多共性。常见的会计子系统间的数据传递可分为直接式和账务处理中心式。

直接传递式是指各业务子系统要处理、编制记账凭证并传递到账务子系统,同时固定资产、工资、存货管理等业务子系统及总账子系统要将各种直接、间接费用汇总、分配并传递到成本子系统进行成本核算。

如图 5-1 所示,账务处理中心式是由各业务子系统将记账凭证传递到总账子系统,总账子系统将涉及成本、费用的凭证汇总后,通过设置自动转账功能传递到成本子系统。采用这种方式需要设置辅助核算及明细核算,并要求系统具有自动转账凭证设置及汇总功能。

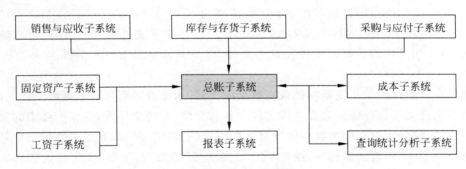

图 5-1　账务处理中心式数据传递模式

5.1.2　会计信息系统的数据存储

常用的 ERP 或会计信息系统中,无论是账簿数据还是报表数据,大都是按照关系型数据库文件的格式存放。一个数据库文件一个账套。一个单位可以建立多个账套,一个账套中又可包含多个年度账。

账套是每个独立核算的单位在会计信息系统中建立的一套数据库文件,以便记录该单位资金运动过程中的各种数据。一个完整的账套应包括账套号、账套名称、账套启用日期、账套存储路径、企业会计期间设置、核算单位(如企业名称地址)等基本信息,以及账套核算信息(如记账本位币、企业类型、行业性质、编码方案、数据精度)等。一般情况下,一个单位或组织使用一个独立账套,但如果该单位或组织有多个下属独立核算的实体,常按独立核算单位建立账套，有多少个会计主体就建多少个账套。每个账套数据相互独立，一个账套可能被存储为一个数据库文件，数据库中设置数据表来存储系统表、各模块的基础数据及交易数据。

年度账是指账套中各个年度的账务数据。一个账套可以存储多个年度的年度账。年度账通常有两种存储模式：一种是在账套数据库文件中设置独立的年度表文件来存储不同年度的凭证、总账及明细账数据；另一种是设置独立的年度数据库文件来存储年度账数据。一个独立核算单位的一个账套中的各个年度账被存储为相互独立的多个数据库文件。

会计信息系统数据常按照账套的存储路径，以子文件夹的形式存储不同账套的数据。规模较小的单位常使用单机版的会计软件。规模较大的单位采用集中部署，账套各用户访问应用服务器完成业务操作，数据存储在数据库服务器端；或采用财务共享中心模式实现会计核算，各下属单位或分支机构不再单独设立财务部门，通过网络和云端实现财务共享。目前财务共享中心作为一种新的财务模式在许多大型企业集团、跨国公司中逐步兴起。

有些会计软件的设计是按年度账建数据库文件，常在账套存储路径下按账套号设置独立的文件夹，各会计年度作为其中的子文件夹，存放各年度的数据库文件及日志文件、报表文件、数据备份文件等。有几个年度账，就有几个数据库，分别被存储为几个子文件夹。例如，某单位使用某商品化会计信息系统 2017 年起初始建账，采用 SQL Server 数据库存储财务数据，设置了"001 电商公司"的账套，至 2020 年在该账套默认存储路径"D:/……/ADMIN/DATA/001"下，分别按年度设置了"D:/……/ADMIN/DATA/001/2017"至"D:/……/ADMIN/DATA/001/2020"4 个子文件夹，各文件夹中存储了后缀名为 .mdf 和 .ldf 的数据库文件及日志文件，以及其他报表文件和后缀名为 .bak 的备份文件。

有些会计软件不按年度账单独设置数据库文件，而是按账套号建数据库文件。此时，该账套号文件夹下仅存储一套数据库文件及日志文件、备份文件等，各年度账中的交易文件、账户主文件分别被存储为标示年度号的数据表的形式。例如，某单位使用某商品化会计信息系统 2018 年起初始建账，设置了"102 某高校"的账套，至 2019 年在该账套默认存储路径"D:/……/ADMIN/DATA/102"下存储了后缀名为 .mdf 和 .ldf 的数据库文件及日志文件，以及其他报表文件和后缀名为 .bak 的备份文件，数据库中按年度建立了 PZB2018、PZB2019…PZB2020、BALANCE2019 等多张凭证表，科目汇总表及辅助账、各业务模块的交易文件也是如此设置数据表文件，并未按年度设置子文件夹存储年度账数据。

有些企业是包含下属公司的集团型企业，需要为每个公司建立核算体系。有些会计软件的存储是分别设置不同的账套号，各账套的存储模式与上述模式相同。还有一些会计软件是一个集团对应一个账套，按照各公司之间的控制关系建立公司目录，各单独核算的公司对应账套中的公司目录，公司目录中每一个公司对应一个会计主体。会计主体可以有多个核算账簿，核算账簿包括会计期间信息、科目信息、公司目录及年度信息。查询某公司确定年度内的账簿信息时需要将公司代码、年度信息及账簿信息组合起来才能准确定位至被审计单位。

5.1.3 会计信息系统的设计规则

为了更好地分析会计信息系统的电子数据及存储结构,审计人员需要了解会计信息系统的代码设计及数据库设计规则。

5.1.3.1 编码设计

会计信息系统中,会计科目、存货、供应商、客户甚至常用摘要,都可通过编码方式实现对代表事务名称、属性、状态的描述。使用代码为事务提供对照,需要符合一义性、系统性、可扩展性、规范性和稳定性等编码要求,以方便数据存储和检索,从而提高处理效率和精度,统一各模块间的数据整体性,降低存储冗余。

在会计信息系统中,常用的编码方法有顺序码、组码、群码等。顺序码是批代码按数字或字母顺序排列,如1、2、3…,A、B、C…,这种编码方式简单直观,便于处理,但可扩展性差,常用于分类不多的情况。组码(区段码)是根据编码对象的特点,将编码对象按代码值的大小分成若干组(或区段),每组代表编码对象的某一类别。例如,企业会计准则中将会计科目分为不同的组段,一级科目用四位代码表示,其中资产类一级科目用 1001 至 1999 表示;负债类一级科目用 2001 至 2999 表示;共同类一级科目用 3001 至 3999 表示;权益类一级科目用 4001 至 4999 表示;成本类一级科目 5001 至 5999 表示;损益类一级科目用 6001 至 6999 表示。组码扩展性好,占用位数不多,有一定的层次意义,但有较多空码不便于判断完整性。群码(层次码)是将所编代码分成若干层,每一层代表不同含义,设计为固定的位数,按分类对象的层次关系进行编码。一般左端层级高,右端层级低,每一层都可依据设计的固定位数按顺序码编码或按组码编码。例如,会计科目代码级次结构为 422,则一级科目 4 位、二级科目 2 位、三级科目 2 位。一级科目按组码编码,二、三级科目按顺序编码,如"11220102"的前四位 1122 代表应收账款,中间"01"代表应收单位款,最后两位"02"代表"北京华诚有限责任公司"。群码具有很好的层次性,便于校验、分类和汇总,应用广泛,但位数长,不便于记忆。

5.1.3.2 数据库文件设计

会计信息系统大多采用数据库管理系统来存储信息。数据库中的文件依据系统分析中的业务流程图和数据字典进行设计,并要将会计信息系统中涉及的文件进行物理定义,目的是将信息转换成计算机可存取的物理形式。

会计信息系统各子系统中,业务流不同,需输入、输出及执行的处理不同,设计的数据库文件也千差万别。

会计信息系统是由相互关联的各子系统构成的模块化结构,按不同业务流设计主文件和业务文件这两种重要的数据文件类型。每个子系统都至少有一个主文件需要维护,跟踪记录最新状态,用业务文件记录每笔经济业务的发生,根据业务文件数据生成相关报表。

1. 主文件

主文件是会计信息系统中最重要的共享文件,主要包括供应商、客户、存货、职员、会计科目等实体固定属性的基本参照信息(如表 5-1 所示),不受交易变化而变化,并非经济业务中的交易信息。主文件存储非交易细节、相对持久的信息。此外，主文件还可能存储一些由过去的交易汇总、计算后获得的实时汇总数据，如总账子系统中现金科目的期末余额、主营业务收入的累计发生额信息，库存管理系统中存货的期末结存数。主文件通常都包含基本参照信息，但不一定包含汇总数据。

表 5-1 客户主文件

客户代码	客户名称	地址	联系电话
100193875117	北京京华商务有限责任公司	北京市海淀区甲1号	010-84730128
204199843963	南京天泽电器有限责任公司	南京市湖南路135号	025-74361943

2. 交易文件

交易文件存储随经济业务变化而变化的数据文件，如销售发票（见表 5-2）、债券投资交易表、工资变动信息表等。交易文件通常包含交易日期、有关经济业务的数据、交易发生的数量、金额等信息，以及该业务目前的状态信息（如审核、记账）等。例如，债券投资中的某债券买入（卖出）时间、买入（卖出）数量、交易金额、名义利率、溢折价等交易信息，或某存货的出库日期、出库数量、客户代码等，或某存货的商品代码、销售数量、销售单价、税额、客户代码、销售时间、销售折扣等销售信息。

表 5-2 销 售 发 票

商品代码	销售日期	订单号	客户代码	销售数量	单价	金额
1102934028	20200215	100294343	100193875117	1 000	200.00	200 000.00
2114144035	20200216	100294522	204199843963	3 000	50.00	150 000.00

数据库各表中分别设计主关键字，各表数据间通过设计一列或多列外部关键字来加强表间链接。主文件与交易文件表可通过外部关键字进行连接查询。

5.2　总账子系统的数据表

5.2.1　信息系统中的会计核算组织程序

一般根据登记总账的依据不同，将会计账务处理流程（又称会计核算组织程序）划分为记账凭证核算组织程序，汇总记账凭证、日记总账核算组织程序，科目汇总表核算组织程序，通用日记账核算组织程序，多栏式日记账核算组织程序等模式，其中前四种最为常用。在会计信息系统中，常使用科目汇总表核算组织程序。我们将以此为例，介绍信息系统中的核算组织程序及数据流程。

科目汇总表核算组织程序是将记账凭证按科目进行定期汇总，编制生成科目汇总表，再依据汇总表登记总账的一种处理流程。如图 5-2 所示，科目汇总表核算组织程序具体包括以下步骤：

（1）编制记账凭证。

（2）登记日记账，包括现金及银行存款日记账。

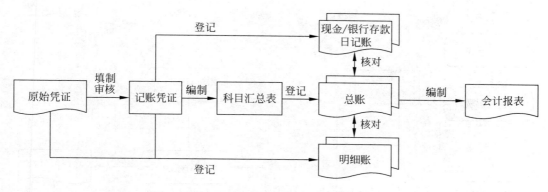

图 5-2 科目汇总表核算组织程序

(3) 依据会计凭证逐笔登记各种明细分类账。

(4) 定期编制科目汇总表(常见形式如表 5-3 所示),并据此登记总分类账。

表 5-3 科目汇总表实例

会计科目	期初余额		本期累计发生额		期末余额	
	借方	贷方	借方	贷方	借方	贷方
库存现金	100 000		400 000	300 000	200 000	
银行存款	7 160 000		300 000	4 160 000	3 300 000	
应收账款	300 000		250 000		550 000	
……	……	……	……	……	……	……

(5) 月末处理。为避免人为错误,月末根据日记账、明细账的本期发生额与总账核对,保证账账相符,进行结账。

(6) 根据日记账、明细账和总分类账簿数据编制会计报表。

5.2.1　总账子系统的数据流程

会计信息系统通常基于数据库管理系统进行数据存储,受关系型数据库存储模式的影响,会计信息系统中的账务处理流程不能完全照搬手工环境下的处理流程,在存储模式上有所突破。

目前,商品化的总账系统如用友、金蝶、浪潮、SAP 以及基于 Oracle 开发的 FMIS 等系统,其数据处理流程不尽相同,比较典型的数据流程如图 5-3 所示。

在会计信息系统处理流程中,通常由制单人员在总账系统中依据原始凭证录入记账凭证,或由会计信息系统/ERP 中一体化使用的其他模块制单生成凭证传递至总账系统,经系统自动校验无误后,写入记账凭证临时文件。此临时文件中的凭证在审核、记账前可删除记录。记账凭证审核无误后添加审核人签名标记;记账后添加记账人标记,审核记账后将无法删除凭证记录。有的会计信息系统将记账后的凭证表设计存储为与未审核的临时凭证文件结构完全一致的永久凭证文件,但永久文件中的记录不可随意删除。最后将

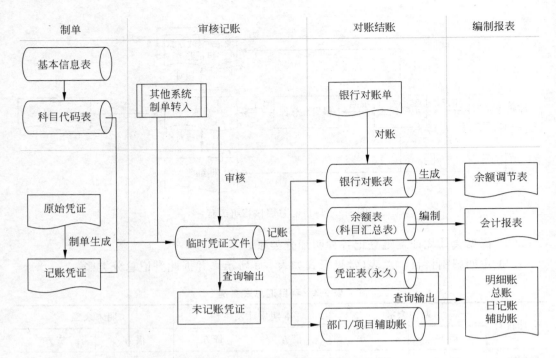

图 5-3 会计信息系统中的账务处理流程

银行对账单与凭证表中的银行记录进行对账,填制银行对账表并生成余额调节表。

记账后,凭证文件中的汇总记录可自动同步,更新科目汇总表(或余额表)中的相应数据,确保所有会计科目的当前累计发生额及余额信息与记账后的凭证表一致。同时可根据科目余额表或凭证表,查询输出日记账及其他各种明细分类账信息,按财务人员熟悉的格式设计并进行输出展示。根据科目余额文件编制输出总账。根据科目余额文件生成会计报表。

在会计信息系统中,账务处理流程一般需要设计科目代码表、记账凭证表、科目余额表、项目/部门辅助账表及对账单表、基本信息表、月结信息表、凭证分类表等数据库表文件,不再设置日记账及明细分类账文件。

5.2.3 科目代码表的常见设计

会计科目是按照会计核算要求分类确定会计要素具体内容的类目。会计科目代码表是按照会计科目的设置形成的一个确定的数据表,并且每个会计科目均有科目级次和一个依据系统的编码方案确定的科目代码。

科目代码表的设计允许计算机自动从科目文件中获取科目信息,并自动判断科目是否存在、是否末级明细科目等,可以反映企业的科目体系结构和所属科目属性,为会计信息系统输入控制、输出及存储控制、编制凭证、账簿及报表查询提供支持。

5.2.3.1 科目代码

科目代码表的设计需要符合会计准则的规定。各商品化软件中总账子系统的科目代码表设计各有不同,但通常遵循财政部规定的一级科目四位编码的设计原则,编码中第一位代码"1~6"分别代表不同的类别,"1"是资产类科目,"2"是负债类科目,"3"是共同类科目,"4"是权益类科目,"5"是成本类科目,"6"是损益类科目。

会计科目具有层次性,有上、下级科目之分。因此,科目编码通常按科目级次设计。会计科目代码的级次结构代表其层次性及编码位数,如一级科目应收账款,其中应收企业款、应收个人款为其二级明细,代表了清晰的层次结构。

5.2.3.2 科目代码表设计思路

常见的科目代码表包括科目代码、科目名称、科目类别、科目性质、余额方向、末级标志、科目级别等字段。会计科目代码表设计实例如表 5-4 所示。

表 5-4 科目代码表设计实例

字段名称	序号	类型	长度	必填	说明
i_id	1	数字(长整型)	4		自动编号(用于编辑时的唯一标识)
Cclass	2	文本	14	**	科目类型(根据企业类型定义科目分类)
cclass_engl	3	文本	50	**	科目类型英文名称
Cclassany	4	文本	14		财务分析类型
cclassany_engl	5	文本	50		财务分析类型英文名称
Ccode	6	文本	15	**	科目编码(按科目编码原则进行编码,主表关联项)
ccode_name	7	文本	20		科目名称
ccode_engl	8	文本	100		科目英文名称
igrade	9	数字(字节)	1	**	科目级次(必须与科目编码相匹配)
bproperty	10	是/否	1	**	科目性质(False:来源;True:占用)
cbook_type	11	文本	10	**	账页格式(金额式,数量金额式,外币金额式,数量外币式)
cbook_type_engl	12	文本	50	**	账页格式英文名称
chelp	13	文本	6		科目助记码
cexch_name	14	文本	8		外币名称(与外币主表关联)
cmeasure	15	文本	6		计量单位
bperson	16	是/否	1	**	个人往来核算(不能与其他辅助核算同时设置)
bcus	17	是/否	1	**	客户往来核算(可与部门、项目核算同时设置)
bsup	18	是/否	1	**	供应商往来核算(可与部门、项目核算同时设置)
bdept	19	是/否	1	**	部门核算(可与客户、供应商、项目核算同时设置)

续表

字段名称	序号	类型	长度	必填	说明
bitem	20	是/否	1	**	项目核算（可与客户、供应商、部门核算同时设置）
cass_item	21	文本	2		项目大类（与项目大类主表_item 关联，当 bitem＝True）
br	22	是/否	1	**	日记账
be	23	是/否	1	**	银行账
cgather	24	文本	15		是否汇总打印（打印凭证）（Null_不汇总，其他为本级或上级汇总科目）
bend	25	是/否	1	**	是否末级科目
bexchange	26	是/否	1	**	是否参与汇兑损益计算
bcash	27	是/否	1	**	是否出纳（现金）科目（可指定上级科目，自动对下级科目设置此属性）
bbank	28	是/否	1	**	是否出纳（银行）科目（可指定上级科目，自动对下级科目设置此属性）
bused	29	是/否	1	**	银行账科目是否启用
bd_c	30	是/否	1	**	银行账科目对账方向（True：借方；False：贷方）
dbegin	31	日期/时间	8		银行账科目启用时间
dend	32	日期/时间	8		银行账科目对账截止日期
itrans	33	数字	1		期间损益：1_本年利润，销售成本；2_库存商品，3_销售收入，4_销售成本，汇兑损益：5_入账科目
bclose	34	是/否	1	**	科目是否封存（已封存科目不能制单）
cother	35	文本	10		受控科目（科目受其他系统的控制，系统ID名，受控科目是否可制单由账套参数决定）

　　会计科目代码表中最主要的是科目代码的编码方式。科目代码编码体系的设计通常有以下三类方法：

　　（1）定长定位设计。大多会计科目编码方案采用定长定位设计，各级次的科目编码长度一般是固定的。例如，科目代码级次结构为 4-2-2，代表一级科目 4 位长度，二级科目 2 位长度，三级科目 2 位长度。其中一级科目最多 9999 个，二级科目最多 99 个，三级科目最多 99 个。如某企业 1002 一级科目为"银行存款"，100201、100202 分别为二级科目，其中二级科目的编码"01""02"长度为 2 位，分别代表银行存款中的北京银行×××4 户和工商银行××0 户。

　　（2）不定长设计。这种方式下的科目编码设计要求不得超过一定的总长度，在此前提下，一级科目编码长度固定，其他各级科目编码的长度可由用户自行设计，具有较好的可扩展性。例如,某单位设计以"."作为科目级次的分隔符,每个分隔符后面的代码为下级科目代码,且长度不固定。"1001.1.2"代表三级科目"库存现金-A-零账户现金","1001.1.2.1"代表四级科目"库存现金-A-零账户现金-基本现金(A)","1001.1.2.2"代表四级科目"库存现金-A-零账户现金-项目现金(A)"。

由于不定长编码方式无法直接判断其唯一直接上级科目,因此要在代码表中设计科目级别、上级科目、末级标志等,以区分不同的属性。

(3)立体科目设计。将科目中大量重复的科目从科目体系中分离出来,按照项目进行存储,进行项目辅助核算。例如,在采用立体科目设计前,某单位科目级次结构为4-2-2-3四级,科目编码如表5-5所示。

表5-5 某单位明细科目编码表

科目代码	科目名称
6602	管理费用
660201	A事业部
66020101	办公费
66020101001	宣传部
66020101002	综合办
66020102	差旅费
66020102001	宣传部
66020102002	综合办
66020103	折旧费
66020103001	宣传部
66020103002	综合办

采用立体科目设计,将其中的A事业部及其下属部门宣传部、综合办等设为部门,对6602管理费用设置部门辅助核算,从而将管理费用科目代码设置为立体代码(如表5-6和表5-7所示)。

表5-6 立体科目代码设计的某单位管理费用实例

科目代码	科目名称	科目类型	科目级别	上级科目	末级标志	辅助核算
6602	管理费用	6	1	—	0	1(0否,1是)
660201	办公费	6	2	6602	1	1
660202	差旅费	6	2	6602	1	1
660203	折旧费	6	2	6602	1	1

表 5-7　部门辅助核算立体科目设计的某单位管理费用实例

部门代码	科目名称
1	A 事业部
11	宣传部
12	综合办

【例 5-1】 项目组为了检查某公司的科目代码、科目名称,让小丁获取并查询相应结果供审计人员查看。小丁获取了被审计单位以前年度的数据中的科目代码表[①](第五章例题数据.xlsx,数据可还原至 SQL Server 2012 中的 999 演示账套、SQL Server 2008R2 中的 UFDATA.BA_,在数据库中表名为 code)。小丁根据实际情况,选择将其中一个类别的数据导入或还原至数据库中进行操作。查询语句如下:

　　Select ccode 科目代码, ccode_name 科目名称　from code　　--科目代码表
　　order by ccode　　--按科目代码排序

5.2.4　凭证表的常见设计

　　会计中的交易信息就是记账凭证中的会计分录,会计信息系统中常用凭证文件中的记录来反映记账凭证中的会计分录信息,通过凭证文件查询输出明细账信息。因此,会计信息系统中,记账凭证、明细账信息常常设计存储在凭证文件中。

　　凭证文件是总账子系统中存储交易记录的文件,称为凭证表。有的软件将凭证表设计成结构完全相同的两类文件:一类为临时文件,存储未记账的凭证记录;一类为永久文件,存储记账以后的凭证记录。记账后,临时文件中的记录将被存储到永久文件中保存,无法删除、修改。有的软件只设计一类凭证表,在凭证表中通过记账标记区分记账前后的凭证记录。

　　凭证表存储记账凭证上的全部会计要素,包括记录 ID、凭证类型、凭证号、会计期间、摘要、制单日期、附件张数、会计科目、借贷方向、金额(或借方金额、贷方金额)、记账人、审核人、制单人等。这些会计要素可分为凭证头要素及分录要素两类。凭证头要素是记载每张记账凭证共性特征的属性,如会计记账期间、凭证类别、凭证字号、凭证日期、附件张数、记账人、审核人、制单人等会计要素。这类要素在一张凭证上的属性值是唯一的。会计分录要素是记账凭证上记载的经济业务内容的会计描述,包括记录 ID、摘要、会计科目、记账方向、金额等信息。一组摘要、会计科目、借贷方向、金额(或借方金额、贷方金额)数据构成一条会计分录项记录。审计时,根据"有借必有贷、借贷必相等"的记账原则进行推断。此外,每张记账凭证上的分录信息一般是不相同的,每张记账凭证上至少有两条或两条以上的行记录组成一个完整的分录信息。

　　凭证表的常见设计思路有合并表模式和主子表模式。

1. 合并表

　　合并表模式是将凭证上的表头信息、分录信息等会计要素作为字段,设计在一张完整

---

① 例题与作业数据请扫描本章末的二维码获取。

的数据表中,不仅包括记账凭证本身的全部内容,还包括为了便于计算机进行处理专门设置的各种标识,以及进行系统控制设计的内容。典型实例如表 5-8 所示。

表 5-8　合并表设计实例

序号	字段名	类别	长度	备注
1	i_id	数字(长整型)	4	自动编号(录入时的唯一标识)
2	iperiod	数字(字节)	1	会计期间,0 为期初往来明细账,21 为期初待核银行账,20 为银行账科目调整前余额,1—12 为凭证及明细账
3	csign	文本	2	凭证类别字
4	isignseq	数字(字节)	1	凭证类别排序号(由系统赋值,期初时可为 null)
5	ino_id	数字(整型)	2	凭证号(由系统分配凭证号,期初时可为 null)
6	inid	数字(整型)	2	行号(由系统赋值,期初时为 1)
7	dbill_date	日期/时间	8	制单日期(可提供日期在有限范围内的修改)
8	idoc	数字(整型)	2	附单据数
9	cbill	文本	20	制单人
10	ccheck	文本	20	审核人
11	cbook	文本	20	记账人
12	ibook	数字(字节)	1	是否记账(0_cbook 空/未记账,1_cbook 非空/已记账,建索引用)
13	ccashier	文本	20	出纳人
14	iflag	数字(字节)	1	标志:null_有效凭证,1_作废凭证,2_有错凭证(作废凭证可取消作废/进行凭证整理)
15	ctext1	文本	10	凭证头自定义项 1
16	ctext2	文本	10	凭证头自定义项 2
17	cdigest	文本	60	摘要
18	ccode	文本	15	科目编码(与科目主表关联)
19	cexch_name	文本	8	外币名称(与外币主表关联)
20	md	货币	8	金额借方
21	mc	货币	8	金额贷方
22	md_f	货币	8	外币借方金额(若无外币,写 0)
23	mc_f	货币	8	外币贷方金额(若无外币,写 0)
24	nfrat	数字(双精度)	8	汇率(若无外币,写 0)
25	nd_s	数字(双精度)	8	数量借方(若无数量,写 0)
26	nc_s	数字(双精度)	8	数量贷方(若无数量,写 0)
27	csettle	文本	3	结算方式(由于期初可输入未定义结算方式,故未与结算方式主表关联)

续表

序号	字段名	类别	长度	备注
28	cn_id	文本	10	票号
29	dt_date	日期/时间	8	票号发生日期
30	cdept_id	文本	12	部门编码(与部门目录表关联)
31	cperson_id	文本	8	个人编码(与职员目录表关联)
32	ccus_id	文本	12	客户编码(与客户目录表关联)
33	csup_id	文本	12	供应商编码(与供应商目录表关联)
34	citem_id	文本	20	项目编码(与项目目录表关联)
35	citem_class	文本	2	项目大类(与大类主表关联)
36	cname	文本	20	业务员
37	ccode_equal	文本	50	对方科目
38	coutbillsign	文本	20	外部凭证单据类型
39	coutid	文本	50	外部凭证单据号

合并表设计模式下,依据"有借必有贷、借贷必相等"的记账原则,一张记账凭证的分录信息至少要存储两行。尤其是当遇到一借多贷或一贷多借的凭证,如期末损益结转时,凭证头信息如会计记账期间、凭证类型、凭证字号、制单日期、制单人、记账人、审核人等属性被反复存储了多次,分录越长行记录越多,因为重复的表头信息浪费的存储空间越大。对于业务量大的单位而言,这会成为影响系统效率的重要因素。因此,一些软件采用主子表模式存储凭证信息。

2. 主子表

一张凭证中的凭证头信息是唯一的,只有分录信息是不同的。因此,主子表模式下,在设计时将凭证文件分为两个:一个是凭证主文件,存储凭证关键信息;另一个是凭证中的交易业务文件,存储分录信息。这种存储方法不仅被普遍应用于国内外总账模块的数据设计中,而且在供应链模块的表设计中为了降低存储冗余,应用更为广泛。

主子表模式将凭证头信息与分录信息分开存储在两张表中。存储凭证头信息的称为主表(如表 5-9 所示),存储分录信息的称为子表(如表 5-10 所示),两张表通过外部关键字进行连接,可查询、输出为完整的记账凭证。

表 5-9 凭证主表设计方案

主表编号	会计期间	凭证类型	凭证号	制单日期	摘要	金额	制单人	审核人	记账人	经手人	附件张数

表 5-10 凭证子表设计方案

主表编号	会计期间	凭证类型	凭证号	摘要	科目代码	金额	借贷方向

在主子表设计方案中，主表编号是主表的主关键字，也是子表的外部关键字，两张表通过"主表编号"外部关键字进行连接。主子表模式有效降低了存储冗余，是目前国际上比较流行的凭证文件设计方案。表 5-11 和表 5-12 给出了主子表的设计实例。

表 5-11 凭证主表设计实例

字段名	类型	长度	备注
Code	nvarchar	100	制单号
Datee	datetime	8	制单时间
DateeY	nvarchar	100	会计年度
DateeM	nvarchar	100	会计期间
WarrantNum	int	4	凭证号
WriteWarrant	nvarchar	100	制单人
Auditing	nvarchar	100	审核人
RecordAccountant	nvarchar	100	记账人
BillType	nvarchar	100	凭证类型
State	nvarchar	100	记账标记
SumDebtor	money	8	借方合计
SumLender	money	8	贷方合计
JXCBillCode	nvarchar	100	业务凭证号

表 5-12 凭证子表设计实例

字段名	类型	长度	备注
Num	int	4	行记录号
Datee	datetime	8	制单时间
DateeY	nvarchar	100	会计年度
DateeM	nvarchar	100	会计期间
BillCode	nvarchar	100	制单号
Summary	nvarchar	400	摘要
AccountantCode	nvarchar	100	科目代码
AccountantName	nvarchar	100	科目名称
AccountantAllName	nvarchar	400	科目代码及全称
Debtor	money	8	借方金额
Lender	money	8	贷方金额
State	nvarchar	100	记账标记
WarrantNum	int	4	凭证号

在上述实例中,主子表通过"制单号"(Code 与 BillCode)可进行连接查询,或利用会计年度、会计期间、凭证号进行连接查询。

总之,凭证文件是总账子系统中不可缺省的数据文件,但不同的账务处理流程设计产生了不同的数据结构和存储策略。通常情况下,一个账套中的凭证(交易)文件可能设计为一个会计年度一个交易文件,也可能设计单独一个数据库存储全年所有的凭证文件和账户主文件;有的软件设置了临时凭证文件和永久文件,则会存储多张凭证文件。这些凭证文件可能被设计成两张结构相同或类似的、数据量多少不一的合并表凭证文件;也可能被设计成多张主子表结合合并表的临时文件和永久文件。因此,在查找被审计单位总账模块的凭证表时,需要根据实际情况结合数据结构进行分析判断。

若单位是集团账套,则在凭证表设计时可能会增加单位代码、会计年度等字段,用来区分各会计主体。账套中一个凭证文件可能包含多个单位、多个年度的凭证数据,查询时需要将单位代码、会计年度、科目代码等结合起来,才能查询出某指定单位具体年度的科目明细账数据。

凭证文件无论是主子表设计模式,还是合并表设计模式,下列常用的设计思想被广泛应用于数据表设计中:

(1)会计期间的设计。有些凭证文件将会计期间单独作为一个字段设计,这样清楚明了。会计期间可以是年、季、月、半年等。但数据库中一般存储年、月或仅存储月。会计期间不完全等同于会计月份,有些单位的会计期间截止日期不是当月月末,因而超出截止日期的凭证往往被记入下一会计期间。

(2)行记录号的设计。凭证表中存储的数据与一般数据表有所不同。凭证表中若干条记录之间可能相互关联,共同构成一张记账凭证。因此,凭证表中往往会设计一个行记录号的字段,用来存储此行记录在某张凭证中是第几行,用以标记同一张凭证中的不同会计分录项。对于同一张凭证,行记录号是从 1 开始整数递增的顺序编号。

(3)记账标记字段的设计。有些软件中设置了单独的记账标记字段,以区分该张凭证是否记账。有些软件未设置记账标记字段,仅以记账人字段是否存储记账人姓名来区分记账与否。

(4)记账人、审核人、制单人字段各软件设计也有所不同。有的软件以真实操作员姓名存储,有的软件仅存储操作员的代码或编号。

(5)会计科目代码被用来在凭证表中标识某会计分录涉及的会计科目。为了减少存储冗余,一般情况下凭证表中仅存储科目代码,科目名称被存储在科目代码表中。完整的凭证查询需要使用子查询或连接查询实现会计科目及分录信息的展示。个别软件的凭证表中既存储科目代码又存储科目名称,甚至还有些软件在凭证表设计中不仅存储科目代码、科目名称,还存储科目全称,虽然这种设计模式不符合数据库设计精简、便于索引的原则,但对于审计人员来讲便捷、易用,省却了许多中间过程。

会计信息系统使用计算机算法实现自动汇总,为了避免将来总账、明细账的重复计算,凭证表的设计中仅存储末级科目的交易信息,即在填制凭证时,必须录入末级科目才能完成会计分录的制单业务。

(6)金额字段是个既代表方向又代表大小的矢量值。凭证文件中的金额设计一般有三种方法：借方金额、贷方金额；借贷方向、金额；用"＋""－"号表示金额值。

用借方金额、贷方金额表示金额值，一笔交易发生时，对某一具体科目仅在其中一个字段中填写金额，另一字段自动匹配为"空"或"0"。一张凭证的多行记录中，每一科目对应一行记录，每行记录借方金额或贷方金额字段总有一个为"空"或"0"，凭证越多，存储空间的浪费就越大。

用借贷方向加金额的表达方法，用借贷标志区分金额方向，比上述方案节约了存储空间。

用"＋""－"号表示的金额值通常会给定"＋""－"号具体的定义。如"＋"号表示借方，"－"号表示贷方。"＋100"表示某科目的借方变化100元，"－5000"表示某科目的贷方变化5000元，这种变化是增是减要根据科目性质及业务内容进行判断。这种表达方式简便，不会造成存储浪费，但由于经济业务中常常存在用红字冲销法修改凭证错误码，此时容易造成混淆。因此，用"＋""－"号表示的金额值常用来表示账户的余额。

此外，个别软件在凭证表中设计了借贷方向以及"＋""－"金额用来表示金额。如借贷方向是"＋"，此时金额栏存储"＋1000"，表示借方发生1000元，是金额表达的另一种特殊方式。

（7）有外币核算时，凭证表中常常设置外币数量字段、外币金额字段，表示外币核算的数量和金额值。外币数量、外币金额可用外币借方数量、外币贷方数量、外币借方金额、外币贷方金额表示，也可用外币借贷方向、外币数量、外币金额表示。某些软件专门设置一张外币数量和外币余额的表文件单独存储外币核算的内容。

【例5-2】 项目组为了检查某公司现金支出大于1000元的凭证记录，让小丁获取并查询出凭证上的关键信息供审计人员查看。小丁获取了被审计单位凭证表（第五章例题数据.xlsx，数据可还原至 SQL Server 2012 中的 999 演示账套、SQL Server 2008R2 中的 UFDATA.BA_，在数据库中凭证表名称为 gl_accvouch）。小丁的查询语句如下：

　　select iperiod 会计期间,csign 凭证类别,ino_id 凭证号,inid 行记录号,cdigest 摘要,code 科目代码.ccode,ccode_name 科目名称,md 借方金额,mc 贷方金额
　　from gl_accvouch
　　join code on code.ccode＝gl_accvouch.ccode
　　where ccode_name like '现金' and mc＞1000

5.2.5　科目汇总表的常见设计

科目汇总表是存储总账、明细账中的汇总信息的数据表文件。在总账子系统中，总账、明细账中的信息被分为两类：一类是明细账中依据记账凭证直接逐笔填写的交易信息；一类是汇总本期发生额及余额的状态信息。会计账簿记录中，这两种信息相互依存且有时序关系，在关系型数据库的表文件设计中，要求表中各条记录之间必须是无序的，因此账簿中的明细信息、余额信息与每月累计的发生额信息无法同时存储在一张表中，明细账中的交易信息被存储在凭证表中，单独设置科目汇总表用来存储所有账户的累计发生额及余额等状态信息。

科目汇总表是一种典型的汇总文件,在会计信息系统中,总账子系统是把全部会计科目的关键信息(如科目代码、科目类型、科目余额、本期借贷方发生额汇总数)独立出来,存放在同一个文件中,称为科目汇总表。余额主要存储每个会计账户的期初、期末结余信息,以及每个会计期间的累计借、贷方发生额信息。在记账操作时,会计信息系统可以实现自动按科目进行汇总,并将结果写入科目汇总表,依据业务需要从科目汇总表中查询、加工、生成所需报表及账簿。科目汇总表的常见设计方案有以下两种:

1. 每个科目按会计期间(月)存储状态信息

这种设计方案下,科目汇总表有时按年存储数据,有时按月存储数据。按年存储数据的,每个账套只有一个科目汇总表文件,科目汇总表中每个会计科目按会计期间存储期初、期末余额及当期的累计借、贷方发生额信息,大多数会计期间按月设置的企业,每个科目有多行记录来存储全年的状态信息。个别软件设计按月存储数据的,可能会一个月一个数据表文件,存储每个月所有会计科目的期初、期末余额及当期的累计借、贷方发生额信息,但是按月存储导致汇总文件过多,给编程和管理带来一定难度,因此大多数软件采用按年存储科目汇总表的方式进行数据设计,设计方案如表 5-13 所示。

表 5-13 科目汇总表设计方案(一)

科目代码	会计期间	期初余额	余额方向	借方发生额	贷方发生额	期末余额方向	期末余额

这种设计方案简洁,结构清晰。每个会计科目有多行记录,当公司使用的会计科目较多时,这种科目汇总表的行记录总数较多。典型的应用实例如表 5-14 所示。

表 5-14 科目汇总表设计实例(一)

字段名	序号	类型	长度	备注
i_id	1	数字(长整型)	4	自动编号(期初录入时的唯一标识)
ccode	2	文本	15	科目编码(与科目主表关联)
cexch_name	3	文本	8	外币币名(与外币主表关联)
iperiod	4	数字(字节)	1	会计期间(1~12月)
cbegind_c	5	文本	2	金额期初方向(借,贷,mb=0 时为平)
cbegind_c_engl	6	文本	2	金额期初方向(英文)
mb	7	货币	8	金额期初(空时写 0,mb>=0)
md	8	货币	8	金额借方合计(空时写 0)
mc	9	货币	8	金额贷方合计(空时写 0)
cendd_c	10	文本	2	金额期末方向(借,贷,me=0 时为平)
cendd_c_engl	11	文本	2	金额期末方向(英文)
me	12	货币	8	金额期末(空时写 0,me>=0)

续表

字段名	序号	类型	长度	备注
mb_f	13	货币	8	外币期初（空时写 0，mb<>0 时：mb_f>=0_外币与金额同方向，mb_f<0_外币与金额反方向）
md_f	14	货币	8	外币借方合计（空时写 0）
mc_f	15	货币	8	外币贷方合计（空时写 0）
me_f	16	货币	8	外币期末（空时写 0，me<>0 时：me_f>=0_外币与金额同方向，me_f<0_外币与金额反方向）
nb_s	17	数字（双精度）	8	数量期初（空时写 0，mb<>0 时：nb_s>=0_数量与金额同方向，nb_s<0_数量与金额反方向）
nd_s	18	数字（双精度）	8	数量借方合计（空时写 0）
nc_s	19	数字（双精度）	8	数量贷方合计（空时写 0）
ne_s	20	数字（双精度）	8	数量期末（空时写 0，me<>0 时：ne_s>=0_数量与金额同方向，ne_s<0_数量与金额反方向）

2. 每个科目按年存储状态信息

另一种科目余额表采用每个会计科目一行记录的形式存储期初余额，以及全年各期间累计发生额信息。这种结构的科目汇总表一般每年一个汇总文件，字段较多，仅存储期初余额与各期间的累计借、贷方发生额信息，不存储期末余额信息，期末余额可由程序根据计算公式自动计算后进行展示及输出。典型的设计方案如表 5-15 所示。

表 5-15　科目汇总表设计方案（二）

科目代码	年初余额方向	年初余额	1月借方发生额	1月贷方发生额	2月借方发生额	2月贷方发生额	……	12月借方发生额	12月贷方发生额

这种科目汇总表设计方案结构清晰，数据文件较少，便于管理。缺点是不能直接得到账簿所需的数据，必须编程计算。典型的应用实例如表 5-16 所示。

表 5-16　科目汇总表设计实例（二）

字段名	类型	长度	备注
KMDM	nvarchar	32	科目代码
WBDM	nvarchar	8	外币代码
KMYEFX	nvarchar	4	科目余额方向
KMNCYE	float	8	年初余额
KMJF1	float	8	借方发生额 1
KMJF2	float	8	借方发生额 2
KMJF3	float	8	借方发生额 3

续表

字段名	类型	长度	备注
KMJF4	float	8	借方发生额4
KMJF5	float	8	借方发生额5
KMJF6	float	8	借方发生额6
KMJF7	float	8	借方发生额7
KMJF8	float	8	借方发生额8
KMJF9	float	8	借方发生额9
KMJF10	float	8	借方发生额10
KMJF11	float	8	借方发生额11
KMJF12	float	8	借方发生额12
KMJF13	float	8	借方发生额13
KMDF1	float	8	贷方发生额1
KMDF2	float	8	贷方发生额2
KMDF3	float	8	贷方发生额3
KMDF4	float	8	贷方发生额4
KMDF5	float	8	贷方发生额5
KMDF6	float	8	贷方发生额6
KMDF7	float	8	贷方发生额7
KMDF8	float	8	贷方发生额8
KMDF9	float	8	贷方发生额9
KMDF10	float	8	贷方发生额10
KMDF11	float	8	贷方发生额11
KMDF12	float	8	贷方发生额12
KMDF13	float	8	贷方发生额13

此外，科目汇总表还有许多设计方案。有些软件将年初余额单独存放在一张表中；有些软件将科目汇总表与科目代码表结合，将年初余额存放在科目代码表中；也有些科目汇总表被设计成非常典型的总账形式。要想清楚地判定科目汇总表，需要对总账、明细账有更深刻的了解。

总账子系统中，除了科目代码表、凭证表、科目汇总表外，还有账套参数表、操作日志表、辅助账、凭证设置表等其他表用于完成账务处理。

【例5-3】 项目组为了检查某公司总账科目年初余额，让小丁获取并查询出会计期间、科目代码、科目名称、年初余额供审计人员查看。小丁获取了被审计单位科目汇总表

（第五章练习数据.xlsx，数据可还原至 SQL Server 2012 中的 999 演示账套、SQL Server 2008R2 中的 UFDATA.BA_，在数据库中凭证表名称为 gl_accsum）。小丁的查询语句如下：

```
select code.ccode 科目代码,iperiod 会计期间,ccode_name 科目名称,mb 年初余额
from gl_accsum
join code on code.ccode=gl_accsum.ccode
where len(code.ccode)=3 and iperiod=1
```

备注：当审计人员获取到被审计单位完整的数据库数据时，一般会有多张数据表。如何快速从多张表中找到审计人员需要的各种表呢？首先考虑被审计单位 ERP 或会计信息系统是否可提供数据字典，如有则可通过数据字典查找各种表的名称及表中各属性。在无法获取数据字典的情况下，审计人员可在数据库的对象资源管理器详细信息中，右击标题行，将行记录属性选上，然后在数据表中按行记录进行降序排列。一般情况下，总账模块或供应链模块的表中数据行记录都是比较多的，审计人员可根据行记录数、表的名称以及在打开表后观察表的结构、表中的数据进行综合分析判断。

以总账模块凭证表为例，如果是合并表模式，凭证表中必然有凭证类别号、摘要、科目代码、借贷方向＋金额或是借方金额、贷方金额等属性，初步判断是凭证表的情况下，可按单位代码、会计期间、凭证类别、凭证号等唯一确定一张凭证的属性进行排序，观察同一张凭证上是否满足"有借必有贷、借贷必相等"的业务规则。以此类推，科目汇总表、科目代码表、辅助账等均可按照业务逻辑，结合表结构设计原则及表中的数据进行综合判断。分析判断数据表的能力是会随着审计人员日积月累的经验增多而逐步增长的。

5.3 供应链子系统的数据表

在整个 ERP 中，除总账外，还有固定资产、工资薪金、存货核算、成本费用、销售应收、采购应付等多个模块、多张数据表与总账数据进行协同，实现企业资源的一体化管理。为了更深入地了解业务系统与财务系统的数据流程及业务逻辑，我们将简要介绍供应链系统中的重要数据表。

供应链管理是会计信息系统的业务来源，是 ERP 系统的重要组成部分，突破了会计信息系统中财务与业务系统割裂的局限性，实现了从财务管理到企业财务业务一体化运行的全面管理，实现了物流、资金流、信息流的管理统一。供应链管理子系统一般包括采购管理子系统、销售管理子系统、库存管理与存货核算子系统、主生产子系统等，与会计信息系统有密切业务往来的主要包括采购管理、销售管理、库存管理、存货核算子系统。

采购管理、销售管理、库存管理与存货核算模块既可以单独使用，也可与相关子系统一体化应用消除企业内部的信息孤岛，提高管理效率。

采购管理模块的主要功能包括：根据生产计划及业务需求，请购、比价、选定供应商、订购所需物料；签订采购合同，录入采购发票，审核到货单；物料入库、采购结算等业务处理。

销售管理模块的主要功能包括:根据销售计划及产能,销售报价、销售订货、开票等业务处理;销售调拨、销售退货、客户信用审批等业务处理;销售折扣、委托代销、合同管理等业务处理;销售开票、发货、代垫款项等业务处理。

库存管理模块的主要功能包括:审核、验收入库,管理入库单据;审核、验收出库业务;库存商品调拨、盘点、组装拆卸业务等。

存货核算模块的主要功能包括:登记库存物料明细账;核算出库及结存物料成本;出入库成本调整;存货跌价准备计提;库存账簿管理等。

5.3.1 供应链子系统主要业务循环及数据流程

供应链子系统各模块与总账、应收应付子系统与其他子系统的业务流主要包括:

(1)采购管理模块录入采购发票、其他应付单,审核后传递至应付子系统,应付子系统制单生成采购及付款凭证传递至总账子系统。

(2)销售管理模块录入销售发票、销售调拨单、其他应收单等,审核后传递至应收子系统制单生成销售及收款凭证传递至总账子系统。

(3)采购管理模块将采购订单、到货单传递至库存管理模块,库存管理模块根据入库情况生成入库单传递至采购、存货核算子系统。

(4)销售业务通常分为销售报价、销售合同签订、销售开票、发货及财务结算等基本环节。主要业务流程一般是:客户通过电话、邮件、上门洽商等方式,向销售业务员了解销售报价,双方协商一致后,客户或销售部门填制销售订单;客户经信用审核后按批准的信用额度进行赊销审批,签订正式销售合同;销售部门将销货通知单分送生产、仓储、发货和开单部门;发运部门根据销售订单,开具发货单;开单部门根据发货单,依据销售合同、产品价格目录资料开具销售发票;销售管理模块将销售发票、发货单传递至库存管理模块,同时销售发票被传递至应收子系统,财务部门根据销售发票安排收款结算;客户以销售发票为依据付款结算,应收系统根据发票与收款情况,核销欠款,制单生成凭证传递至总账。客户持提货单至仓库提货;库存管理模块将出库后的可销售量返回销售管理模块,并将出库单传递到存货核算模块;财会部门根据销售发票、结算单编制记账凭证,确认并记录销售成本。

(5)存货核算模块根据出入库单据核算出入库成本,并制单生成成本核算凭证传递至总账子系统、成本核算子系统。

(6)薪资管理子系统将工资分配制单传递至总账子系统、成本核算子系统。

(7)固定资产管理子系统核算固定资产增、减、变动、折旧计提的业务,并将凭证传递至总账子系统、成本核算子系统。

(8)期末结账前,各子系统与总账子系统进行对账。按照内部控制要求,对账不平不能结账。但在会计信息系统中,各模块设计本着灵活性原则,均设置了对账不平可以结账的控制项。因此,审计过程中在控制测试时应关注此项设置,从而设计合理的实质性测试方案。

接下来以销售与收款循环业务为例介绍会计信息系统中的主要业务流程及关键数据表。

5.3.1.1 销售与收款循环业务流程

销售与收款循环业务流程包括接受顾客订单、批准赊销信用、按销售单供货等 10 个具体业务流程,每个流程对应的审计认定、关键内部控制如图 5-4 所示。

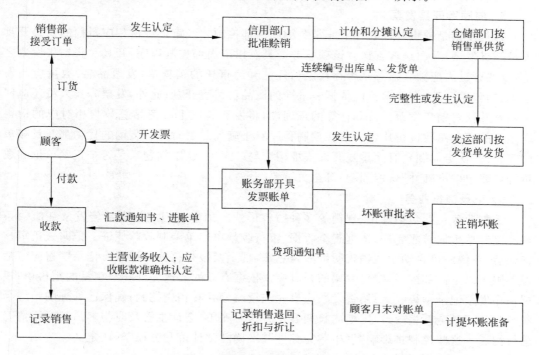

图 5-4　销售与收款循环业务活动

1. 接受顾客订单

销售部门接受顾客提出的订货要求,审核通过后,编制连续编号一式多联的商品销售单。商品销售单是证明整个销售交易"存在或发生"认定的重要依据之一。在接受顾客订单的业务活动中客户名单已被授权审批是被审计单位应该设计并执行的重要控制之一。

2. 批准赊销

销售部门将销售单传递到信用审核或风控部门,由信用管理或风控部门进行信用审核,批准是否同意赊销及额度。风控部门有审批权限的人员一般根据管理层的赊销政策、本销售单与该客户已被授权的赊销信用额度以及至今尚欠的账款余额进行授信审批后,确定是否赊销。信用部门对赊销进行审批是应收账款账面余额"计价和分摊"认定层次的重要内部控制,控制目标是降低坏账风险。

3. 按销售单供货

仓储部门在收到审核通过的销售单后开始按单备货。仓储部门按照经授权审批后的销售单发货是销售交易"完整性"与"发生"认定层次的重要内部控制,目的是防止未经授权的发货行为。

4. 按销售单发运货物

按经批准的销售单备货和按销售单装发运货物应该职责分离。装运部门按照经授权审批的销售单或发货单装运货物,同时验证仓库出库的商品与经批准的销售单品名、规格、型号一致。装运凭证或提货单通常一式多联且连续编号,是销售交易"存在或发生""完整性"认定的重要凭证之一。定期检查装运部门是否按照授权审批后的发运凭证发货,并查验装运凭证后是否附有销售发票,有助于防止未授权装运产品。

5. 向顾客开具发票

开具发票是销售与应收环节非常关键的内部控制。经审核后由相应授权的发票开具人员开具发票,并向顾客寄送。该项业务应具有以下内部控制程序:开具每张销售发票之前,发票开具人应独立检查是否存在发运凭证和经审核的销售单;发票品名、数量应与发运单、销售单一致,发票单价应依据经批准的商品价目表开具;此外,发票开具人员还应仔细检查并核对销售发票计价和计算的正确性;将发运凭证上的商品总数与相对应的销售发票上的商品总数进行比较。这些控制程序对于确保是否对所有装运的货物都开具账单("完整性"认定问题)、有无重复开票或虚构交易("发生"认定问题)、是否按正确单价和数量开具账单("准确性"认定问题)等至关重要。

6. 记录销售业务

销售业务一般包括赊销、现销等多种销售形式。销售部门应依据销售发票在应收系统准确制单生成转账凭证,依据现金收据、银行收款单回单编制收款凭证。记账人员审核记账后,系统应可自动生成销售明细账及总账、现金及银行存款日记账。记录销售应包括但不限于以下内部控制:销售发票的开具应仅依据有效的发运凭证和经审批的销售单;根据销售发票记录销售收入;销售发票应事先连续编号并有相应控制;确保已处理的销售金额与会计记录金额相一致;定期向长期客户寄送对账单;会计主管及时与客户就对账情况进行沟通。这些控制将影响"发生""完整性""准确性""计价和分摊"等认定。

7. 办理和记录现金、银行存款收入

这项活动主要涉及收回货款,包括银行存款、现金增加及应收账款的减少。主要关注货币资金失窃的可能性。重点关注汇款通知书。

8. 办理和记录销售退回、销售折扣与折让

如果客户对商品不满意或商品不符合合同要求,销售企业通常会同意接受客户退货,或给予一定程度的销售折让。有时企业为了鼓励客户及早付款,还会给予一定的现金折扣。在企业发生销售折扣与折让时,一般客户会向当地税务机关申请开具"索取折扣与折让证明单",销售方据此开具红字销售发票,企业和客户均据红字发票冲减销项、进项税。

9. 注销坏账

若发生坏账达到确认坏账的条件,销售企业需获取确凿证据以证明货款确实无法收回,经批准后及时作出核销坏账的会计处理。

10. 提取坏账准备

财务部门应根据企业会计政策提取适当的坏账准备。

5.3.1.2 关键数据

会计信息系统或 ERP 系统中,在销售与收款循环涉及总账、销售子系统、应收子系统等。各业务凭证与会计记录之间有清晰的数据流。审计人员需要透彻理解业务流与数据流之间的映射关系,利用数据分析方法做好数据分析,才能更好地发现审计线索。

1. 客户订单

客户订单是客户的书面购货凭证。大数据时代,企业可以通过销售人员或网络购物平台、直播平台、电商平台、电子邮件、传真等方式取得客户订单。

2. 销售单

在大数据环境下,企业销售单可以在平台系统自动生成,也可以在企业内部的销售系统编制,记录客户所定商品的名称、型号、数量及其他特殊要求,作为销售凭据。

3. 发货单

发货单是发运部门在发运货物时在平台系统生成或自行编制的以反映发出商品的规格、数量及其他有关内容的单据。发货单可以作为开发票的依据。

4. 销售发票

销售发票是按照国家税务部门要求的统一格式、标准,用来记录已销售商品的名称、规格、数量、价格、销售金额、运费和保险费、开票日期、付款条件等内容的凭证。销售发票是记录销售交易的关键凭证之一。随着金税三期工程的实施和完善,国家对各行业销售发票的管理越来越规范和完善。

5. 商品价格表

商品价格表是经过审批的、可供销售的各种商品的价格清单。

6. 红字发票(贷项通知)

红字发票(贷项通知)是一种用来表示应收销货款减少的凭证,常由于销售退回或经批准的折让而开具。

7. 账龄分析表

账龄分析表是反映月末尚未回收的往来款的账龄及客户、金额,可详细记录每个客户期末尚未偿还的款项数额和账龄。

8. 明细账

各项明细账一般根据会计科目及企业情况设置,用来反映每个科目、每个客户销售、应收款的明细记录。

9. 日记账

库存现金日记账和银行存款日记账是用来记录各种现金、银行存款收入和支出的日记账。

10. 坏账审批记录

坏账审批记录是用来批准将某些应收款项注销,确认为坏账时使用的凭证,一般是一种内部凭证。

11. 转账凭证

在销售与应收循环中,转账凭证是记录销售、应收等不涉及现金、银行存款收付的各项转账业务的记账凭证。

12. 收款凭证

收款凭证是用来记录现金和银行存款收款业务的记账凭证,通常根据系统设置选择在应收系统或总账系统制单生成。

5.3.2 主要的数据表

采购管理模块主要的数据表包括存货档案文件、供应商档案文件、采购订单文件、采购发票文件、采购合同文件、采购到货单文件等。销售管理模块主要的数据表包括存货档案文件、客户档案文件、销售价目表、销售订单文件、销售发票文件、销售发货文件等。库存管理模块主要的数据表包括存货档案文件、出入库文件。存货核算模块主要用来核算存货的进销存数据,包括存货档案文件、结存文件等。

供应链子系统的内容复杂、业务记录繁多,数据表的设计为了降低存储冗余,一般采用主子表的设计模式。下面以销售管理模块为例,介绍供应链中主子表的设计思路。

1. 销售订单主子表

销售订单表主要存储销售订单中的客户信息、订货信息等。主表一般记录订单的整体信息,包括订单号、存货编码、受订日期、订单号、客户编号、部门编号、职员编号、发运方式编码、发货地址、付款条件编码、外币名称、汇率、税率、定金、备注、订单状态、制单人、审核人、关闭人、整单打折标志等字段。

销售订单子表一般记录详细的订货内容、订单号、存货编码、预发日期、报价(单价,是否含税参看账套参数)、数量、金额(原币,无税)、税额(原币)、价税合计(原币)、折扣额(原币)、累计发货件数、累计发货数量、累计发货金额(原币)、累计开票数量、累计开票件数、累计开票金额(原币)等信息。

2. 销售发票主子表

销售发票表中存储销售发票、调拨单和零售日报等票据信息。表头部分常存储在主表中(如表 5-17 所示),发票内容信息则存储在子表中(如表 5-18 所示)。本实例在设计中采用了四种票据类型:增值税专用发票(26)、普通发票(27)、销售调拨单(28)、零售日报(29)。

表 5-17 销售发票主表实例

字段名称	字段类型	字段长度	字段描述
SBVID	数字	4	销售发票 ID
cSBVCode	文本	10	发票号
cVouchType	文本	2	单据类型(26,27,28,29)
cSTCode	文本	2	销售类型
dDate	日期	8	日期
cSaleOut	文本	255	销售出库单号字符串
cRdCode	文本	5	收发类别编号
cDepCode	文本	12	部门编号
cPersonCode	文本	8	职员编号
cSOCode	文本	10	销售订单号

续表

字段名称	字段类型	字段长度	字 段 描 述
cCusCode	文本	12	客户编码
cPayCode	文本	3	付款条件编码
cexch_name	文本	8	外币名称
cMemo	文本	30	备注
iExchRate	文本	8	汇率
iTaxRate	文本	1	税率
bReturnFlag	逻辑	1	负发票标志（TRUE－负发票；FALSE－正发票）
cBCode	文本	3	本单位开户银行编号
cBillVer	文本	2	发票版别
cVoucherType	文本	50	凭证类别
cVoucherCode	文本	50	凭证号
cMaker	文本	20	制单
cInvalider	文本	20	作废
cVerifier	文本	20	审核
cBusType	文本	8	业务类型（普通/受托）
bFirst	逻辑	1	是否期初（TRUE-是期初）
bInvalid	逻辑	1	是否有效（TRUE-有效）
bVisible	逻辑	1	是否可见（TRUE-可见）
iNetLock		4	网络控制字段
citem_class	文本	2	项目大类编号
citemcode	文本	20	项目编码
cHeadCode	文本	15	科目编码

表 5-18 销售发票子表实例

字段名称	字段类型	字段长度	字 段 描 述
SBVID	数字	4	销售发票主表 ID
AutoID	数字	4	自动编号
cWhCode	文本	10	仓库编号
cInvCode	文本	20	存货编码
iQuantity		8	数量
iNum		8	件数

续表

字段名称	字段类型	字段长度	字段描述
iQuotedPrice		8	报价（单价,是否含税参看账套参数）
iUnitPrice		8	单价（原币,无税）
iTaxUnitPrice		8	含税单价（原币）
iMoney	货币	8	金额（原币,无税）
iTax	货币	8	税额（原币）
iSum	货币	8	价税合计（原币）
iDisCount	货币	8	折扣额（原币）
iNatUnitPrice		8	单价（本币,无税）
iNatMoney	货币	8	金额（本币,无税）
iNatTax	货币	8	税额（本币）
iNatSum	货币	8	价税合计（本币）
iNatDisCount	货币	8	折扣额（本币）
iSBVID	数字	4	原销售单（发票）主表ID号
iMoneySum		8	本币累计收款
iExchSum		8	原币累计收款
cClue	文本	10	总账系统线索号
cIncomeSub	文本	15	销售收入科目编号
cTaxSub	文本	15	销售税金科目编号
dSignDate	日期	8	凭证日期
cMemo	文本	20	备注
iBatch	数字	4	批号（收发记录主表ID）
cBatch	文本	20	批号
bSettleAll	逻辑	1	是否收款结算完毕

3. 销售发货单、委托代销结算单主子表

销售发货单存储销售发货、退货、委托代销发货及结算退回等票据信息。表头信息存储在销售发货单、委托代销结算单主表中，一般包括自动编号、发货单号、结算单号、单据类型、销售类型编码、发货日期、结算日期、收发类别编号、部门编号、职员编号、发票ID号、发票号、订单号、客户编码、付款条件编码、发运方式编码、发往地址、外币名称、汇率、税率、期初标志、退货标志（TRUE-退货，FALSE-发货）、全部结算完毕标志（TRUE-完毕，FALSE-未完毕）、出库单号字符串、整单打折标志等字段信息（如表5-19所示）。

表 5-19　销售发货单、委托代销结算单主表实例

字段名称	字段类型	字段长度	字段描述
DLID	数字	4	自动编号
cDLCode	文本	10	发货单号、结算单号
cVouchType	文本	2	单据类型(05,07)
cSTCode	文本	2	销售类型编码
dDate	日期	8	发货日期、结算日期
cRdCode	文本	5	收发类别编号
cDepCode	文本	12	部门编号
cPersonCode	文本	8	职员编号
SBVID	数字	4	发票 ID 号
cSBVCode	文本	10	发票号
cSOCode	文本	10	订单号
cCusCode	文本	12	客户编码
cPayCode	文本	3	付款条件编码
cSCCode	文本	2	发运方式编码
cShipAddress	文本	40	发往地址
cexch_name	文本	8	外币名称
iExchRate		8	汇率
iTaxRate		8	税率
bFirst	逻辑	1	期初标志
bReturnFlag	逻辑	1	退货标志(TRUE-退货,FALSE-发货)
bSettleAll	逻辑	1	全部结算完毕标志(TRUE-完毕,FALSE-未完毕)
cMemo	文本	30	备注
cSaleOut	文本	255	出库单号字符串
bDisFlag	逻辑	1	整单打折标志

　　发货明细及退回信息存储在销售发货单、委托代销结算单子表中。各种单据通过单据类型字段区别。单据类型在单据类型表中单独定义,包含了企业所定义的所有单据的类型编码,一般包括发货单、结算单主表 ID 号、原发货单 ID 号、仓库编号、存货编码、数量、件数、报价(单价,是否含税参看账套参数)、单价(原币,无税)、含税单价(原币)、金额(原币,无税)、税额(原币)、价税合计(原币)、折扣额(原币)、单价(本币,无税)、金额(本币,无税)、税额(本币)、价税合计(本币)、折扣额(本币)、结算件数、结算数量、批号(收发记录主表 ID)、批号、全部结算完毕标志(TRUE-完毕,FALSE-未完毕)等信息(如表 5-20 所示)。

表 5-20　销售发货单、委托代销结算单子表实例

字段名称	字段类型	字段长度	字　段　描　述
AutoID	数字	4	自动编号
DLID	数字	4	发货单、结算单主表 ID 号
iCorID	数字	4	原发货单 ID 号
cWhCode	文本	10	仓库编号
cInvCode	文本	20	存货编码
iQuantity		8	数量
iNum		8	件数
iQuotedPrice		8	报价(单价,是否含税参看账套参数)
iUnitPrice		8	单价(原币,无税)
iTaxUnitPrice		8	含税单价(原币)
iMoney	货币	8	金额(原币,无税)
iTax	货币	8	税额(原币)
iSum	货币	8	价税合计(原币)
iDisCount	货币	8	折扣额(原币)
iNatUnitPrice		8	单价(本币,无税)
iNatMoney	货币	8	金额(本币,无税)
iNatTax	货币	8	税额(本币)
iNatSum	货币	8	价税合计(本币)
iNatDisCount	货币	8	折扣额(本币)
iSettleNum		8	结算件数
iSettleQuantity		8	结算数量
iBatch	数字	4	批号(收发记录主表 ID)
cBatch	文本	20	批号
bSettleAll	逻辑	1	全部结算完毕标志(TRUE-完毕,FALSE-未完毕)

5.3.3　业务流与数据表间的信息交互

会计信息系统设计中,随着业务的发生,各数据表之间应具备实时信息交互的设计。比如当开出一张销售发票时,销售发票主表中生成一张发票 ID 号,销售发票子表中在此发票 ID 下记录该张发票销售的商品、数量、单价、金额;如果前期有销售订单,将在发票中引用订单号,销售发票记录中的销售订单号将可与销售订单进行连接,查询该张发票当时的订单情况。销售发票生成并审核后,应收子系统将生成一张应收单,应收单中对应记录该张销售发票的发票 ID 号。销售发票审计后同时生成一张发货单,发货单同样记录这张

销售发票的发票 ID 号,并记录销售的商品、数量、单价、金额,按照发货单引用的发票客户进行发货。当应收单制单时,总账系统将自动生成一张来自应收系统的记账凭证。这种记账凭证是由总账之外的系统自动制单生成的,凭证数据随着业务流程在整个 ERP 中实时地、一体化地被记录、反映着。这就是业务流中的信息交互。

这种信息交互体现在数据表中,恰当地反映了被审计单位 ERP 系统中内部控制的设计及执行情况,这些都可通过数据表之间的关联关系得到检查、印证。审计人员可通过对后台数据表之间的关联关系,利用数据审计进行相应建模设计以发现疑点。例如,审计人员关注销售发票的真实性,即可按照逆查法,将销售发票与发货单或销售合同按照发票号连接,对两张表进行比对,以揭示有发票记录而无发货记录的发票信息,逐一核查开了发票却未发货的原因。后续数据分析章节将以实例形式介绍分析方法。

本 章 小 结

本章介绍了会计信息系统中的数据流程与业务流程,对总账、供应链中关键的数据表进行了介绍。对初步开展数据审计的人员来说,了解这些会计信息系统数据表的设计思路,可以更好地掌握数据中映射的业务逻辑,更好地结合审计方法快速开展数据审计。在了解了这些电子数据的基础上,如何进行数据分析?下一章将重点介绍审计数据分析方法。

课内实验二

请扫码获取第五章的例题与作业数据,完成本实验。

1. 将"UFDATA.BAK"或"999 演示账套(还原 2012)"文件中的数据还原到 SQL Server 中,或将"第五章例题数据"导入 SQL Server。

2. 将"练习五数据 zw00"还原进数据库,并检索出凭证表中现金支出大于 1 000 元的记录,结果包括会计期间、凭证号、科目代码、科目名称、摘要、借方金额、贷方金额、对方科目等字段。(注:科目代码表 a_km1999;凭证表 a_z1999)

3. 检索出"练习五数据 zw00"中的科目汇总表记录,结果包括总账科目代码、总账科目名称、年初余额方向、年初余额。(注:科目代码表 a_km1999;科目汇总表 a_km1999)

本章资源扫码获取

第 6 章 审计数据建模

【引例】

小丁跟随数据分析组获取了被审计单位的 ERP 数据，完成了审计数据预处理，也分析出了审计常用的总账系统凭证表、科目代码表、科目汇总表及相关辅助账表。项目组进行审计数据预处理和理解电子数据的目的是为审计数据分析做准备。接下来，通过审计数据分析，确定审计重点，发现审计线索，获取审计证据并形成审计结论才是审计的最终目的。审计的过程实质上就是通过数据分析确定审计重点，不断收集、鉴证和综合运用审计证据的过程。因此，作为整个数据审计的核心内容，审计组在数据分析环节强化资源配置，安排了精兵强将开展数据分析。

但是如何根据审计目标，建立恰当的审计模型以揭示审计疑点呢？

下面，跟随小丁的学习步伐，我们一起来学习计算机数据审计的建模分析内容吧。

6.1 大数据环境下审计数据建模的要点

被审计单位的大数据环境给审计人员带来了技术挑战。审计人员要充分运用大数据技术在核心审计业务过程中发挥大数据的巨大威力，尤其在数据采集、数据存取、基础架构、数据处理、统计分析、数据挖掘、模型预测、结果呈现等八个核心业务过程中，要充分运用大数据技术进行数据建模的总体架构和技术实现。

数据采集过程是指利用数据库中的 ETL 工具，将分布在异构数据源中的数据抽取到临时中间层后进行清洗、转换、集成，最后根据需要集中加载到数据仓库中，为审计联机分析处理、数据挖掘服务。数据存取可利用云平台、虚拟存储、关系数据库、NOSQL、SQL等进行数据存储。审计大数据需要使用云存储、分布式文件存储等系统性基础架构。审计大数据的数据处理环节，常需要利用自然语言处理(natural language processing, NLP)和人工智能(artificial intelligence, AI)技术，让计算机快速理解自然语言逻辑，以快速整理审计大数据。或利用回归分析、主成分分析、因子分析等统计分析方法，或采用分类、预测、关联规则、聚类、复杂数据类型挖掘(Text、Web、图形图像、视频、音频等)等数据挖掘方法，对未来趋势进行机器学习、建模仿真和预测，利用云计算、标签云、关系图等进行结果呈现。

6.1.1 大数据环境下审计数据建模的核心内容

大数据环境下进行审计数据建模的核心包括以下四个方面。

(1) 建立一套完整的建模分析运行机制。大数据审计应是一项权威高效的、动态的、集中统一的系统工程,必须建立良好的审计数据模型组织及运行机制,以促进审计数据建模过程中各个环节的正规有序。

(2) 形成一套规范的审计数据模型建设标准。没有标准就没有系统,应建立面向不同主题、覆盖各个领域、不断动态更新的审计大数据分析模型建设标准,为实现各级各类业务领域的审计信息互通、资源共享奠定基础。

(3) 搭建一个审计数据模型共享平台。审计数据、审计知识、审计经验只有不断流动和充分共享,才有生命力。应在各审计专用数据库建设的基础上,通过数据集成,实现各级各类审计领域的大数据交换和数据共享。

(4) 注重培养一支专业的审计建模分析专业队伍。大数据审计建模的每个环节都需要依靠专业人员完成,因此必须培养和造就一支懂指挥、懂技术、懂审计的大数据审计建模专业人才队伍。

审计数据建模是进行审计数据分析的关键环节,体现了审计人员运用审计理论对内部控制、审计数据进行综合分析的能力。高屋建瓴的数据审计模型有助于审计人员总揽全局,考虑整个审计总体的情况进行统筹规划,避免"盲人摸象"似的条块分割任务导致对总体的判断缺乏高度。

6.1.2 大数据环境下审计数据建模的原则

针对目前数据审计的程序、方法和步骤在不同项目实施时缺乏统一的可执行标准,各自总结和实施的审计思路各有特点,缺乏科学性和通用性的现状,综合审计实践和文献经验,审计人员在进行数据建模时应遵循以下基本原则。

1. 围绕审计目标建模

审计数据建模要紧紧围绕审计目标,突出审计重点,不能为了建模而建模,而应切实为了解决审计问题而建模。

不同的审计任务有不同的审计目标。例如,财务报表审计的总体目标包括:①获取一种合理保证,以确定财务报表整体是否不存在由于舞弊或错误导致的重大错报,使注册会计师能够对财务报表编制发表审计意见;②按照审计准则的规定,对财务报表出具审计报告,并与管理层和治理层沟通。为了实现上述审计目标,审计人员应采用各种审计方法,获取相应审计证据,以对财务报表是否按照适用的会计准则和相关会计制度的规定编制、财务报表是否在所有重大方面公允反映被审计单位的财务状况、经营成果和现金流量发表审计意见。数据审计建模是为了实现上述审计目标、完成发表审计意见需求而采用的。建模的目的是获取审计证据。采用计算机数据审计建模分析的目的是更快、更便捷、更全面地对被审计单位的财务状况、经营成果进行验证、复核、检查、鉴证。因此,建模必须围绕审计目标进行。

2. 以重大风险为审计重点

现代审计在风险导向审计理论指导下，以重大错报风险的识别为审计重点，在全面分析被审计单位业务的基础上，通过审计建模，设计一套完整的数据审计模型，以解决审计人员面对不同被审计单位运用计算机技术对各项业务开展数据审计"如何审"的问题。

不同的被审计单位，业务环境不同、经济环境各异，面临的内、外部风险往往是多种多样且相互交织的。经典审计模式下对准确性、精确性的要求高，有时候会使审计人员寸步难行。在发现趋势、寻找某些线索时，大数据量提示的风险问题比精确的问题揭示更重要。数据量规模越大，确切的数据量越多，对重大错报风险的评估就越准确。

因此，进行数据审计建模时，应对被审计单位面临的重大错报风险进行总体分析，利用计算机技术，对存在重大错报风险的领域进行重点建模分析，锁定重点领域、识别各重点业务循环的重大错报风险，按照重要性原则，从总体到系统再到个体，紧紧围绕重大风险识别这一核心任务来揭示和发现重大风险或违法违规问题。

3. 以业务循环为基础

审计建模离不开被审计单位的业务流。例如，对某工业企业进行审计时，在会计报表及各类交易、账户余额与披露相关的具体审计目标中，审计人员期望设计相应的审计程序以获取与所审计期间"主营业务收入"交易和事项相关的认定中"发生"的认定——"记录的交易或事项已经发生，且与被审计单位相关"的审计证据时，设计了对主营业务收入的逆查审计程序：验证主营业务收入明细账中的记录是否均开了销售发票，已开发票的记录是否均已发货。上述审计程序通过建模实现时，可将销售收入明细账与销售发票、发货单等进行外连接，建模检索记了销售收入却未开发票、开了发票却未发货的业务记录，作为审计疑点逐一查找原因。

以业务循环为基础进行审计建模，有利于将自成体系的业务流、数据流进一步关联，将其业务流在数据流中的特征映射抓取出来，获取最直观、最便捷的数字证据。

4. 将审计分析方法与数据流相结合

审计人员应紧紧围绕业务逻辑在数据流中的映射，将业务循环中的数据特征分析透彻，以业务逻辑在数据中的特征映射为突破点进行建模。例如，某工业企业 ERP 系统中设计了"应收账款"科目，在科目设置时有控制选项"应收账款受控于应收系统"，此选项意味着总账子系统中所有涉及应收账款科目借贷方发生额的凭证均来自应收系统，不应该由总账系统生成。但仔细分析总账子系统的控制选项中有"总账可以使用受控系统科目"的设置，此选项如果放开，则意味着"应收账款"科目的相关凭证既可由应收系统自动生成，也可由总账系统手工录入。因此，在审计中，可通过对比应收系统的应收单、收款单明细与总账系统中的应收账款明细账，检索出总账系统手工录入应收账款凭证的记录并进行分析，观察有无重复记账、无依据入账核销等记录，并深度分析控制选项如此设置的原因。

5. 以计算机分析技术为核心手段

在大数据环境下，被审计单位数据的多样性、混杂性并不是审计的障碍，有时甚至是审计人员追求的一种途径。对审计人员而言，财务数据、业务数据、内部数据、外部数据甚至各种过程数据都很重要。通过对多样性、混杂性的数据的正确利用，可以发现更多、更准确的疑点问题。这些都对审计技术提出了更高的要求。

采用计算机技术辅助分析审计数据,有助于快速获取总体的最准确差异,便于从总体上把握被审计单位的经营情况和审计重点。采用建模分析的方法,可在一定程度上避免审计抽样对总体估计带来的偏差。通过计算机分析技术快速获得的重大差异总数是一个精准的数据,并非抽样后对总体估计的期望值,可以作为审计证据直接应用,借助计算机分析技术实现原审计程序中分析性复核向精确分析复核的质的飞跃。

6. 模型应具有实用性及通用性

审计建模的主要目的是指导审计实践、解决审计问题。在各审计模型的设计和构建过程中,应紧紧把握实用性和可操作性的原则,结合日常审计经验、审计智慧和常见审计疑点,总结归纳审计特征和审计技巧,抽象出其中具有普适性、可泛化应用、简便易用的内容进行建模。

7. 模型应相对固化但具有可扩展性

审计模型的构建应相对固化,可在一定领域、一定范围进行推广应用,使审计人员有充分的理解和接受并熟练应用的时间。但模型的设计也应具有一定的灵活性,随着被审计单位业务的变化,可适度调节某些参数,进一步扩展应用,使其他审计人员在借鉴模型基础上进行进一步的启发和拓展,使模型在更广泛的层面发挥更大、更积极的作用。

6.1.3 大数据环境下审计数据建模的步骤

审计数据建模过程的主要步骤由了解审计目标、收集整理数据、初步分析数据、建模分析、评价并优化五步组成。

1. 了解审计目标

了解审计目标是确保数据分析过程有效性的首要条件,了解审计目标,进一步确定信息需求,可以为收集数据、分析数据提供清晰的思路。清晰地把控审计目标对信息的需求是审计组长的职责。审计组长应根据审计目标和过程控制的需求,提出对审计数据及资料的需求。

2. 收集整理数据

根据审计目标有目的地收集和整理数据,是确保审计数据分析过程有效开展的基石。审计组应充分研讨,在进点前对审计需求资料、数据的内容、渠道、方法进行总体规划,避免反复补充资料及一项资料多环节、多渠道收集。

3. 初步分析数据

获取审计数据后,审计人员需要根据审计目标,准确定位,建立可操作的分析路径,对杂乱无章的审计数据进行系统梳理。可通过作图表、画流程等形式进行初步分析拟合、计算某些特征量等探索审计数据中可能存在的潜在规律,探索朝什么方向、用何种方式、建何种模型可以发现和揭示隐含在审计数据中的风险。

4. 建模分析

在初步分析的基础上,审计人员可抽离出一部分特征变量,根据审计经验,找出一类或几类可能的模型,然后通过进一步的建模分析,对比优劣,选定模型。选定恰当的审计思路后,需要将收集的数据通过加工、整理和分析转化为信息,以揭示审计疑点或问题。

5. 评价并优化

审计数据建模分析是审计质量的基础。审计组长应充分评估模型的有效性：模型所提供的结论及影响审计决策的信息是否充分、可信；收集信息的渠道是否畅通，获得的审计数据是否真实和完整；审计数据建模方法是否正确，是否将风险控制在可接受的范围内，参数选择是否最优，模型结论是否准确；模型是否具有泛化可行性，是否在后期审计过程中可以得到有效的运用。当模型有效性不足或准确度不高时，需要进一步调整并优化模型算法，以寻求更恰当、更符合客观实际、精确度更优的审计数据分析模型来指导审计实践。

6.2 审计数据模型的分类

按照在审计中的不同功能，可将审计数据分析模型具体划分为总体分析模型、类别分析模型和个体分析模型。总体分析模型主要用于把握总体，类别分析模型主要用于锁定重点，个体分析模型主要用于筛选线索。

6.2.1 总体分析模型

简单的总体审计比复杂的样本审计更有效，个体审计的结果相加不一定等于对总体的审计结果。关键是总体审计能分析出总体的特征，而且能发现抽样审计发现不了的细节。大数据条件下对总体的审计既能把握总体的要求，又能把握对重大风险的判断。在大数据环境下，审计要本着量变到质变的哲学思辨分析整个审计总体，不能将传统的个体的、局部的问题认为是整个审计总体的问题，个体的问题性质完全不等于总体的性质，以偶发的异常推断总体的趋势容易导致审计结果有偏。因此，审计人员不能将个体的、局部的数据反映的问题简单相加得出审计总体的结论，这中间忽略了量变到质变的影响，忽略了对量和质的准确把握，容易导致对审计总体的风险缺乏界定。在大数据时代，全数据审计模式成为可能，采用数据建模对总体的审计分析更有效。

总分析模型的构建立足审计总体，关注整个被审计单位各种可能的、潜在的重大错报风险领域，关注对被审计单位资产、负债、损益、现金流整体情况的分析，以及被审计单位财政财务收支、经济活动、资金运动、内部控制和风险管理的整体情况。

在审计实践中，审计人员应结合审计项目的具体情况，采用结构分析法、趋势分析法、比率分析法等构建总体分析模型，从不同层次、不同角度对被审计单位的电子数据进行汇总、核对与分析。例如，对被审计单位的会计报表进行审计时，审计人员常进行账表核对、表表核对进行总体分析建模，也可以建立指标或指标体系进行总体分析，还可以使用多维分析工具从不同的层次和角度观察被审计单位的电子数据，综合运用上述方法构建总体分析模型。

【例 6-1】 A 公司为一家房地产开发企业，是被审计单位下属三级子公司。该公司的主营业务是开发商品房并对外销售。小丁所在的数据分析团队在对 A 公司进行会计报表审计时，获取了 A 公司简化的资产负债表、利润表后，建立总体分析模型的过程如下：

(1) 数据分析组组长王老师指导小丁采用钩稽关系建立总体分析模型,初步验证数据间钩稽关系的准确性。

(2) 王老师指导小丁采用结构分析法、比率分析法、趋势分析法建立总体分析模型,如表 6-1 至表 6-3 所示。通过总体分析,数据分析组发现:该公司期末固定资产、负债项目比例较高,而期初流动资产比例较高,期末固定资产与流动资产的变化非常大;利润表项目的主营业务收入、主营业务成本变动趋势不配比,且主营业务成本本期数据异常;其他业务利润、管理费用、财务费用变动趋势异常。数据分析组将这些问题确定为重点审计领域,进一步建立类别分析模型进行分析,并设计相应的审计实施方案开展深度分析。

表 6-1 A 公司资产负债表结构及趋势分析 单位:元

会计报表项目	期初 审定数	%	期末 未审数	%	增减数/%
	1	2	3	4	5=4-2
流动资产	902 498 523.94	99.77	144 043 038.00	14.86	-84.90
长期投资	550 000.00	0.06	550 000.00	0.06	-0.00
固定资产净额	134 924.22	0.01	823 049 349.40	84.93	84.91
无形资产及其他资产	1 418 681.81	0.16	1 473 054.33	0.15	-0.00
资产合计	904 602 129.97	100.00	969 115 441.73	100.00	—
流动负债	454 665 414.83	50.26	507 374 804.70	52.35	2.09
长期负债	227 902 508.80	25.19	222 811 298.83	22.99	-2.20
负债合计	682 567 923.63	75.46	730 186 103.53	75.35	-0.11
实收资本	230 070 964.01	25.43	230 070 964.01	23.74	-1.69
负债与权益合计	904 602 129.97	100.00	969 115 441.73	100.00	—

表 6-2 A 公司利润表结构分析 单位:万元

项目	上期报表 已审数	%	本期报表 未审数	%
一、主营业务收入	1 789 057.80	100.00	25 135 037.38	100.000
减:主营业务成本	10 548 574.49	589.60	-35 999 304.11	-143.000
主营业务税金及附加	107 343.47	6.00	2 005 673.23	7.980
二、主营业务利润	-8 866 860.16	-496.00	59 128 668.26	235.200
加:其他业务利润	12 669 038.81	708.10	-41 739 380.51	-166.000
减:营业费用	197 989.25	11.07	172 818.50	0.688
管理费用	3 063 989.94	171.30	5 544 411.36	22.060
财务费用	2 974 699.77	166.30	-5 677 035.66	-22.600

续表

项 目	上期报表		本期报表	
	已审数	%	未审数	%
三、营业利润	−2 434 500.31	−136.000	17 349 093.55	69.020
营业外收入	156 249.47	8.734	3 320.25	0.013
减:营业外支出	219 200.10	12.250	457 281.94	1.819
四、利润总额	−2 497 450.94	−140.000	16 895 131.86	67.220
减:所得税	—		—	
五、净利润	−2 497 450.94	−140.000	16 895 131.86	67.220

表 6-3 A 公司报表项目趋势分析　　　　　　　　　　　单位:万元

会计报表项目	上 一 年	本 年	增减及变化率(%)	
营业收入	1 789 057.80	25 135 037.38	23 345 979.58	1 304.93
营业成本	10 548 574.49	35 999 304.11	46 547 878.60	−441.27
营业毛利	8 759 516.69	61 134 341.49	69 893 858.18	797.92
利润总额	2 497 450.94	16 895 131.86	19 392 582.80	776.50
净利润	2 497 450.94	16 895 131.86	19 392 582.80	776.50
存货	818 826 947.85	59 746 773.34	759 080 174.51	−92.70
应收账款	—	3 572 155.77	3 572 155.77	
固定资产	134 924.22	823 049 349.40	822 914 425.18	609 908.60
资产总额	904 602 129.97	969 115 441.73	64 513 311.76	7.13
流动负债	454 665 414.83	507 374 804.70	52 709 389.87	11.59
负债总额	682 567 923.63	730 186 103.53	47 618 179.90	6.98
实收资本	230 070 964.01	230 070 964.01	—	
净资产额	222 034 206.34	238 929 338.20	16 895 131.86	7.61

　　本实例中,由于是在审计实施之前进行的总体性分析,并未剔除偶发性事项的影响,仅通过趋势分析发现重点关注的类别和项目,为下一步审计实施指明方向。

　　本实例还可进一步采用比率分析法,对各项指标进行分析,以确定审计关注的重点类别和领域。

　　通过项目学习,小丁明白了总体分析模型是从整体层次上分析、评估、把握被审计单位的总体情况。总体分析在审计计划阶段可以帮助审计组快速掌握总体的重点领域,避免直接进入项目就进行切块式分工带来的全局观缺失现象。在总体分析时,采用多种分析方法综合利用的技术,有助于把握被审计单位有关经济业务的总体情况,寻找薄弱环节,确定审计重点,避免审计工作的片面性和盲目性。

6.2.2 类别分析模型

类别分析模型是在对被审计单位总体进行系统分析的基础上,进一步对某类业务、某类项目进行重点分析的建模方法,通常采用结构分析法、趋势分析法、多维数据分析法等方法。类别分析模型是对总体分析模型的进一步细化,是从业务类别的层次对被审计单位进行分析,从而锁定审计重点,为下一步构建个体分析模型筛选线索提供依据。

对于同一个审计总体,通过总体建模分析,可以确定多个类别的审计重点。针对每个业务类别分别建模,分析各自类别的重大错报。类别分析模型是根据项目特点及业务类别建模的,被审计单位有多个业务类别,就可以构建多个类别分析模型。

构建类别分析模型是在总体建模的基础上,进一步把握业务特点,锁定审计重点,逐步发现问题,缩小范围,核查审计线索。

构建类别分析模型时,要根据业务类别收集整理相关数据,根据审计需要创建审计中间表,针对各个业务类别的分析思路明确审计思路,利用数据分析工具构建类别分析模型,对结果进行初步分析,确定下一步个体分析的重点。

【例 6-2】 B 公司是一家物流公司,主要业务为物流运输,是小丁所在项目组被审计单位的一家下属二级子公司。小丁所在的数据分析团队在对 B 公司财务报表进行总体分析的基础上,确定了主营业务成本作为重点报表项目,建立类别分析模型,采用结构分析法分析了主营业务成本的构成结构(如图 6-1 所示)。

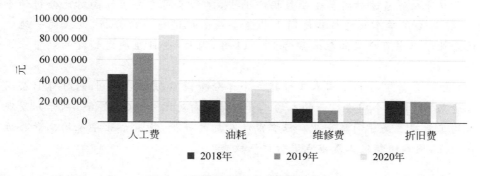

图 6-1 主营业务成本类别分析模型

该物流企业主营业务成本中占比最高的是人工费,且逐年上升幅度较大。油耗、折旧、维修费是成本中占比较高的前四项。折旧费随时间推移每年降低,维修费保持在一个较为稳定的区间。

考虑随着车辆磨损,维修费可能逐年上升。若采用加速折旧法,折旧费逐年降低也有可能,需要根据车辆购置使用年限具体判断,油耗逐年增加,要根据车辆使用情况、油价的涨跌具体判断。因此,项目组决定建立个体分析模型,对平均单车消耗的油费、维修费、折旧费、人工费等建立个体分析模型进行详细分析。

6.2.3 个体分析模型

个体分析模型是在总体分析确定了重点业务类别、类别分析建模确定了重点项目之后，确定建模思路，建立个体分析模型以发现疑点，核实取证。

【例 6-3】 在上述实例的基础上，数据分析组又对 B 公司油耗、人工费建立了个体分析模型：

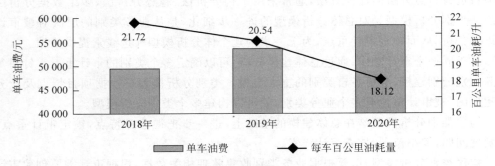

图 6-2　B 公司单车油耗个体分析

(1) 利用 Excel 将年度油费除以主营车辆数量后，针对单车油耗建立个体分析模型，分析连续三年该公司单车油耗变化情况（如图 6-2 所示）。可以看出，年度总油耗逐年上升，单车油耗逐年下降，说明公司车辆数在逐年增长。单车油耗从百公里 21.72 升油降低到 18.12 升油。审计人员根据经验分析，虽然单车油耗有很大程度降低，但该油耗是否仍显著高于同类企业标准需要进一步核实。

(2) 审计人员通过对同类企业数据的调查，建立了同类企业横向对比分析的个体分析模型，将 B 公司单车油耗与其他同类物流企业油耗进行对比分析，发现同一地域的同类物流企业单车每百公里油耗通常为 10～14 升，因此，项目组决定锁定油耗重点进行落实取证。

(3) 数据分析组对 B 公司人工费建立个体分析模型，采用 Excel，同时将 B 公司年度人均工资与 M、T 两个同类企业的人均工资进行横向对比分析（如图 6-3 所示），发现 B 公司年人均工资显著高于同类企业。根据审计人员的经验，物流企业年人均工资将近 4 万元存在疑点，项目组锁定工资重点进行详细核查。

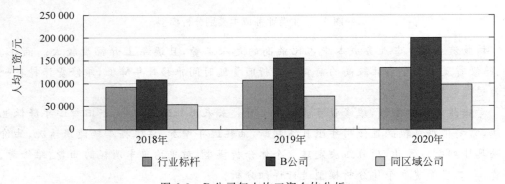

图 6-3　B 公司年人均工资个体分析

通过建立个体分析模型，将总体模型、类别模型逐层深化，锁定重点问题，进行落实取证，是审计重点抽丝剥茧分层揭示的过程。在构建个体模型时，建模思路非常重要。

6.3 审计数据建模的思路

审计数据建模分析是审计人员让数据说话的有效途径。审计数据分析模型是按照审计事项应该具有的性质、钩稽关系、业务规则等,由审计人员通过设计模型、充分计算、推断得出的,用于验证审计事项,从而对被审计单位财务、经济活动、资金运动的真实性、合理性、合法性和效益性作出科学判断的方法。

大数据时代,审计数据间的相关性的重要性高于数据间的因果性作用。相关关系的确定比因果关系的确定更简便,在审计中得到大量应用。利用相关关系让数据直接说话,利用数据建模分析的结论获取审计证据,比利用因果关系更节约审计资源。常用数据审计建模方法包括但不限于以下类别。

6.3.1 根据法律、法规和制度规定的状态与关系建立模型

审计人员依据现行国家政策及法律法规,对财务数据、业务数据进行系统分析,以判断业务是否合法、合规。在对合法性的审计实践中,对于特定的业务,相关的法律法规通常都规定得非常具体。审计人员依据相关法律法规的规定,对相关业务的实际操作进行检查,以确定是否按照规定执行。

【例6-4】 小丁在对某事业单位2020年度预算执行情况进行审计时,重点关注了三公经费中的因公出国(境)经费。小丁索要了该单位所有因公出国出境团组的审批公文、行程单及记账凭证。对照《财政部外交部关于印发因公临时出国、出境经费管理办法的通知》(财行〔2013〕516号文件)规定的出境标准,采用统计、核对等方法,对因公出国出境费用建模。

(1)建立类别分析模型。按照出国、出境费用分类,汇总年度出国出境费用总额、总人数、出国出境地、总天数,计算人均出国出境费用,找出人均出国出境费用较高的项目;对同类出境地,对比人均出国出境费用,找出同一地区费用畸高或畸低的项目。经统计、对比分析发现某个出境团组存在异常畸高费用:该团组为一行21人为期10天的台湾考察团,共花费人民币452 760元,人均经费2 156元/天。按当时汇率折算,总费用超出财行〔2013〕516号文件中规定的"台湾地区250美元每人每天"的标准。

(2)建立个体分析模型。查找记账凭证,将该团组出境费用分类汇总,发现该团组共支出住宿费264 600元、公杂费73 500元、伙食费114 660元。对比上述标准,三项均超标,违反了财行〔2013〕516号文件中规定的"台湾地区住宿费150美元、伙食费60美元、公杂费40美元每人每天"的标准。

(3)针对上述模型分析情况,进一步检查出境审批单后附行程单,与记账凭证后附住宿发票、餐饮发票、公杂发票进行比对,发现该团组实际行程与出境审批行程不符,出境审批行程中仅有台北、台中等地交流调研项目,凭证后附发票有高雄、南投、花莲等地酒店开具的住宿发票、餐费发票。经进一步核实,发现该团组未经审批就改变行程,在10天的行程中,仅有3天安排公务活动,其余7天安排了参观游览,先后游览了日月潭、阿里山森林游乐区、西子湾风景区等地。上述行程涉嫌违反了《中央办公厅、国务院办公厅转发〈外交

部、中央外办、中央组织部、财政部关于进一步规范省部级以下国家工作人员因公临时出国的意见〉的通知》(中办发〔2013〕16号)中第二项第二条"严格控制出访团组人数、国家数和在外停留天数。出访团组人员构成须坚持少而精的原则,符合任务需要,总人数不得超过6人和每次出访不得超过3个国家和地区(含经停国家和地区,不出机场的除外,下同),在外停留时间不超过10天(含离、抵我国国境当日,下同)。出访2国不超过8天;出访1国不超过5天,赴拉美、非洲航班衔接不便的国家的团组,出访2国不超过9天,出访1国不超过6天"及第三项第一条"出访团组应有明确的公务目的和实质内容,出访任务须严格限定在组团单位业务主管范围内,实质性公务活动时间应占在外日程的三分之二以上,严禁变相公款旅游,严禁安排与公务活动无关的娱乐活动"的规定;违反了《财政部外交部关于印发〈因公临时出国经费管理办法〉的通知》(财行〔2013〕516号)第十六条"严格按照批准的出国团组人员、天数、路线、经费预算及开支标准核销经费,不得核销与出访任务无关的开支"的规定。

(4)该出境团组带队领导及队员中有18名处级及以上党员干部,违反了2010年颁布的《中国共产党党员领导干部廉洁从政若干准则》第三条"禁止公款旅游或者变相用公款旅游"的规定。

6.3.2 根据自然和业务规律建立模型

被审计单位的业务开展具有一定的前提条件,受业务运行环境中持续的设备、技术、人员、资金等因素的影响。业务的开展离不开企业自身的业务环境及某些自然规律,因此被审计单位的业务中会存在反映业务运行环境中这些不变因素的固定状态,审计人员利用这些业务逻辑和状态建模可发现某些具体问题。

【例6-5】 小丁在对被审计单位某子公司商业银行的个人住房贷款业务进行审计时,项目组老师提出验证是否存在一人多贷、虚假房贷、违规房贷等问题。

(1)小丁根据贷款日期建模,对日期类型的字段进行检查,验证是否在正常日期发放贷款。正常日期是指大月31天、小月30天、特殊年份才有2月29日、一年只有12个月等。

(2)小丁根据身份证号码建模,验证同一身份证号码是否存在多笔个人住房贷款记录。

(3)小丁根据身份证号码中的出生年月日建模,计算贷款人在贷款当年的年龄是否满足贷款年龄限制条件。

6.3.3 根据不同数据之间的钩稽关系建立模型

在各类会计账簿和报表、各类经济业务的相关指标体系中,各类数据都有明确的经济含义,而且数据间往往存在某种明确且固定的对应关系,这些关系形成了一定的钩稽规则。钩稽规则体现不同经济变量之间在量上的依赖和对应关系。在建立审计模型时,最常利用经济指标中有关数据之间的钩稽规则建立模型,这是目前审计建模中最为常见的一类模型。将具有内在联系的数据按照钩稽关系,方便、快捷地建立分析模型,按照与被审计单位相同或相似的处理方法重新计算(复算法),与被审计单位的数据进行核对(核对法),验证被审计单位提供的数据是否真实、正确、完整,达到分析问题,验证被审计单位业务处理是否正确、有无人为违规调整,发现审计线索等目的。根据数据间的业务规则建模,有助于对不同来源的数据进行相互查考、核对,同时可间接验证不同系统间数据的机械准确性和内部控制状态。

【例6-6】 小丁在建模时,不了解如何利用钩稽关系建模,于是请教组长王老师。王老师介绍了这样一个案例:在某次审计大型企业集团时,审计组重点关注是否存在账外车辆,王老师将固定资产明细账中的车辆记录与管理费用中的车辆保险费明细记录进行对比建模,检索出车辆记录与交强险交费车辆不一致的业务记录,尤其关注其中交了交强险却未入账的车辆信息,经落实取证,进一步验证是公款为私车缴纳交强险,还是存在账外车辆的情况。

本案例中利用每辆车必须缴纳交强险这一钩稽关系,将车辆信息与交强险信息进行对比建模,以揭示不一致的审计疑点。小丁及各位初学者可举一反三,结合业务逻辑学习分析建模。

6.3.4 利用数据关联建立审计数据分析模型

审计中经常需要对不同来源的数据进行对比分析。不同来源的数据可以从多个渠道验证数据间的准确性和关联关系。这种关联关系存在于企业的各个方面,无论是被审计单位内部的财务数据、业务数据,还是来自相关部门或单位的外部数据,都是对被审计单位经济业务的反映,彼此之间一定存在一种或多种关联关系。只要是在审计项目中可以利用的数据资源,在构建审计数据分析模型时,审计人员都可以充分利用内外部数据、跨平台数据之间存在的这种关联关系,方便、快捷地建立分析模型进行比对、考核、分析,以更好地发现审计疑点。

【例6-7】 某政府审计部门按照审计计划,对某地政策性住房的空置房进行审计。项目组成立了专业的数据分析团队。该团队获取了住建委的政策性住房信息、电网公司的供电信息、自来水公司的用水信息,将三类信息按地址匹配、关联后,定义每月用电量、用水量小于某个阈值的记录为空置房。通过跨平台的内外部数据简单关联,锁定了空置房的疑点数据。

审计人员在利用内外部数据关联关系建模时,在数据获取、清理、转换、验证阶段的工作量非常大。审计人员在数据处理阶段,务必严谨细致。由于数据来源不同,在不同系统中数据的格式、结构、记录规则皆不同,在进行数据关联建模时,必须对数据进行标准化操作,否则无法匹配或造成错误匹配反而会影响审计进度。

6.3.5 根据业务逻辑建立模型

不同业务具有各不相同的业务逻辑。根据业务逻辑建模是审计人员快速抓住审计特征发现疑点的重要手段之一。例如,在招投标项目审计中,审计人员常利用业务逻辑来发现一些不合理、不合规、违背业务逻辑的事项。招标项目中,不同投标人之间应该是相互独立、互为竞争对手的,不应该存在违背竞争对手业务逻辑的事项。因此,审计人员可通过分析不同公司的投标代表人的社保是否由同一家公司缴纳;跟踪投标保证金缴纳及退回的资金流,关注是否不同公司的投标保证金由同一公司缴纳或投标保证金退还至同一公司;检查不同公司的投标书是否由同一IP地址上传,或由同一台计算机、同一作者编辑;检查不同公司的投标书是否有相同错误或重复率高。这些违背竞争对手业务逻辑的问题可以揭示投标人之间的合谋。

【例6-8】 小丁所在的团队在对被审计单位下属C公司某项材料物资进行招投标审计时,获取了被审计单位的招标文件、全部投标人的投标文件及其他相关数据。审计人员利用数据采集工具对其电子标书进行对比分析,发现其中两个投标人的标书中存在以下异常一致(如图6-4所示):两家公司的投标书中出现了相同的错误。这不符合正常业务逻辑,且违反了《中华人民共和国招投标法实施条例》第四十条"有下列情形之一的,视为投标人相互串通投标:(四)不同投标人的投标文件异常一致或投标报价呈规律性差异"的规定。

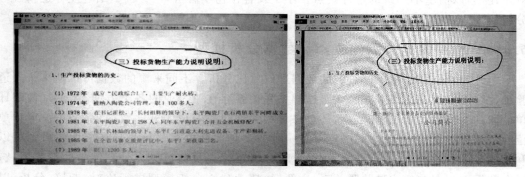

图6-4 同一项目不同投标人标书中的异常一致

6.3.6 根据业务流程建立模型

审计人员无论面对哪种类型的被审计单位,首先要了解被审计单位的内外部环境、主要的战略规划、企业蓝图;其次要了解被审计单位主要的内部控制、业务流程、数据流程。不熟悉被审计单位的业务流程而试图发现和揭示问题,容易因为对重大错报风险的评估和关注不够而导致审计失败。只有通过调查被审计单位关键的业务流程,了解业务在数据层面的映射关系,才能有效抓住审计特征,揭示审计问题。

【例6-9】 小丁在进行数据分析时,发现被审计单位的一家子公司是商业银行。小丁根本不了解商业银行的业务流程,无法下手建模,于是请教经验丰富的王老师。王老师建议他先选择一个核心信贷业务,了解信贷业务流程,画出跨部门业务流程图。小丁按王老师的要求仔细调研,画出信贷业务流程后,发现借款人应该是先在信贷部门办理相关审批手续后,才可以在会计柜台进行会计核算处理。小丁据此建立信贷业务内部控制审计模型,将信贷业务授信审批表与贷款发放明细表进行连接查询,检查已经记录在贷款发放明细表中的业务却未办理授信审批的记录,以验证是否存在核算在前、审批在后的贷款业务。

6.3.7　根据审计经验建立模型

审计人员在长期对某类、某个问题的反复审计过程中,往往能摸索、总结某类问题的共性特征,并将行之有效的审计方法形成一套完善的审计经验。将审计人员的这种经验运用到数据审计中,将问题的表现形式锁定为对特定的审计特征数据的描述,建立针对审计特征数据的分析模型,可以较为方便地核查问题。在实际审计中,审计人员常常根据经验,分析业务数据的某些特征,再根据这些特征对潜在风险问题进行推广验证,达到搜索审计线索的目的。例如,审计人员在对某个网游公司销售收入确认事项的审计中,发现该公司存在大量的期末交易事项,单个客户日消费额度达几十万元。审计人员根据经验分析,游戏客户一天24小时在线游戏的情况下,日消费金额最高也就数万元。这种年底频繁发生的、锁定在某几个特定客户上的单日大额消费的情况非常异常,于是确定为特殊情况事项进行详细分析,果然发现了审计疑点。

【例6-10】　小丁参与审计的一家企业的下属子公司是生产化肥的。审计组在销售与应收循环审计中,特意安排了理科背景、化工大学毕业的注册会计师负责销售与生产循环。该注册会计师在对被审计单位的原材料、辅助材料及产成品进行分析后,关注到被审计单位的主营业务收入核算产品的单一性。根据符合实际的化学方程式的基本推导,在使用这些原材料和辅助材料生产后,应该会生产出一定量的副产品,而被审计单位主营业务收入中只核算了主要产品的销售收入。根据经验,审计人员推断可能存在隐匿副产品销售收入的潜在风险。

在此情况下,审计组设计了销售收入完整性审计程序,采用顺查的审计程序,查阅库存商品明细账,关注期初期末库存商品、本期完工库存商品之间的逻辑关系是否与当期发出库存商品相同;关注本期发出库存商品品种是否存在未入销售收入明细账的品种;关注本期发出库存商品的数量是否全部计入销售收入;关注本期完工产品与当期生产车间的产能是否匹配。在此基础上,审计人员同时采用现场观察、询问等审计方法,去库存商品、原材料、包装物仓库现场盘点。经过上述审计程序后,审计人员在现场盘点时发现库存商品、材料仓库虽然与实际材料、收入相符,但包装物仓库中存放了大量印好品名的包装袋,而库存商品库中并无此类商品。此疑点与审计人员的经验判断吻合,进一步印证了被审计单位可能存在账外收入的潜在风险。审计师进一步将包装物与库存商品、销售收入明细账核对后,发现该包装物反映的副产品从库存商品明细账开始均未记录。此时,进一步与生产车间、仓库等人员访谈后,确定了被审计单位存在账外收入的事实。

在上面的案例中,审计人员利用基本化学方程式的简单推理与审计经验,通过验证包装物,发现了被审计单位的账外收入。

综上所述,在审计数据建模过程中,审计人员要充分了解相关的法律、法规,了解被审计单位的业务规律、业务逻辑和数据关联关系。利用这些知识与经验设计数据审计方案是有效提高审计效率的关键手段。

本 章 小 结

本章重点介绍了计算机数据审计建模的原则、数据审计模型的类别、建模的思路等。在实际审计中,审计人员要对被审计单位的行业背景与内外部环境、业务流程、数据逻辑有清晰的认识,这些对审计人员能否设计出恰当的审计方案、发现审计疑点有着至关重要的作用。

思考题

1. 在审计项目的不同阶段应分别建立哪类审计数据模型?
2. 要建立有效的审计数据模型需要掌握哪些方面的知识?

第 7 章

查询型分析

【引例】

了解了审计数据建模的总体原则和思路后,具有工科背景且熟练掌握数据库、程序设计与开发等相关知识的小丁被分配到数据分析组,协助审计人员建模分析数据。根据组内分工及业务需要,小丁被安排配合销售与应收循环审计开展数据分析建模。小丁应如何结合审计理论、充分运用信息技术开展数据分析以快速发现疑点?

下面,跟随小丁的分析步伐,我们一起来学习审计数据分析中最基本的查询型分析吧。

在计算机数据审计程序中,近年来广泛用到计算机辅助审计技术(Computer Assisted Analysis Techniques and Solutions,CAATS)。CAATS 是一种为了提高审计过程的效果和效率而使用的测试技术,利用计算机及相关软件实现审计控制测试和实质性测试自动化,近二十多年来已被广泛应用于现场审计。CAATS 最常使用测试数据法、集成测试技术、平等模拟法、嵌入审计模块及通用审计软件等五种技术,对信息系统或经信息系统处理的数据进行审计,帮助审计人员提高审计效率。CAATS 技术分为两类:一类是用于验证程序或系统的技术,即面向系统的 CAATS,测试数据法、集成测试法和平行模拟法通常被用来验证应用程序内在逻辑性;另一类是用于分析电子数据的 CAATS,即面向数据的 CAATS,在国内外早期的研究和审计实践中,嵌入审计模块和通用审计软件这两种技术更常用来对应用程序处理过的数据进行检查。近年来,用于数据分析的技术、方法和工具越来越多,通过分析系统数据来验证程序逻辑性、发现舞弊和潜在风险的技术称为面向数据的 CAATS。面向计算机程序的审查一般只用于评估 IT 控制、合规性审计或者最多能用于财务证实性审计,而数据分析可以用于效益审计和专项审计,同时在评估控制的实际效果方面也能发挥作用。因此,在大多数情况下,运用 CAATS 进行数据分析不仅更加可行、不会受到过度工作的影响、能够提高审阅大量交易的效率,而且可以用于更加广泛的领域,审计人员通常倾向于通过检查数据来获取证据,发现舞弊。

由世界各国最高一级国家审计机关组成的国际性组织——最高审计机关国际组织(The International Organization of Supreme Audit Institutions,INTOSAI)的 IT 审计委员会出版的《计算机辅助审计技术》,以及 CAATS 领域的知名专家 David G. Coderre 的最新著作 *Data Analysis for Internal Controls, Fraud Detection, Monitoring, and*

Audit 中都对 CAATS 技术进行了系统梳理,介绍了数据分析的技术方法以识别风险、发现欺诈、揭示控制缺陷,从而提高运营效率和效益。CAATS 技术被广泛应用于风险识别和评估、财务欺诈检测等方面,在电信、运输、安全、旅行和娱乐、医疗索赔等行业发现了合同、库存、工资、IT、人力资源、环境、系统开发和转换等很多管理流程方面的风险问题。CAATS 技术应用于审计实践,需要在计划阶段与实施阶段进行统筹规划:在计划阶段,在充分实施审前调查的基础上,决定是否使用 CAATS,并对 CAATS 的使用范围、估计需要的资源或时间进行充分规划,以确定所需的数据及软件工具,进行数据下载、CAATS 设计、测试及运行;在实施阶段,进行 CAATS 的文档编写及后期检查。数据分析是实施阶段使用的重要方法。

  CAATS 作为审计数据分析最常用的技术在审计实践中分为查询型分析、推理型分析和预测型分析。CAATS 在审计中对来源于实际的业务进行模型概化,结合审计业务,借助一些工具软件来实现。审计人员常用的数据分析工具软件有 Excel 等通用办公软件、ACL、IDEA、联网审计等专业审计软件,SQL Server、Oracle、Access 等数据库管理系统,以及 SAS、SPSS、R 等专业数据分析软件。本章借鉴 David G. Coderre 在其著作中总结的数据分析方法,以方法为导向,利用 Excel、Transact-SQL 语句进行查询型分析方法的学习。本章重点介绍排序、统计、筛选、分组计算、连接、分层、日期分析、重号断号、比率分析、表达式与计算、连接对比、数字分析、班福法则等分析方法。本章基于 Excel 和 SQL Server 介绍查询分析的基本方法所需使用的数据库安装教程请扫码获取。

7.1 常见查询分析算法

7.1.1 筛选

  筛选是按照一定的条件,对数据进行检索,是数据分析方法中最有效、简便、实用的方法之一。筛选是几乎所有的会计、审计软件都支持的一种数据查询方法。

  检索条件设置是筛选最为关键的环节。审计人员需要在分析业务、电子数据及审计目标的基础上,关注关键业务流程、关键数据表中主要字段的取值范围、业务内容,在此基础上设置检索条件,以便快速发现审计线索。

7.1.1.1 基于 Transact-SQL 的筛选查询

  基于业务设置筛选条件是发现审计线索的基本思路。例如,在家电下乡财政补贴发放审计中,审计人员关注财政补贴是否按要求拨入指定账户,以确定财政补贴资金发放的真实性这一审计重点。家电下乡是国家为进一步促进社会主义新农村建设、提高农民生活质量、扩大农村消费出台的一项惠民政策。农民是否享受到补贴资金是审计的中心。审计人员注意到,某地区家电下乡补贴资金要求拨入一折通,一折通的银行账号以"6"开头,还有未使用一折通的被补贴人员用农行账户开户,一般要求以"10"开头。利用财政补贴发放表"银行账号"字段查找有无多套补贴现象,通过设置筛选条件,查询"银行账号"字段是否有不是"6"或"10"开头的记录,并生成疑点。

利用业务设置筛选条件还有许多类似的实例。本章部分例题的数据请扫描章末的二维码获取。

【例 7-1】 审计人员关注特殊的负值，盘存类库存商品的现存量如果出现负值是明显的异常情况，说明该单位存货管理存在问题。审计人员检查现存量表，筛选现存量为负值的物料进行追踪。

Select cinvcode 存货代码，iquantity 现存量
from CurrentStock —现存量表
where iquantity＜0 —现存量为负值

【例 7-2】 在对某单位会计信息系统进行审计时，审计人员注意到被审计单位严格执行银行转账结算要求，对不符合现金支出条件的、达到银行结算金额起点的业务一律采用转账结算方式。审计人员对其某年的凭证进行查询，检索所有超过 1 000 元的现金支出进行分析。显示结果包括年度、凭证号、凭证日期、行记录号、摘要、科目代码、记账标记、金额、制单人、审核人、记账人。

select 年度，b.凭证号，凭证日期，行记录号，摘要，科目代码，记账标记，金额，制单人，审核人，记账人
from 凭证主表 a
join 凭证子表 b
on a.凭证号＝b.凭证号
where 科目代码 like ′101％′ and 记账标记 like ′贷′ and 金额＞＝1000

【例 7-3】 在对某公司销售合同进行审计时，审计人员注意到合同金额分布异常。考虑可能由于企业内部控制的要求，对达到一定标准的销售合同有不同的内部控制流程，审计人员对一年的销售合同进行检查，检索出超过 300 万元和低于 30 万元的销售合同。

select *
from 销售合同
where 合同金额＜300000 or 合同金额＞3000000

【例 7-4】 设置检索条件时，可能有些软件的某些字段类型与期望的检索条件不匹配，需要经函数处理转换后才能实现预期检索目标。例如，审计人员在检查现金支出时，关注整万元的业务，此时可以用函数进行处理后实现检索。

select *
from gl_accvouch —凭证表
where ccode＝′101′ and cast(mc/10000.0 as int)＝mc/10000.0 and mc＞0

在该实例中，mc 是 money 型的，"/"将结果返回分子、分母数据优先级更高的字符类型，10000.0 是一个数值型常量，"金额/10000.0"的结果经过 cast 转换为 int 型后，如果与原结果相同，则说明金额是 10 000 元的整数倍。这项转换还可以用函数 convert 实现。

select *
from gl_accvouch —凭证表

where ccode='101' and convert(int,mc/10000.0)=mc/10000.0 and mc>0

SQL2008以上的版本还支持取模运算。"％"返回两数相除后的余数。例如，语句"SELECT 38 / 5 AS Integer(结果与 select 38/5 相同)，38 ％ 5 AS Remainder(结果与 select 38％5 相同)"表示用 5 去除数字 38,所得结果的整数部分为 7,余数为 3,该示例演示了取模运算如何返回余数 3。同样道理，整万元的金额可以用取模后余数为 0 为检索条件进行筛选。

select *
from gl_accvouch   --凭证表
where ccode='101' and mc>0 and mc％10000.00=0

7.1.1.2 基于 Excel 的筛选查询

Excel 提供了两种筛选数据列表的菜单：筛选和高级筛选。

筛选功能在【数据】-【筛选】菜单项下，自动筛选功能对于数值型字段可以按照"大于""小于""等于""高于平均值""低于平均值"等多种选项进行自动筛选，也可以进行自定义筛选。文本字段可以按照"等于""不等于""开头是""结尾是""包含""不包含"进行文本筛选。筛选功能一般可实现某一个字段或几个字段的条件组合，但有些筛选条件可能无法通过自定义筛选实现。此时，需要用到高级筛选。

高级筛选功能在数据-筛选-高级菜单项下（如图 7-1 所示）。高级筛选不但包含自动筛选的所有功能，还可以根据审计需求，灵活设置复杂的筛选条件组合，如指定计算的筛选条件、筛选出不重复的记录等，并将筛选出的结果输出到指定位置。

图 7-1　高级筛选菜单项

高级筛选需要先在源数据上方或下方设置几个空行作为条件区域，并将所需筛选的列标题粘贴至条件区域，第二行必须由筛选条件值构成。若对多个列设置条件，则将多列的条件置于一行代表"与"的关系，置于不同行代表"或"的关系。设置好条件区域后，将光标置于数据区域的任一单元格,选择【数据】-【筛选】-【高级】菜单，此时列表区域会自动出现在高级筛选对话框中(如图 7-2 所示)。在高级筛选对话框中选择筛选结果的显示位置，选择设置好的条件所在的区域,根据需要勾选"选择不重复的记录",单击【确定】,出现所需要的筛选结果(如图 7-3 所示)。

图 7-2　高级筛选对话框

cdigest	dbill_dat	ccode	md	mc	cbill	ccheck	cbook	idoc
					张莉			
						张莉		
							张莉	
	20 00:00.0	123	1395	0	张莉	张莉	张莉	
	20 00:00.0	123	2790	0	张晨	demo	张莉	1
	21 00:00.0	123	1395	0	张莉	demo	薛明	1

图 7-3　高级筛选结果

7.1.2 排序

排序是审计人员常用的另一种简单有效的方法。审计的重要性原则要求审计人员更为关注一些金额大的业务。同时,利用不同字段间的取值特征和规律,通过排序,还可以发现一些特殊的错误或舞弊。

实际审计中,审计人员常利用排序功能关注一些异常值:业务的取值范围超出正常取值;雇员或供应商名字以空格或不常见的字符开头;记录中某个重要字段的值为空值;一个数值字段中存储了字符数据;日期是过去较早的一个日期或是将来的某个日期。

7.1.2.1 基于 Transact-SQL 的排序

【例 7-5】 审计人员在对存货出入库记录进行分析时,关注是否存在某种商品的大批量积压,对现存商品按存量进行降序排列。

select cinvcode 存货代码, iquantity 现存量
from CurrentStock —现存量表
order by iquantity 现存量, cinvcode 存货代码 desc

【例 7-6】 审计人员关注某单位银行存款支付的明细记录,按银行存款支出降序排列,检索异常事项。

select *
from gl_accvouch
where ccode='10201' and mc<>0
order by mc desc

【例 7-7】 审计人员关注商品销售价格是否超出商品价目表的单价,检查销售发票中的销售单价并降序排列。

select *
from salebillvouchs
order by cinvcode, inatunitprice desc

7.1.2.2 基于 Excel 的排序

Excel 提供了多种强大的数据排序方法,审计人员可以根据需要按行或列、升序或降序、字母顺序、笔画、数值、单元格颜色、字体颜色、单元格图标排序,也可以使用自定义命令排序,非常便捷。

如图 7-4 所示,Excel 不仅可以按单个字段排序,还可以通过设置主要关键字、次要关键字对多个字段同时排序,此时的处理原则是:先被排过序的列会在后续其他列的排序过程中尽量保持自己的顺序。

图 7-4 多个字段排序

当要排序的某个数据列中含有文本格式的数字时,会出现排序提醒(如图 7-5 所示)。如果整列都是文本型数字,可以直接单击【确定】,排序不受影响,否则不同选项会对应不同的排序结果。

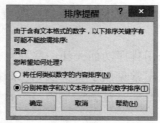

图 7-5　文本格式数字的排序提醒

要对汉字进行排序时,可以点击【排序】选项,按照字母或笔画顺序进行排列。在默认的情况下,对汉字的排序方式是按照汉语拼音首字母在 26 个英文字母中的字母顺序进行排列,第一个汉字排完了排第二个汉字。如果需要按笔画排序,则先按第一个汉字的笔画(数)进行排列,相同笔画数的按起笔顺序(横、竖、撇、捺、折)排列;笔画数和起笔顺序都相同的,按字形结构排列,先左右,后上下,最后整体字。

当要排序的某个数据列中包含空格、逻辑值、数字、英文字符、汉字等混合内容时,一般按以下规则排序:①按升序排列的时候,先排数字,空格排在数字后面、字符前面;②数字升序排列时先排负数,后排正数;③字符排列时,先排以文本格式存储的数字,后排英文字符,再排中文;④英文字符排序时,从第一个字符开始往后一个一个排序,C100 排在 C1 之后,C11 之前,C5 排在 C11 之后;⑤中文汉字排在英文字符之后,默认按照汉语拼音首字母顺序排列;⑥逻辑值排在最后,FALSE 排在 TRUE 之前。排序前后的对比如图 7-6 所示。

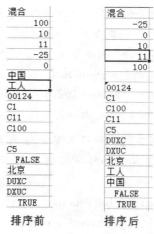

图 7-6　一组混合内容排序前后对比

注意:排序时需注意公式的引用状态。如果单元格包括公式,按列排序时,排序后可能会出现一种情况:数据列表中对同一列的其他单元格的引用可能是正确的,但对不同列的单元格的引用可能是错误的。因此,进行审计数据分析时,为避免这种错误,当要进行排序但在数据列表中含有单元格公式时,应使用绝对引用。总之,当需要对行排序时,避免使用引用其他行的单元格的公式;当需要对列排序时,避免使用引用其他列的单元格的公式。

7.1.3　统计

统计常用来分析数值型字段的平均值、最大值、最小值、方差等。审计人员取得被审计单位数据后,进行描述性统计分析,检查数值型字段的取值范围,初步评估数据的合理性和可靠性。

描述性统计分析可以发现一组数据的分布是否符合应有的分布特征。统计方法可通过观察数值正、负值的记录数、合计值、平均数分析异常记录，对某一时间范围内所有的记录金额绝对值求和以观察特征，对值的变动范围、最大最小的某些值进行分析以确定异常。例如，养老保险的领取额应基于当地的社会平均工资在一定的幅度范围内变化，如果审计人员观察到某一组数据的方差较大，则说明当地领取的养老保险金的个人差距较大，应结合当地领取养老保险的人员职级、年限进行分析，确定是否异常。又如，可通过对某税务机关税款征缴额正、负值的统计分析，确定是否存在阶段性的假入库及假退库现象。

7.1.3.1 基于 Transact-SQL 的统计

【例 7-8】 审计人员关注采购价格的变化是否在合理的范围内，对某年度各种物料的采购单价进行统计分析，观察每种物料的最高单价、最低单价、价差及采购业务笔数、总金额的变化区间。

　　select cinvcode 品名，max(icost) 最高单价，min(icost) 最低单价，max(icost)－min(icost) 价差，count(*) 采购业务笔数，sum(imoney) 总金额

　　from PurBillVouchs ——采购发票

　　group by cinvcode ——品名

【例 7-9】 审计组对某企业进行财务收支审计。审计人员分析被审计单位业务流及会计信息系统数据后发现，销售发票子表中字段 iNatSum 记录发票某项存货的应收价税金额，iMoneySum 记录发票某项存货的实际收回金额。销售款项收回后，会计人员依据收款单逐项核销每张销售发票明细，核销金额记入 iMoneySum 字段。审计人员重点关注款项未完全收回的销售业务，统计尚未完全收回款项的发票，结果显示发票号、应收金额、收回金额、尚未收回的金额。

　　select a.csbvcode 发票号，sum(b.inatsum) 应收金额，sum(b.imoneysum) 收回金额，尚未收回的金额=sum(b.inatsum)－sum(b.imoneysum)

　　from salebillvouch a

　　join salebillvouchs b

　　on a.sbvid=b.sbvid

　　group by a.csbvcode

　　having sum(b.inatsum)<>sum(b.imoneysum)

7.1.3.2 基于 Excel 的统计分析

Excel 提供强大的统计分析功能，利用 SUM、COUNT、AVERAGE、MIN、MAX 函数可以统计求和、计数、求均值、最小值、最大值等，利用数据—数据分析加载工具项可以实现方差分析、回归分析、相关分析及时间序列的处理等（如图 7-7 所示）。

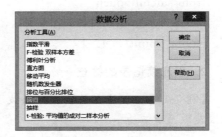

图 7-7　Excel 中的数据分析工具

【例 7-10】 审计人员关注交易金额的变化是否在合理的范围内,对某年度凭证的发生额进行统计分析,统计最高金额、最低金额、均值及方差(如图 7-8 所示)。

I	J	K
ccode	md	mc
211	44398.63	0
522	1000	0
24101		500000
113	4000	0
101	0	4000
522	451.1	
max	2,058,000.00	1,502,000.00
min	-379,160.00	-379,160.00
average	46,663.28	45,149.81
variance	21,023,033,810.76	19,610,159,595.26

图 7-8 Excel 中的统计分析

7.1.4 连续性检查

《会计基础工作规范》第三章第五十一条明确提出记账凭证的基本要求:填制记账凭证时,应当对记账凭证进行连续编号。除了记账凭证,企业许多重要的业务凭证如发票、发货单、出库单等都必须连续编号以避免错漏。

连续编号检查可以查询缺失的凭证及重复的记录,发现一些可能的舞弊信号:收到应收账款,却未将收款单登记入账;发票重复编号或断号;缺少某一天的发货记录;采购订单或合同号码、发票号码相同;供应商号码和日期相同;合同号码和日期相同;供应商号码和客户号码相同等。

业务记录不连续可能存在潜在的控制风险,但并不一定就是舞弊,审计人员需要根据实际情况仔细甄别。例如,根据同一张发票分次发货,发货单中的发票号码可能就是重复的;或根据同一张发货单开出了多张发票,发票中的发货单号码可能就是相同的。类似的业务调整、冲销退回等都可能造成单据号码的不连续。审计人员发现不连续业务后应仔细追查验证。

7.1.4.1 基于 Transact-SQL 的连续性检查

1. 重复记录的检查

【例 7-11】 在控制测试中,审计人员检查销售发票的重复编号情况。

select cvouchtype 发票类型,csbvcode 发票号,count(*)数量
from salebillvouch
group by cvouchtype,csbvcode
having count(*)>1

2. 不连续记录的检查

【例 7-12】 审计人员检查销售发票的断号情况,检索不连续的发票,为进一步追查取证获取线索。

select cvouchtype 发票类型,max(csbvcode)最大号,min(csbvcode)最小号,count(distinct csbvcode) 去重计数

from salebillvouch
group by cvouchtype

由于本实例中发票分类编号的特殊性,审计人员可继续追查断号的发票号。

create view fp2
as
select cvouchtype ,csbvcode,
id=row_number()over(order by [csbvcode])
from salebillvouch

select cvouchtype,csbvcode,id
cast(right(csbvcode,5) as int)−isnull((select top 1 right(csbvcode,5) from fp2 b where b.id＜fp2.id order by id desc),0) as dh
from fp2
where cast(right(csbvcode,5) as int)−isnull((select top 1 right(csbvcode,5) from fp2 b where b.id＜fp2.id order by id desc),0)＞1

7.1.4.2 基于Excel的连续性检查

1. 重复记录检查

条件格式可用来将重复记录突出显示。在【开始】-【条件格式】-【突出显示单元格】-【规则】-【重复值】中,可将唯一值突出显示,也可将重复数据及所在单元格突出显示为不同的颜色,如图7-9所示。如要删除条件格式显示,只需选择【开始】-【条件格式】-【清除规则】即可。

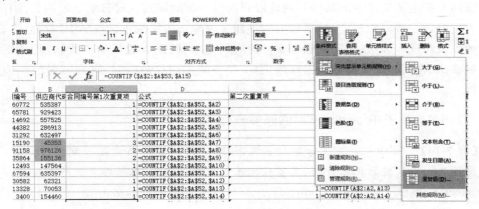

图7-9 条件格式突出显示重复记录

2. 断号检查

【例7-13】 审计人员利用Excel检查发货单的断号情况,将断号的发货单检索出来进一步追查取证。

由于发货单是按类别排号的,所以先按单据类型、单据号排序,然后对单据号进行断号查询。由于源数据中单据号是以文本存储的数字形式,审计人员可以选择在每个单元格左侧点击出现的黄色感叹号将其转换为数字,以便下一步处理。也可以选择插入几个空白列,在右侧乘数列输入1,待光标变为"＋"号后双击自动将其复制至底端行。在第二空白列中输入公式"＝B2单元格＊C2单元格",双击"＋"号自动将公式复制至底端行,把文本格式的单据类型转换为数字格式。再在空白列中输入公式,用数字列的下一行值减去上一行值("＝D2－D1"),复制公式至底端,即可将大于1的记录号所在行找出来,大于1的与上一行的差便是凭证断号的差值。在此基础上,还可利用条件格式,突出显示不等于1的值,如图7-10所示。

cVouchType	cDLCode	乘数	文本转数字	查断号
5	0000000001	1	1	1
5	0000000002	1	2	1
5	0000000003	1	3	1
5	0000000004	1	4	1
5	0000000005	1	5	1
5	0000000006	1	6	1
5	0000000007	1	7	1
5	0000000008	1	8	1
5	0000000009	1	9	1
5	0000000010	1	10	13
5	0000000023	1	23	1
5	0000000024	1	24	1
5	0000000025	1	25	1
5	0000000026	1	26	1
5	0000000027	1	27	1
5	0000000028	1	28	1
5	0000000029	1	29	1
5	0000000030	1	30	2
5	0000000032	1	32	1

图7-10 查询断号并突出显示

7.1.5 账龄分析

审计关注重要日期的前后事项以确定是否有跨期业务,或关注重点客户、重大金额的长期挂账往来款项,对某些业务发生的时间进行分析,以确定账龄。

账龄分析主要关注业务某些不同阶段日期间的时间间隔。对日期字段的关注有助于审计人员发现一些异常现象,如投标书的日期是否晚于招标截止日或早于招标公告日、跨年度的收入与成本确认、长期挂账未支付的应付账款、长期未收回的应收款项、长期闲置的休眠账户、合同签订日期早于招标截止日、设备的平均故障时间、有利可图的赊销付款条件等。

7.1.5.1 基于Transact-SQL的账龄分析

【例7-14】 审计人员关注跨期交易或事项,将发货日期与记账日期进行比对,查询显示每笔收入确认时的记账日期、发货日期及二者的天数差,结果按天数降序排列。

```
select c. iperiod,c. csign,c. ino_id,c. ccode,a. ddate,c. dbill_date,
datediff(day,a. ddate,c. dbill_date) as ts
from dispatchlist a --发货单
join salebillvouch b
on a. sbvid＝b. sbvid
join gl_accvouch c
on b. cvouchtype＝c. coutbillsign and b. csbvcode＝c. coutid
```

order by datediff(day,a.ddate,c.dbill_date) desc

7.1.5.2 基于 Excel 的时间间隔

Excel 中有许多函数可以计算时间差，如 DATEDIF、DAYS、ETWORKDAYS、WORKDAY 等。

【例 7-15】 审计人员关注跨期交易或事项，利用 Excel 实现日期字段的时间间隔查询。

采用分列方式，将时间 dbill_date 字段分为日期型，后一列时间型字段不导入。利用函数 DATADIF 计算两个日期之间的天数差，如图 7-11 所示。

dbill_date	截至日	J	=DATEDIF(I2,J2,"d")	=DATEDIF(I2,J2,"y")&"年"&DATEDIF(I2,J2,"ym")&"月"&DATEDIF(I2,J2,"md")&"天"
2001-10-3		2001-12-31	89	0年2月28天
2001-10-30		2001-12-31	62	0年2月1天
2001-10-31		2001-12-31	61	0年2月0天
2001-10-31		2001-12-31	61	0年2月0天
2001-10-31		2001-12-31	61	0年2月0天
2001-10-5		2001-12-31	87	0年2月26天

图 7-11 利用函数计算时间间隔

7.1.6 检查与复算

审计人员为了验证被审计单位某项业务计算是否准确，常常运用工具软件中提供的运算符、函数，对获取的数据进行加工、运算，生成有审计意义的新字段，如根据会计报表相关数据计算财务比率进行分析以发现异常的波动，计算资产结构以确定重要的资产存在或发生认定的检查方案等。

7.1.6.1 基于 Transact-SQL 的检查与复算

【例 7-16】 审计人员关注发票金额及发货金额计算的准确性，请依据发票所列单价计算获得发票的无税金额、含税金额、税额，与发票中所列的无税金额、含税金额、税额进行比较并计算出与原表中无税金额、含税金额、折扣额的差额。

注：无税金额＝无税单价×数量；

含税金额1＝含税单价×数量；

含税金额2＝无税金额＋税额。

select cInvCode,inatunitprice,iquantity,

wsje＝iNatUnitPrice * iQuantity,

hsje1＝iTaxUnitPrice * iQuantity,

hsje2＝iNatUnitPrice * iQuantity＋inattax,

wsce1＝iNatUnitPrice * iQuantity－iNatMoney,

hsce1＝iTaxUnitPrice * iQuantity－inatsum,

hsce2＝iNatUnitPrice * iQuantity＋inattax－inatsum,

from SaleBillVouchs

【例7-17】 审计过程中,审计人员根据需要,对凭证表的借方金额、贷方金额字段进行整理,构造为借贷标志、金额两个新字段,查询结果包括会计期间、凭证类型、凭证号、摘要、科目代码、借贷标志、金额。

```
select iperiod,csign,ino_id,cdigest,ccode,bz=case when mc<>0 then 'j' else 'd' end,
je=md+mc
from gl_accvouch
order by iperiod,csign,ino_id
```

7.1.6.2 基于Excel的合并计算

Excel提供了许多利用单元格引用、函数进行计算的功能。这里主要介绍一个合并计算功能。合并计算可以汇总或合并多个数据源区域中的数据,一种是按类别合并,另一种是按位置合并。合并计算无论是同一数据表中的不同表格、同一工作簿中的不同工作表,还是不同工作簿中的表格都可以实现合并计算。

【例7-18】 审计过程中,审计人员获取了被审计单位费用明细表。该费用明细表是按月编制的多张表格,需要将其快速合并、汇总。本例以两张表格汇总进行介绍。源数据如图7-12所示。

1月	办公费	折旧费	2月	办公费	折旧费
财务部	10	20	财务部	5	10
科技部	20	10	科技部	10	8
发展部	30	15	发展部	20	12

图7-12 合并计算源数据

合并计算时,需选中合并计算后结果保存的起始单元格,选择数据-合并计算菜单,打开合并计算对话框(如图7-13所示),将要合并的数据源含标题行一起选入引用位置栏,单击【添加】,所引用的单元格区域会出现在所有引用位置区域;将要合并的表逐一添加到所有引用位置区域,并依次勾选左下角【首行】、【最左列】复选框,结果如图7-14所示。

图7-13 合并计算对话框

7.1.7 分组

分组计算可获取财务数据和业务数据的总体情况并进行进一步的对比分析,以确定审计重点。分组计算结合对比分析是最能有效检查舞弊的方法之一。审计人员可以选择一个或多个字段进行分组,对所关注的数值字段进行计数、求和等统计分析。分组计算也可用于检测系统输入控制中的例外事项,如对某性别等关键字段分组,发现数据

合并结果		
	办公费	折旧费
财务部	15	30
科技部	30	18
发展部	50	27

图7-14 合并计算结果

中存在除男、女以外的其他数值,则可以发现系统编辑控制失效的事实。

7.1.7.1　基于 Transact-SQL 的分组查询

【例 7-19】　审计人员关注银行存款对应科目是否有异常，将银行存款对应科目进行分组，统计每个科目的累计借、贷方发生额及业务笔数。

```
select ccode, sum(md),sum(mc),count( * )
from gl_accvouch
where ccode_equal='10201'
group by ccode
```

【例 7-20】　审计人员关注凭证表中的总账科目已记账数据，按会计期间对凭证表中的总账科目进行分组计算。统计每个会计期间、每个总账科目的累计借、贷方发生额。

```
select iperiod,left(ccode,3),sum(md),sum(mc)
from gl_accvouch
where ibook=1
group by iperiod, left(ccode,3)
```

7.1.7.2　基于 Excel 的分级与分类

Excel 提供分级显示与分类汇总功能，可以实现明细数据的上卷和汇总。

1. 分级显示

分级显示功能可以将包含类似标题且行列数据较多的数据列表进行组合和汇总，分级后会自动产生工作表视图的符号，单击符号可按需求显示或隐藏明细数据。

【例 7-21】　审计人员取得了某单位工资数据，如图 7-15 所示。

A	B	C	D	E	F	G	H	I	J	K	L	M	N	O	P	Q	R
姓名	部门	1月	2月	3月	一季度	4月	5月	6月	二季度	7月	8月	9月	三季度	10月	11月	12月	四季度
**	财务部	2831	9294	1220	13345	9500	7123	7904	24528	3099	9439	4443	16981	8535	7042	5915	21493
**	财务部	3380	6490	3735	13605	3836	141	2287	6263	2731	1844	4251	8826	619	5230	9865	15714
**	财务部	9026	4117	4463	17606	3877	2211	1339	7427	588	2986	769	4344	1521	2072	5138	8731
**	财务部	3385	2944	2635	8963	3383	4641	4010	12034	87	5477	593	6158	9324	2105	5535	16965
**	一厂	7840	5428	8240	21508	4720	7162	8700	20581	3825	9109	2889	15823	2858	8597	1293	12748
**	一厂	6887	6355	3420	16662	6996	7072	7694	21763	5389	8008	3[illegible]	16569	6553	9052	9777	25383
**	一厂	7734	8808	3514	20056	5974	1203	4857	12034	8873	7781	8447	25101	7953	7282	7270	22506

图 7-15　某单位分级前数据

审计人员需要对各季度的数据进行对比分析，选择数据-创建组-自动建立分级展示，可将数据上卷至季度汇总数据(如图 7-16 所示)，点击“+”号即可展示明细数据。

	A	B	F	J	N	R
1	姓名	部门	一季度	二季度	三季度	四季度
2	**	财务部	10002	7047	11881	6748
3	**	财务部	9849	13646	12804	18531
4	**	财务部	11644	20725	15373	8266
5	**	财务部	10547	15956	8970	13676
6	**	一厂	7745	14377	15447	12583
7	**	一厂	6934	9449	23005	24182
8	**	一厂	15409	15274	11355	20771
9	**	二厂	22737	17286	24900	13456
10	**	二厂	23073	20015	13552	11728
11	**	二厂	12832	12727	15552	24303
12	**	二厂	23691	9761	20331	14503
13	**	销售部	15959	10398	19601	14569
14	**	销售部	16566	9990	11277	23993
15	**	销售部	11187	6018	7483	17360
16	**	销售部	24408	9124	13781	15188
17	**	销售部	11613	15055	13224	18980

图 7-16　分级显示数据

2. 分类汇总

分类汇总能够快速地实现数据上卷。当数据中有多维信息时,可以一个或多个字段为分类项,对数据列表中的其他字段的数值进行各种上卷计算,如求和、计数、计算平均值等。

在例 7-21 中,可以按照部门进行分类汇总。选择【数据】-【分类汇总】,在【分类汇总】对话框中选择"部门"作为分类字段,汇总方式为求和,在求和项中选择需要汇总的字段(如图 7-17 所示)。结果如图 7-18 所示。点击"+"号展示明细数据。

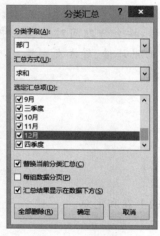

		A	B	C	D	E	F	G	H	I
1 2 3		姓名	部门	1月	2月	3月	一季度	4月	5月	6月
	6		财务部 汇总	27775	18437	23233	69446	22314	27888	18334
	10		一厂 汇总	11431	17764	10931	40126	20899	17382	19386
	15		二厂 汇总	19514	10065	17772	47351	35869	26584	18931
	21		销售部 汇总	32592	27674	15106	75372	25710	33633	30232
	22		总计	91312	73940	67043	232295	104792	105487	86883

图 7-17 分类汇总   图 7-18 分类汇总结果

多重分类汇总可以对一个字段进行多次分类汇总,计算不同的数值,如第一次求和,第二次求平均值;也可以对多个字段进行多次分类汇总,只需要在第一次分类汇总的结果上再重复执行分类汇总功能,改变分类字段或汇总项即可。注意操作过程中要取消选择"替换当前分类汇总"复选框,结果如图 7-19 所示。

		A	B	C	D	E	F	G	H	I	J	K	L	M	N
1 2 3 4	1	i_id	iperiod	csign	ino_id	inid	ccode	cdigest	dbill_dat	ccode	md	mc	cbill	ccheck	cbook
	2	24	0	付	18	1	11902	出差借款	00:00.0	11902	1400	0	NULL	NULL	赵飞
	3							11902 汇总			1400	0			
	4		0 汇总								1400	0			
	5	1365	10	付	23	1	113	其他应收		113	4000	0	薛明	demo	薛明
	6	1333	10	付	10	1	113	其他应收	00:00.0	113	5000	0	薛明	demo	薛明
	7	1339	10	付	13	1	113	其他应收	00:00.0	113	4000	0	薛明	demo	薛明
	8							113 汇总			13000	0			
	9	1531	10	付	11	1	115	核销	00:00.0	115	84240	0	UFSOFT	demo	薛明
	10							115 汇总			84240	0			
	11	1379	10	付	28	1	121	采购现付	00:00.0	121	744	0	薛明	demo	薛明
	12	1373	10	付	26	1	121	采购现付	00:00.0	121	900	0	薛明	demo	薛明
	13	1376	10	付	27	1	121	采购现付	00:00.0	121	558	0	薛明	demo	薛明
	14							121 汇总			2202	0			
	15	706	10	付	6	1	161	直接购入		161	8000	0	薛明	demo	薛明
	16							161 汇总			8000	0			
	17	1343	10	付	17	1	201	还款	00:00.0	201	100000	0	李婧婧	demo	薛明
	18							201 汇总			100000	0			

图 7-19 多重分类汇总结果

7.1.8 分层

分层是审计抽样中常用的一种方法。《中国注册会计师审计准则第 1314 号——审计抽样》第四条将审计抽样定义为:注册会计师对具有审计相关性的总体中低于百分百的项目实施审计程序,使所有抽样单元都有被选取的机会,为注册会计师针对整个总体得出结论提供合理基础。

审计抽样通常包括统计抽样和非统计抽样。统计抽样是运用概率论评价样本结果、计量抽样风险的一种抽样方法,是随机选取样本项目的。非统计抽样,又称判断抽样,与统计抽样相反,是在确定样本规模、选择样本和判断结果的过程中主要依靠审计人员的主观标准和个人经验进行抽样的方法。

总体规模较小或难以获取样本的情况下,利用审计人员的职业经验和主观判断进行非统计抽样比统计抽样方法更为适用。但非统计抽样存在样本代表性不强、过于依赖审计人员的素质和经验的缺陷。现代审计更常使用统计抽样方法。

统计抽样具有一贯性和科学性,是量化审计风险的一种有效方法。常见的统计抽样方法包括属性抽样、变量抽样和发现抽样。

统计抽样的基本程序包括三个步骤:设计样本、确定样本规模和测试、评价抽样结果。

1. 设计样本

首先,在明确审计目标的前提下,考虑所需获取的审计证据的特征,以确定采用的抽样方法,定义审计对象总体与抽样单位(某一实体单元如明细科目、记录或货币单位)。其次,分析抽样风险和非抽样风险以确定可信赖程度。确定可容忍误差和预期总体误差时,需要审计人员进行专业的职业判断。最后是分层,将某一审计对象总体分为具有相似特征的次级总体,重点审计可能有较大错误的项目,以减少样本规模,提高样本的代表性和抽样效率。

2. 确定样本规模和测试

样本规模及适当性是决定审计效率高低的重要影响因素,审计人员应设计合理的样本规模,选择恰当的样本以推断总体特征,对选出的样本实施审计测试程序,以确定误差。

3. 评价抽样结果

在对样本进行测试后,通过分析样本误差来推断总体误差,重新估计抽样风险,从而形成审计结论。

在控制测试和实质性测试中都可以使用审计抽样方法。利用恰当的工具,运用审计抽样技术,可迅速发现审计线索,提高审计效率。

7.1.8.1 基于 Transact-SQL 的分层

分层是审计抽样中常用到的一个过程。当总体的分布呈现明显的差别、具有可衡量的属性时,可考虑将总体按属性特征(如合同金额)分成若干类型或若干层,然后在类型或层中随机抽取样本单位,从而提高抽样效率。例如,某单位内部制度规定,30 万元以上的合同需要集体决策,30 万元以下部门经理可自行决策,因此该单位的合同以 30 万元为界呈现显著的层次特征。此时即可将审计合同按合同金额分成若干类型或若干层,然后在类型或层中随机抽取样本单位。

【例 7-22】 审计人员关注企业销售收入的真实性,对主营业务收入明细记录进行审计抽样。将主营业务收入分为五层,统计每层金额、业务笔数、每层金额占总金额的比率、每层业务笔数占总业务的比率,以确定审计抽样的重点。

(1) 统计基本信息
select max(mc),max(mc)/5,count(*),sum(mc)
from gl_accvouch
where ccode like '501%' and mc>0

(2) 分层汇总
select ceiling(mc/81600.0000),count(*),count(*)/27.0,
sum(mc),sum(mc)/4733700.0000
from gl_accvouch
where ccode like '501%' and mc>0
group by ceiling(mc/81600.0000)
order by ceiling(mc/81600.0000)

【例7-23】 审计人员关注企业销售收入的真实性,对主营业务收入明细记录进行审计抽样。将主营业务收入每8万元分一层,统计每层金额、业务笔数、每层金额占总金额的比率、每层业务笔数占总业务的比率,以确定审计抽样的重点。

select ceiling(mc/80000.00),count(*),count(*)/27.0,
sum(mc),sum(mc)/4733700.00
from gl_accvouch
where ccode like '501%' and mc>0
group by ceiling(mc/80000.00)
order by ceiling(mc/80000.00)

【例7-24】 审计人员关注企业销售收入的真实性,对主营业务收入明细记录进行审计抽样。将主营业务收入明细账记录从正的最小值开始到最大值分10层,统计每层业务笔数、金额以及占总业务笔数、金额的比率。

(1) 统计基本信息
select min(mc) minmc, max(mc) maxmc, (max(mc)−min(mc))/10 cha, count(*) shu, sum(mc)je from gl_accvouch
where ccode like '501%' and mc>0

(2) 分层汇总
select ceiling(case when mc=6000 then 1/40200.00 else (mc−6000)/40200.00 end)层,count(*)记录数,count(*)/27.0 记录比率,sum(mc)本层总额,sum(mc)/4733700.0000 本层金额比率 from gl_accvouch
where ccode like '501%' and mc>0
group by ceiling(case when mc=6000 then 1/40200.00 else (mc−6000)/40200.00 end)

【例7-25】 审计人员关注企业销售收入的真实性,对主营业务收入明细记录进行审计抽样。将主营业务收入明细账记录分为4层,包括5万元以下、5万(含5万)~10万元、10万(含10万)~20万元、20万(含20万)元以上,统计每层业务笔数、金额以及占总业务笔数、金额的比率。

(1) 创建中间表

```
create view aa1 as
select ceng=case when mc<50000 then 1
when mc>=50000 and mc<100000 then 2
when mc>=100000 and mc<200000 then 3
else 4
end, *
from gl_accvouch
where ccode like '501%' and mc>0
```

(2) 统计基本数据

```
select sum(mc),count(*) from aa1
```

(3) 分层汇总

```
select ceng,sum(mc) summc,sum(mc)/4733700.0000 金额比率, count(*)业务笔数, count(*)/27.0 数量比率 from aa1
group by ceng
```

7.1.8.2 基于 Excel 的分层

Excel 提供了 CEILING 函数与 FLOOR 函数作为取舍函数，可实现与 SQL 语句相同的功能。CEILING 函数主要是向上舍入，FLOOR 函数是向下舍去。CEILING 的语法规则是：CEILING(表达式，舍入倍数)。例如，CEILING(124.5,0.1)的结果为 125。

【例 7-26】 在 Excel 中的实现方法如下：首先利用 MAX(MC)，MIN(MC)统计销售收入发生额的最大、最小值，再计算出分 10 层的层高，利用 CEILING 函数确定每一条记录中 MC 应该处于第几层，然后再按层进行分类汇总。还可以进行多次分类汇总，执行结果如图 7-20 所示。

	A	B	C	D	E	F	R	S	T	U	V
1	i_id	iperiod	csign	isignseq	ino_id	inid	ccode	cexch_nammd		mc	层
2	1131	10	转	3	110	3	501	NULL	0	6000	1
3	1580	11	转	3	11	3	501	NULL	0	14700	1
4	1317	10	收	1	11	3	501	NULL	0	28000	1
5	1565	11	转	3	7	3	501	NULL	0	40000	1
6									0	22175	1 平均值
7									0	88700	1 汇总
8	1583	11	转	3	12	3	501	NULL	0	80000	2
9	1586	11	转	3	13	3	501	NULL	0	63000	2
10	1314	10	收	1	10	3	501	NULL	0	48000	2
11	1320	10	收	1	12	3	501	NULL	0	48000	2
12									0	59750	2 平均值
13									0	239000	2 汇总

图 7-20 基于 Excel 的分层与汇总

7.1.9 连接查询与对比分析

信息不对称是舞弊未能被有效揭示的重要影响因素。审计人员应尽力避免不必要的信息失衡。许多舞弊活动离不开业务支持，审计人员不仅要关注财务信息，更要关注业务信息与财务信息的比对,或关注不同业务部门的信息,尤其是一些跨平台、跨系统的信息进行连接后,线索往往被凸显出来。

利用计算机技术,可以提高两个不同数据源的数据记录匹配、比对的效率,从而有效节约审计时间。

7.1.9.1 基于 Transact-SQL 的连接查询

1. 内连接

数据库中的内连接可以检索出两个集合的交集,常被用来对两个数据源中的相同数据进行检索,以实现审计查询目标。

记账凭证中反映了经济业务的来龙去脉。在凭证表中,多张凭证数据被保存在一张合并表或两张主子表中,其中某些行记录共同构成一张记账凭证,因此凭证表的数据与一般数据表有所差别。凭证表的行记录之间由一些关键字索引可以唯一确定一张凭证。一般情况下,会计期间、凭证类型、凭证号三个会计要素对应所在的字段可以唯一确定一张凭证。为了确认经济业务的核算是否符合会计准则要求,审计人员往往关注符合某些条件的记账凭证内容,希望能够利用程序实现批量查询。

【例 7-27】 审计人员关注高额的现金支出,期望检索出高额现金支出的来龙去脉,利用凭证表,检索出现金收支大于 5 000 元的记账凭证。

```
select a. * from gl_accvouch a
join gl_accvouch b
on a. iperiod=b. iperiod and a. ino_id=b. ino_id and a. csign=b. csign
where b. ccode='101' and (b. mc>5000 or b. md>5000)
```

对交易的真实性、完整性认定进行审计是收入循环审计中的重要内容。销售收入审计目标重点关注收入确认的高估或低估。由于赊销是企业经常使用的销售手段之一,销售方式不同决定了会计处理的差异。审计人员往往关注赊销带来的收入高估风险。赊销是确认收入时未收到的相应款项,一般挂在往来科目核算。同时,由于企业的赊销应根据客户信用有相应的授权控制,为了进行控制测试和交易的实质性测试,审计人员对赊销收入的情况进行检索查询。

【例 7-28】 审计人员关注赊销的执行情况,检索出所有赊销收入的明细账记录用于抽样。

```
select a. *
from gl_accvouch a
join gl_accvouch b
on a. iperiod=b. iperiod and a. csign=b. csign and a. ino_id=b. ino_id
where a. ccode like '501%' and b. ccode like '113%'
```

【例 7-29】 审计人员关注赊销控制的执行情况,检索出所有赊销收入的记账凭证用于抽样。

```
select a. *
```

```
from gl_accvouch a
join gl_accvouch b
on a.iperiod=b.iperiod and a.csign=b.csign and a.ino_id=b.ino_id
join gl_accvouch c
on a.iperiod=c.iperiod and a.csign=c.csign and a.ino_id=c.ino_id
where (c.ccode like '501%' and c.mc<>0 and b.ccode like '113%' and b.md<>0)
order by a.iperiod,a.csign,a.ino_id,a.inid
```

自连接是一种特殊的内连接。审计中常用自连接实现审计中间表的构建。例如,从被审计单位总账子系统获得科目代码表后,发现各科目代码对应的科目名称仅为当前级次的名称,而不是科目全称。例如,100201 代码对应的会计科目名称为"工行存款",这种存储模式有利于降低存储冗余,但不利于审计人员分析其业务规范性。因此,需要根据科目代码编码方式重新生成一张具有科目全称的新的科目代码表作为审计中间表。

经过观察,发现科目代码表的编码方式是定长定位的群码,科目代码分为三级,为3-2-2的级次结构,即一级科目代码 3 位,二级科目代码 2 位,三级科目代码 2 位。利用函数,结合连接查询,可以生成一张新的科目代码表。

【例 7-30】 审计人员对科目代码级次为 3-2-2 结构的科目代码表进行整理,生成一张包含科目代码、科目全称、末级标志的新的科目代码表。

```
select km.ccode,km.bend,kmqc=b.ccode_name+
case when len(km.ccode)>3 then '\'+c.ccode_name else '' end+
case when len(km.ccode)>5 then '\'+d.ccode_name else '' end
from code a
join code b on left(a.ccode,3)=b.ccode
join code c on left(a.ccode,5)=c.ccode
join code d on left(a.ccode,7)=d.ccode
```

2. 外连接

数据库中的外连接可以检索出两个集合交集的补集,常被用来对两个数据源中的一个集合中存在而另一个集合中不存在的数据进行检索,尤其当审计目标是交易的真实性、完整性认定时,使用外连接可以实现审计目标的线索发现。

【例 7-31】 审计人员关注销售过程中是否按税法规定确认了增值税的销项税,利用凭证表检索出确认销售收入却未确认应交增值税的主营业务收入明细账记录。

(1) 构建收入视图

```
create view a_501
as
select *
from gl_accvouch
where ccode like '501%' and mc<>0
```

（2）构建税金视图
```
create view a_221
as
select *
from gl_accvouch
where ccode like '221%' and mc<>0
```
（3）外连接检索记录
```
select a.*
from a_501 a
left join a_221 b
on a.csign=b.csign and a.iperiod=b.iperiod and a.ino_id=b.ino_id
where b.ccode is null
```

在上述程序使用中，注意外连接时使用一条查询语句的情况下，有时不注意条件，容易造成筛选条件间互斥而执行无结果，此时要慎重使用一条语句进行查询，注意连接条件与筛选条件的写法。

```
select a.*
from gl_accvouch a
left join gl_accvouch b
on a.csign=b.csign and a.iperiod=b.iperiod and a.ino_id=b.ino_id
and b.ccode like '221%' and b.mc<>0
where a.ccode like '501%' and a.mc<>0 and b.ccode is null
```

3. 全连接

数据库中的全连接算法可以对比检索出两个数据源中相同和不同的数据，因而常在一致性检查时使用。例如，确认总账模块根据科目汇总表出具的报表与报表系统出具的报表、上报国资委的报表三者是否一致，如发货记录与出库记录是否一致等。

【例7-32】 审计人员关注销售发票与发货单上同种商品的数量、单价是否一致。
```
select a.cinvcode 发票品名,b.cinvcode 发货品名,sum(a.iquantity) 发票数量,sum(b.iquantity) 发货数量,
sum(a.inatmoney) 发票金额,sum(b.inatmoney) 发货金额
from salebillvouchs a
full join dispatchlists b
on a.cinvcode=b.cinvcode
group by a.cinvcode,b.cinvcode
having isnull(sum(a.iquantity),0)<>isnull(sum(b.iquantity),0)
or isnull(sum(a.inatmoney),0)<>isnull(sum(b.inatmoney),0)
or a.cinvcode is null or b.cinvcode is null
```

7.1.9.2 基于 Excel 的数据查找与连接

实际审计过程中经常需要对两个数据源的数据进行列记录的合并,如有两个数据表(如图 7-21 所示),一个表中有总资产净利率,另一个表中有流动资产比率,现需将两个表按照股票代码进行连接匹配。

表1		表2	
股票代码	总资产净利润率(ROA)	股票代码	流动资产比率
000002	0.019692	000011	0.950464
000004	0.040993	000004	0.953084
000005	0.012464	000006	0.957122
000006	0.03916	000010	0.954215
000007	0.013727	000019	0.957146
000008	0.041348	000008	0.957688
000009	0.012345	000014	0.955874
000010	0.038183	000002	0.922458
000011	0.010946	000005	0.920228
000012	0.037937	000018	0.914236
000014	0.028471	000017	0.702291
000016	0.109659	000020	0.540107
000017	0.01522	000016	0.556883
000018	0.04683	000009	0.559009
000019	0.006856	000007	0.578073
000020	0.040506	000012	0.689843

图 7-21 需合并数据

Excel 中的 VLOOKUP 函数可将两个数据表中的字段进行匹配。VLOOKUP 函数在查找与连接中的应用非常广泛,审计中可以运用该函数在表格的某列查找指定的数据,并返回指定的数据所在行中的指定列处的单元格内容。语法规则如下:

VLOOKUP(lookup_value, table_array, col_index_num, range_lookup)。参数 lookup_value 是指定要在表格第一列中查找的值,可以是具体的值或某个单元格引用;参数 table_array 是包含数据的单元格区域,可以使用绝对区域或区域名称的引用;col_index_num 是如果找到匹配内容后希望返回的列序号,表示从第 1 个查找的列开始返回它后面第几列的值;range_lookup 表示要求近似匹配还是精确匹配,一般选择精确匹配。

对上述表中的数据使用 VLOOKUP 函数进行匹配后,可将流动资产比率自动添加到表 1 的第 3 列中(如图 7-22 所示),便于进行下一步的数据分析与处理。

表1		=VLOOKUP($A2,$D$2:$E$18,2,)	表2	
股票代码	总资产净利润率(ROA)	流动资产比率	股票代码	流动资产比率
000002	0.019692	0.922458	000011	0.950464
000004	0.040993	0.953084	000004	0.953084
000005	0.012464	0.920228	000006	0.957122
000006	0.03916	0.957122	000010	0.954215
000007	0.013727	0.578073	000019	0.957146
000008	0.041348	0.957688	000008	0.957688
000009	0.012345	0.559009	000014	0.955874
000010	0.038183	0.954215	000002	0.922458
000011	0.010946	0.950464	000005	0.920228
000012	0.037937	0.689843	000018	0.914236
000014	0.028471	0.955874	000017	0.702291
000016	0.109659	0.556883	000020	0.540107
000017	0.01522	0.702291	000016	0.556883
000018	0.04683	0.914236	000009	0.559009
000019	0.006856	0.957146	000007	0.578073
000020	0.040506	0.540107	000012	0.689843

图 7-22 VLOOKUP 处理后的表连接结果

7.1.10 比率分析

异常的比率可能预示潜在的舞弊。比率分析是财务数据分析中最常使用的分析方法之一。对于一些重要数据，通过分析比率及变化趋势可以发现潜在的风险或可能存在的舞弊。例如，审计人员关注资产负债表的结构比率，以确定重点关注的余额层次的认定；关注连续一个时间段内的费用结构变化，以确定是否有某类费用高估或低估的可能；关注以前年度与当前年度的财务比率，并与行业标准进行对比，以确定是否存在潜在风险；关注某段时间内商品的最高与最低售价、最高与次高售价的比率，以确定是否有控制失效的例外事项或利益输送。

7.1.10.1 基于 Transact-SQL 的比率分析

【例 7-33】 审计人员关注商品销售的价格，计算每种商品销售的最高售价、最低售价、最高售价与最低售价之比，找出异常事项。

```
select cinvcode,max(inatunitprice)最高售价,min(inatunitprice) 最低售价,
max(inatunitprice) /min(inatunitprice) 比率
from salebillvouchs
group by cinvcode
order by max(inatunitprice) /min(inatunitprice) desc
```

7.1.10.2 基于 Excel 的比率分析

Excel 提供了多种财务比率计算函数：年金终值、年金现值、现金流不定期条件下的内部收益率函数等投资评价类函数；名义利率转为实际利率、每年付息债券的持有收益率等债券计算函数；折旧计算的直线法下固定资产折旧率函数、双倍余额递减法计算函数、年数总和法计算函数等。

此外，审计人员还可利用单元格引用等方式进行比率分析。例如，在计算某公司连续三年的资产负债率时，可利用资产负债率＝负债总额/资产总额的公式（如图 7-23 所示）。

	2008年	2009年	2010年
资产总额	159,839,640.33	172,906,366.31	289,560,923.13
负债总额	110,074,159.91	84,109,417.32	167,088,848.76
资产负债率	0.688653701	0.486444884	0.577042119
公式	′=L3/L2	′=M3/M2	′=N3/N2

图 7-23 利用单元格引用进行比率分析

7.1.11 数字分析

对数字进行整数测试、分组测试、重复数字测试等都属于数字分析的方法。应用数字分析对真实数据进行检查，可以发现一些深层次的舞弊因素。

整数金额是审计人员应重点关注的敏感数字。一些经四舍五入后变成整数的金额或数量，可能是舞弊的征兆，应该进行详细检查。

利用数据间的逻辑关系进行分析是审计人员常用的思路。①审计人员可利用数据间的互斥关系进行分析，如一个人在同一时间点不可能在两个城市同时出现，或同一账号不可能在两个不同地点同时登录；又如，公务员不可能领取农村养老保险、公务员贷款不能违规核销等。②利用孤立点进行分析，如某存货排序编码出现偏离编码规则的异常编码，或某一账号在日常登录地以外的其他地点登录系统等。③利用关联关系进行分析，如某一企业缴纳了增值税，考虑其城市维护建设税的缴纳情况进行关联分析；对某企业车辆进行审计可通过关注企业交纳的交强险来分析。④利用时序性进行审计。有些事务的发生是有必然的时间关系的，利用数据的时间差异分析业务逻辑常能发现审计线索。如项目建设应先审批后招标，通过分析投标时间与审批时间分析合理性。⑤审计人员还常利用唯一性，对重复数字进行分析。通常情况下，公务员领取工资的单位应具有唯一性，若在多个地方领取工资要进一步审计其合理性；退休职工每个月领取的养老保险应具有唯一性，在两个或两个以上地区领取养老保险可能是一种异常现象；企业开具的发票号码与供应商号码组合起来应是唯一的；合同日期与合同号码组合起来应该是唯一的，存在重复值可能是一种异常现象，查找重复交易（如相同发票、相同客户、相同供应商号码的交易）可以发现异常线索。

7.1.11.1 基于 Transact-SQL 的数字分析

【例 7-34】 审计人员关注某企业可能存在的高买低卖或关联交易情况，对该公司销售客户与采购供应商进行分组查询，对比其中既是供应商又是客户的交易总额。

（1）构建客户视图

```
create view kh
as
select ccuscode,ccusname,sum(inatmoney) je,count(*) bs, sum(idiscount) zk
from salebillvouch a
join salebillvouchs b
on a.sbvid=b.sbvid
group by ccuscode,ccusname
```

（2）构建供应商视图

```
create view gys
as
select a.cVenCode,cvenname, sum(imoney) JE,count(*) SL,sum(iSum) JS
from PurBillVouch a
join PurBillVouchs b
on a.pbvid=b.pbvid
join vendor c
on a.cvencode=c.cvencode
group by a.cVenCode,cvenname
```

(3) 对比查询

select * from kh join gys on kh. ccusname＝gys. cvenname

7.1.11.2 基于 Excel 的数字分析

Excel 提供了多种方法可以进行数字分析。除了上面提到连续性问题时介绍的方法外，还有其他方法可用于检查、去除重复数字。

【例 7-35】 审计人员获取了一组合同数据，对此项数据中的合同号码与客户号码进行重复数字分析，以发现低估的收入。

Countif 函数可用来检索重复数字。Countif(查找区域，查找内容)可用来检索某区域内某个单元格的值出现的次数。如图 7-24 所示，检索结果为 1 代表出现了 1 次，为 3 代表出现了 3 次。

合同编号	合同编号第1次重复项	公式
560772	1	=COUNTIF($A$2:$A$52,$A2)
165781	1	=COUNTIF($A$2:$A$52,$A3)
914692	1	=COUNTIF($A$2:$A$52,$A4)
744382	1	=COUNTIF($A$2:$A$52,$A5)
231292	1	=COUNTIF($A$2:$A$52,$A6)
115190	3	=COUNTIF($A$2:$A$52,$A7)
791158	2	=COUNTIF($A$2:$A$52,$A8)
135864	2	=COUNTIF($A$2:$A$52,$A9)
112493	1	=COUNTIF($A$2:$A$52,$A10)

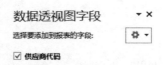

图 7-24 用函数查找重复数字

数据透视表也常用来统计某个数字出现的频率。选择插入-数据透视图，在创建数据透视表中选择数据区域，如图 7-25 所示。在右侧布局状态下选择要查找的列，将“供应商代码”拖动至轴类别，将“供应商代码”求和项的值字段设置为“计数”(如图 7-26 所示)，结果会在右侧将每个供应商代码出现的频率统计出来，如图 7-27 所示。

图 7-25 插入数据透视表

图7-26 数据透视表布局设置

行标签	计数项:供应商代码
45353	3
58879	1
62321	1
70053	1
86033	1
121141	1
141906	1
142729	1
147564	1
154460	1
155136	2
164118	1
165972	1
187281	1

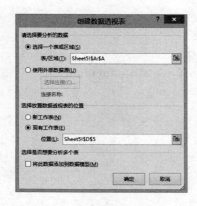

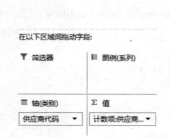

图 7-27 数据透视表频率统计

有时审计人员需要将重复数据去除以进行下一步审计工作。Excel 提供了多种方法可以实现去重。

高级筛选可去除重复数据。选择数据-筛选-高级，将筛选结果复制到其他位置，并勾选"选择不重复的记录"（如图 7-28 所示），可将去重后的数据保存在指定位置。

图 7-28　高级筛选去除重复数据

通过菜单操作也可去除重复项。选择数据-删除重复项，即可将选定列的重复数据去除。如图 7-29 所示。

图 7-29　利用菜单项去除重复数据

7.2　财务报表审计中查询型分析的应用

查询型数据分析方法是一种贯穿审计业务全过程的方法，始终服从审计目标和内容的要求。一般情况下，通过分析和比较信息（包括财务信息和非财务信息）之间的关系或计算相关的比率，确定审计重点、获取审计证据和支持审计结论。

审计人员在具体的审计业务环境下，运用风险导向的审计理论，在审计计划阶段对总体进行分析，以确定审计风险，把握审计重点，明确审计事项以及控制测试、实质性测试的程序和步骤；在审计实施阶段，运用数据分析方法有助于快速发现审计线索，进一步落实取证；在审计报告阶段，运用数据分析方法进行分析性复核，有助于明确重要审计事项的审计证据是否完备，对审计发现问题进行进一步验证。因此，无论是在审计计划阶段，还是在实施阶段与报告阶段，系统、有效地使用数据分析方法，可以确定各种数据之间的关系，确认是否存在异常变化，并根据线索进一步分析原因，对该变化是否舞弊或错误导致的后果进行确认，以识别潜在的风险。数据分析方法的灵活运用有助于快速识别其他不经常或不重复发生的交易或事件，降低审计成本，提高审计效率。

审计目标和审计程序设定取决于对不同行业业务流、数据流的深刻理解,下面将以工业企业财务报表审计为例,介绍如何结合数据分析方法对销售与应收循环中的重要财务报表项目与数据流程进行审计的控制测试和实质性测试,以便审计人员更好地利用数据分析方法实施审计程序。销售与收款循环涉及的资产负债表项目主要包括但不限于:应收账款、应收票据、长期应收款、预收款项、应交税费等;涉及的利润表项目包括但不限于:营业收入、营业成本、营业税金及附加、销售费用等。工业企业的销售与收款循环的主要业务活动包括接受顾客订单、批准赊销信用、按销售单供货、按销售单装运货物、向顾客开账单、记录销售、办理和确认现金、银行存款收入、退回、折扣与折让、提取坏账准备、注销坏账等。

财务报表审计的组织方式分为账户法和循环法。账户法是对财务报表的每个账户单独进行审计。循环法是将财务报表联系紧密的交易种类和账户余额归入同一循环并按业务循环组织审计。本章采用循环法,围绕各类交易、账户余额、披露与列报层次的审计目标说明数据分析方法的应用。

7.2.1 审计认定

审计认定是指管理层对财务报表组成要素的确认、计量、列报作出明确或隐含的表达。对企业的经济活动的认定按照既定的标准分为财务报表及各类交易、账户余额、列报两个层次。

企业的收入主要来自出售商品、提供服务等,但由于所处行业不同,企业的收入来源有所不同。审计人员需要对被审计单位的相关行业活动和经营性质有比较全面的了解,才能胜任被审计单位销售与收入循环的审计工作。

从财务报表整体来说,财务报表层次的风险通常取决于控制环境的好坏,如果有较强的内部控制则审计时可采用相对宽松的审计方案;但如果审计人员评估后认为企业内部控制薄弱,如管理层缺乏诚信、治理层形同虚设而不能对管理层进行有效监督等,则需要设计更为谨慎的审计方案来获取证据。此外,财务报表层次的风险也可能与经济萧条、企业所处行业处于衰退期等其他因素有关。在财务报表重大错报风险的评估过程中,审计人员应当确定,识别的重大错报风险如果与财务报表整体广泛相关,会对多项认定造成影响,则认定此类风险属于财务报表层次的重大错报风险。如果该风险仅与特定的某类交易、账户余额、列报的认定相关,不会由于此类风险广泛影响财务报表整体,则判定其属于认定层次重大错报风险。

针对财务报表层次的重大错报风险应在控制测试中加以关注。除了财务报表层次以外,基于交易、余额、披露列报层次的审计认定也是审计人员应重点关注的领域,不同层次的认定、审计目标和审计程序各有不同。对认定层次的风险,应根据认定要求确定具体的审计目标,制定相应的审计程序。

1. 与披露、列报相关的审计认定及目标

与披露、列报相关的认定包括存在、完整性、准确性、截止、权利和义务、计价和分摊六种。对应六种认定,审计目标和审计程序各有不同,如表 7-1 所示。

表 7-1　与披露、列报相关的认定、审计目标与审计程序

认定	审计目标	审计程序
存在	披露或列示的项目是真实存在的	实施监盘程序
完整性	销售收入包括了所有已发货的交易	检查发货单和销售发票的编号以及销售明细账
准确性	应收账款反映的销售业务是否基于正确的价格和数量,计算是否准确	比较价格清单与发票上的价格、发货单与销售订购单上的数量是否一致,重新计算发票上的金额
截止	销售业务记录在恰当的期间	比较上一年度最后几天和下一年度最初几天的发货日期与记账日期
权利和义务	资产负债表中固定资产确实为公司拥有	查阅所有权证书、购货合同、结算单和保险单
计价和分摊	以净值记录应收款项	检查应收账款账龄分析表、评估计提的坏账准备是否充足

2. 与审计期间各类交易和事项相关的认定与具体审计目标

与审计期间各类交易和事项相关的认定通常反映在利润表中,包括发生、完整性、准确性、截止、分类五种。对应这五种针对交易的认定,审计目标各有不同,如表 7-2 所示。

表 7-2　与审计期间各类交易和事项相关的认定及审计目标

认定分类	各类认定的含义	具体审计目标(需要审计人员确认)
发生	记录的交易或事项已发生,且与被审计单位有关	已记录的交易是真实的
完整性	所有应当记录的交易和事项均已记录	已发生的交易确实已经记录
准确性	与交易和事项有关的金额及其他数据已恰当记录	已记录的交易是按正确金额反映的
截止	交易和事项已记录于正确的会计期间	接近资产负债表日的交易记录于恰当的期间
分类	交易和事项已记录于恰当的账户	被审计单位记录的交易经过适当分类

3. 与期末账户余额相关的认定与具体审计目标

与期末账户余额相关的认定通常反映在资产负债表中,包括存在、权利和义务、完整性、计价和分摊四种。对应这四种针对期末账户余额的认定,审计目标各有不同,如表 7-3 所示。

表 7-3　与期末账户余额相关的认定及审计目标

认定分类	各类认定的含义	具体审计目标(需要审计人员确认)
存在	记录的资产、负债和所有者权益是存在的	记录的金额确实存在
权利和义务	记录的资产由被审计单位拥有或控制,记录的负债是被审计单位应当履行的偿还义务	资产归属于被审计单位、负债属于被审计单位的义务
完整性	所有应当记录的资产、负债和所有者权益均已记录	已存在的金额均已记录
计价和分摊	资产、负债和所有者权益以恰当的金额包括在财务报表中,与之相关的计价或分摊调整已恰当记录	资产、负债和所有者权益以恰当的金额包括在财务报表中,与之相关的计价或分摊调整已恰当记录

7.2.2 基于会计报表的总体分析

在审计计划阶段,了解被审计单位及其环境的过程中,审计人员应该运用分析程序,根据客户的规模和业务的复杂程度,确定所运用的分析程序的范围。主要目的是帮助审计人员系统、全面地了解被审计单位的财务状况、经营成果和业务环境,分析异常关系及波动,获取关键特征,以更好地识别潜在风险领域,评估重大错报风险。

运用审计数据分析方法,要注意观察数据之间存在的关系,尤其要关注财务信息各要素之间、财务信息与相关非财务信息之间的关系。例如,通过分析应付账款与存货之间通常存在的稳定的关系,以及存货与生产能力之间的关系,判断存货总额的合理性。

运用审计数据分析方法,还要建立正确的数据间的比较基准,如本单位实际数据与上期、上年同期的数据可比性,本单位数据与行业标准之间的可比性,本单位各项指标之间的可比性来判断是否存在异常趋势。

计划阶段的总体分析一般根据同行数据、财务信息与业务信息之间的关系、未来发展趋势进行估计。采用对比分析法、比率计算或趋势分析等方法,对年度数据进行结构分析、趋势分析、比率分析,确认重大差异,考虑对审计风险和审计计划的影响,制订实施阶段的详细计划。

下面用一个实例说明如何运用分析性程序进行风险分析。

【例 7-36】 审计人员在对华鹏房地产公司进行审计时,获取了被审计单位的财务报表进行结构分析、趋势分析及比率分析,如表 7-4 和表 7-5 所示。

表 7-4 华鹏房地产公司比较资产负债表
2020 年 12 月 31 日　　　　　　　　　　单位:元

	上年报表	百分比/%	本年报表	百分比/%	增减/%	重点关注
流动资产:						
货币资金	3 285 629.30	0.07	3 174 083.75	0.0	−3.39	
应收账款	—		2 283 705.00	0.05	—	
其他应收款	397 114 844.00	8.78	398 098 657.80	8.22	0.25	√
预付账款	17 944 779.70	0.40	17 860 778.85	0.37	−0.47	
存货	4 094 134 739.25	90.5	298 733 866.70	6.17	−92.70	√
待摊费用	12 627.45	0.00	64 097.90	0.00	407.61	
流动资产合计	4 512 492 619.7	99.77	720 215 190.00	14.86	−84.04	
长期投资:						
长期股权投资	2 750 000.00	0.06	2 750 000.00	0.06	—	
长期投资合计	2 750 000.00	0.06	2 750 000.00	0.06	—	
固定资产:	—		—		—	

续表

	上年报表	百分比/%	本年报表	百分比/%	增减/%	重点关注
固定资产原价	6 174 547.00	0.14	4 305 055 163.9	88.85	69 622.61	√
减：累计折旧	5 499 925.90	0.12	189 808 416.9	3.92	3 351.11	√
固定资产净值	674 621.10	0.01	4 115 246 747.00	84.93	609 908.6	
固定资产净额	674 621.10	0.01	4 115 246 747.00	84.93	609 908.6	
固定资产合计	674 621.10	0.01	4 115 246 747.00	84.93	609 908.6	
无形资产和其他资产：	—		—		—	
长期待摊费用	7 093 409.05	0.16	7 365 271.65	0.15	3.83	
无形资产和其他资产合计	7 093 409.05	0.16	7 365 271.65	0.15	3.83	
资产总计	4 523 010 649.85	100	4 845 577 208.65	100	7.13	
流动负债：	—		—		—	
应付账款	1 114 515 874.70	24.64	1 350 624 171.15	27.87	21.18	√
预收账款	5 196 356.00	0.11		—	−100.00	
应交税金	1 301 666.20	0.03	6 647 668.35	0.14	410.70	√
其他未交款	34 632.80	0.00	239 372.85	0.00	591.17	
其他应付款	1 152 278 544.45	25.48	1 179 362 811.15	24.34	2.35	√
流动负债合计	2 273 327 074.15	50.26	2 536 874 023.50	52.35	11.59	
长期负债：	—		—		—	
长期借款	1 139 512 544.00	25.19	1 114 056 494.15	22.99	−2.23	√
长期负债合计	1 139 512 544.00	25.19	1 114 056 494.15	22.99	−2.23	
负债合计	3 412 839 618.15	75.46	3 650 930 517.65	75.35	6.98	
股东权益：	—		—		—	
股本	1 150 354 820.05	25.43	1 150 354 820.05	23.74	—	√
股本净额	1 150 354 820.05	25.43	1 150 354 820.05	23.74	—	
资本公积	−4 992 654.65	−0.11	−4 992 654.65	−0.1		
未分配利润	−35 191 133.70	−0.78	49 284 525.60	1.02	−240.05	√
股东权益合计	1 110 171 031.70	24.54	1 194 646 691.00	24.65	7.61	
负债和股东权益总计	4 523 010 649.85	100	4 845 577 208.65	100	7.13	

表 7-5　华鹏房地产公司比较利润表

2020 年　　　　　　　　　　　　　　　　　　　　　　　　　　　单位:元

项　目	上期报表		本期报表		增减
	已审数	%	未审数	%	%
一、主营业务收入	8 945 289.00	100.000	125 675 186.90	100.000	1 304.900
减:主营业务成本	52 742 872.45	589.600	−179 996 520.55	−143.000	−441.270
主营业务税金及附加	536 717.35	6.000	10 028 366.15	7.980	1 768.500
二、主营业务利润(亏损以"—"号填列)	−44 334 300.80	−496.000	295 643 341.30	235.200	−766.850
加:其他业务利润(亏损以"—"号填列)	63 345 194.05	708.100	−208 696 902.55	−166.000	−429.460
减:营业费用	989 946.25	11.070	864 092.50	0.688	−12.713
管理费用	15 319 949.70	171.300	27 722 056.80	22.060	80.954
财务费用	14 873 498.85	166.300	−28 385 178.30	−22.600	−290.840
三、营业利润(亏损以"—"号填列)	−12 172 501.55	−136.000	86 745 467.75	69.020	−812.630
加:投资收益(损失以"—"号填列)	—				
补贴收入	—				
营业外收入	781 247.35	8.734	16 601.25	0.013	−97.875
减:营业外支出	1 096 000.50	12.250	2 286 409.70	1.819	108.610
四、利润总额(亏损总额以"—"号填列)	−12 487 254.70	−140.000	84 475 659.30	67.220	−776.500
减:所得税	—				
少数股东损益	—				
五、净利润(净亏损以"—"号填列)	−12 487 254.70	−140.000	84 475 659.30	67.220	−776.500

审计人员对上述数据进行了初步分析,结果显示该公司会计报表存在以下问题:

(1) 通过会计报表主表数据钩稽关系校验发现现金流量表净现金流为 487 092 355.76 元(例中未列出),与资产负债表现金数不符。说明该公司提供的会计报表可能存在问题,需进一步获取相关资料进行分析。

(2) 通过两张主表的结构分析发现其他应收款、存货、固定资产占资产总额的比重较高;应付账款、其他应付款、长期借款占负债及所有者权益比重较大,应重点关注;主营业务成本、财务费用、管理费用、营业外支出占收入的比重较高,且在两个年度的结构明显异常,应作为重大错报风险领域重点关注。

(3) 通过对两张主表进行年度趋势对比分析,发现存货、固定资产、累计折旧、应交税金、其他应付款、未分配利润项目两年间有异常的变动率;主营业务收入有较大幅度的增长,主营业务成本却呈现反向变动的趋势,这种变化应该引起审计人员的警觉;管理费用虽然从结构比例上看比上年有较大幅度降低,但总金额的变化却是非常巨大的,对于一个人员相对稳定的房地产公司而言,管理费用的大幅变化值得关注;财务费用更是出现了由费用变为收益的反向巨大变动,这种变动的合理性应引起注意;利润总额相较上年有较大幅度增长,却未核算所得税,这些特殊的报表项目应作为重大错报风险领域,在审计实施阶段应进一步获取公允反映了被审计单位财务状况和经营成果的恰当证据。

(4)通过进一步对比分析两年间该公司的各项财务比率,审计人员还可以分析出一些具体的线索,本例可由读者自行计算分析。

通过上述案例的初步数据分析可以看出,在审计计划阶段,对被审计单位会计数据与业务数据进行初步数据分析是必要的、有效的和可行的,可为审计实施阶段提供具体的审计方向,为下一步控制测试及实质性测试提供明确的分析策略。

在审计实施阶段,审计人员更为关注业务循环中的控制测试及实质性测试。以工业企业为例,审计人员围绕销售与收款循环,采购与付款循环,生产与仓储循环,筹资与投资循环,人力资源与工薪、货币资金循环,在财务报表与各类交易、账户余额、披露及列报两个层次,根据具体审计目标确定管理层的认定是否恰当。

7.2.3 控制测试

管理层有责任设计合理的内部控制目标,制定、执行和维护有效的内部控制制度,并评估其有效性;审计人员有责任了解被审计单位的内部控制、评估存在重大缺陷的风险,并根据评估的风险,设计恰当的审计程序获得审计证据并评价内部控制制度设计和运行的有效性,为被审计单位公允地反映了审计时间内的财务状况和经营成果提供合理保证。

审计人员对控制有效性的评估既对确定财务报表层次的风险有重要意义,又对余额、交易、披露及列报的认定有重大影响。如果审计人员在评估认定层次重大错报风险时,预期控制的运行是有效的,应当就控制在相关期间或时点的运行有效性获取充分、适当的审计证据,实施相应的审计测试。

在审计实施阶段,审计人员根据审计计划,对企业内部控制制度的有效性进行相应的测试与分析。工业企业销售与应收循环内部控制目标及措施、审计人员一般执行的控制分析程序包括但不限于如表 7-6 所示的内容。

表 7-6 销售与收款循环关键内部控制和测试

类别	内部控制目标	关键内部控制	计算机控制	常用的控制测试
销售交易	登记入账的销售交易确实已经发货给真实的客户(发生)	销售交易是以经过审核的发运凭证及经过批准的客户订购单为依据登记入账的。在发货前,已经批准客户的赊购行为。定期向长期客户寄送对账单,加强专员与客户的沟通,对客户提出的意见及时修正。	赊销业务订单上的客户代码与应收账款主文档记录的代码一致。某一客户目前累计赊销额在信用限额范围内。	检查销售发票副联是否附有发货单(或提货单)及销售单(或客订单)。检查是否经过授权批准客户的赊购行为。询问是否按期对账,并检查客户回函档案。

续表

类别	内部控制目标	关键内部控制	计算机控制	常用的控制测试
销售交易	所有销售交易均已登记入账（完整性）	已按照连续编号的发货单（或提货单）登记入账。已按照开具的连续编号的销售发票登记入账。	销售单在系统中获得批准后，系统自动生成连续编号的发货凭证。自动核对拟发货商品与销售单商品。数量和种类不符的商品暂缓发货。	检查发运凭证连续编号的完整性。检查销售发票连续编号的完整性。检查例外情况和暂缓发货清单。
销售交易	登记入账的销售数量确系已发货的数量，已正确开具账单并登记入账（计价和分摊）	销售有经批准的装运凭证和客户订购单支持。将装运数量与开具账单的数量相比对。从价格清单主文档获取销售单价。	发货后系统根据发运凭证自动生成连续编号的销售发票。系统自动复核连续编号的发票和发运凭证的对应关系，并定期生成例外报告。系统检查控制定价的主文档的修改，只有被授权的用户才可修改。每张发票的单价、计算、商品摘要和客户代码均由计算机控制。	检查销售发票有无支持凭证。检查比对留下的证据。检查价格清单的准确性及是否经恰当批准。检查例外报告。检查与发票计算金额正确性相关的人员的签名。
销售交易	销售交易的分类恰当（分类）	采用适当的会计科目表。内部复核和核查	系统将客户代码、发票与应收账款主文档中的相关信息进行比对。	检查会计科目表是否适当。检查有关凭证上内部复核和核查的标记。检查应收账款客户主文件中明细余额汇总金额的调节结果与应收账款总分类账是否相符，以及员工签名。
销售交易	销售交易的记录及时（截止）	采用尽量能在销售发生时开具收款账单和登记入账的控制方法。每月末由独立人员对销售部门的销售记录、发运部门的发运记录和财务部门的销售交易入账情况作内部核查。	系统根据销售发票的信息自动汇总生成当期销售入账记录。	检查尚未开具收款账单的发货和尚未登记入账的销售交易。检查有关凭证上内部核查的标记。检查发票，重新执行销售截止检查程序。
销售交易	销售交易已经正确地计入明细账（准确性、计价和分摊）	每月定期给客户寄送对账单。由独立人员对应收账款明细账作内部核查。将应收款明细账余额合计数与其总账余额进行比较。	应收账款的内容和收取的数额都通过终端记录。	观察对账单是否已经寄出。检查内部核查标记。检查将应收账款明细账余额合计数与其总账余额进行比较的标记。检查文件确定价格更改得到授权。检查收款、支票簿、存款清单上相关人员的签字。

续表

类别	内部控制目标	关键内部控制	计算机控制	常用的控制测试
收款交易	收款过程中登记入账的现金收入确实是企业已实际收到的现金（存在或发生）	现金折扣必须经过适当的审批手续。定期盘点现金并与账面余额核对。		观察。检索是否定期盘点，检查盘点记录。检查现金折扣是否经过恰当的审批。
收款交易	收到的现金已全部登记入账（完整性）	现金出纳与现金记账的职务分离。每日及时记录现金收入。定期盘点现金并与账面余额核对。定期向客户寄送对账单。现金收入记录的内部复核。	现金销售通过统一的收款台用收银机集中收款，并自动打印销售小票。	观察。检查签名。检查是否存在未入账的现金收入。检查是否定期盘点，检查盘点记录。检查是否向客户寄送对账单，了解是否定期进行。检查复核标记。
收款交易	存入银行并记录的现金收入确系实际收到的现金（准确性）	定期取得银行对账单。编制银行存款余额调节表。定期与客户对账。	应收账款的收款和收取的数额都通过终端记录。	检查签名。检查银行对账单。检查银行存款余额调节表。观察或检查是否每月寄送对账单。
收款交易	现金收入在资产负债表中的披露正确（列报）	现金日记账与总账的登记职责分离。	会计报表系统根据总账系统数据、按设置好的取数公式自动生成，无人工干预过程。	观察。利用总账科目汇总表平行模拟会计报表进行比对，确认内部控制得到有效执行。

7.2.3.1 存在或发生的控制测试

【例 7-37】 审计人员从主营业务收入明细账追查每笔确认销售的业务有无发票。

```
select *
from gl_accvouch a
left join salebillvouch b
on a.coutbillsign=b.cvouchtype and a.coutid=b.csbvcode
where a.ccode='501' and a.mc<>0
and b.sbvid is null
```

【例 7-38】 审计人员从销售发票追查每张发票是否附有发货凭证。

```
select *
from salebillvouch a
left join dispatchlist b
on a.sbvid=b.sbvid or a.cdlcode=b.cdlcode
```

where b. cdlcode is null

【例7-39】 审计人员从销售发票追查每张发票是否附有经批准的销售单。

select *
from salebillvouch a
left join so_somain b
on a. csocode=b. csocode
where b. csocode is null

【例7-40】 审计人员为了检查销售交易重复入账这类错误的可能性,设计了检查企业的销售交易记录清单以确定销售行为是否真实发生。

select *
from salebillvouch a
left join so_somain b
on a. csocode=b. csocode
where b. csocode is null

7.2.3.2 完整性控制测试

【例7-41】 审计人员根据所有经批准的销售单追查是否都开具了发运凭证。

select *
from so_somain a
left join dispatchlist b
on a. csocode=b. csocode
where b. dlid is null

【例7-42】 审计人员根据所有开具的发运凭证确认是否都开了销售发票。

select *
from dispatchlist a
left join salebillvouch b
on a. sbvid=b. sbvid or a. cdlcode=b. cdlcode
where b. sbvid is null

【例7-43】 审计人员根据所有开具的销售发票追查是否都已入账。

(1) 创建入账的收入视图

create view sr
as
select *
from gl_accvouch
where ccode = '501' and mc<>0

(2)检索有发票未入账的记录
select a.*
from salebillvouch a
left join sr b
on a.cvouchtype=b.coutbillsign and a.csbvcode=b.coutid
where b.ccode is null

7.2.3.3 计价、分摊、准确性控制测试

控制测试中的计价和分摊、准确性的测试重点在于观察、确认被审计单位关键控制的职责分离、授权审批、凭证编号与记录是否连续、是否按期对账等。

【例7-44】 审计人员关注银行存款日记账是否定期与银行进行对账,将对账不一致的记录检索出来。

(1)创建银行存款日记账记录
create view pz
as
select dbill_date,ccode,
fx=case when md<>0 then 0 else 1 end,
je=md+mc
from gl_accvouch
where ccode='10201'

(2)将银行存款日记账与银行对账单核对
select *
from pz a
full join RP_bankrecp b
on a.fx=b.bd_c and a.je=b.mmoney
where a.je is null or b.mmoney is null

7.2.3.4 分类测试

审计人员应关注涉及销售的交易是否分类正确,材料销售、产成品销售、固定资产处置是否计入了恰当的会计科目;赊销与现销分类是否恰当,是否经过了相应的授权,有无复核和核对等。

【例7-45】 审计人员关注账账是否相符,确定系统控制有效。设计数据审计程序,汇总应收账款客户分类核算辅助账中的明细余额,检查与应收账款总分类账是否相符。

create view mx
as
select left(ccode,5) ccode,iperiod,sum(mb) qc ,sum(md) md,
sum(mc) mc,sum(me) me

```
from gl_accass
group by left(ccode,5),iperiod
select a.iperiod,a.ccode,a.mb,a.md,a.mc,a.me,b.*
from gl_accsum a
join mx b
on a.iperiod=b.iperiod and a.ccode=b.ccode
where a.mb<>b.qc or a.me<>b.me or a.mc<>b.mc or a.md<>b.md
```

7.2.3.5 截止测试

审计人员应关注涉及销售的交易是否都及时地开具账单、发货并入账。

【例7-46】 检查截至审计日(2003年12月31日)尚未开具发票的发货,显示单据类别、发货单号、距离审计日的月份差,按月份差降序排列。

```
select a.cvouchtype,a.cdlcode,b.sbvid,datediff(month,a.ddate,'2003-12-31') y
from dispatchlist a
left join salebillvouch b
on a.sbvid=b.sbvid or a.cdlcode=b.cdlcode
where b.sbvid is null
order by datediff(month,a.ddate,'2003-12-31') desc
```

7.2.3.6 列报控制测试

审计人员除了关注被审计单位手工控制外,还要关注计算机控制是否得到有效执行,被审计单位是否设计了由人工执行或跳出计算机系统运行控制的更高层次的调节行为,被审计单位信息系统是否生成例外报告,相关管理层是否及时检查信息系统的例外情况并采取相应的管理措施。

在列报与披露阶段,被审计单位常采用相对独立的报表系统编制单体公司会计报表及合并报表。由于报表系统与总账系统相对独立,且报表系统的数据应来自总账子系统,为确保软件使用的便捷性和灵活性,被审计单位常在报表系统部署或实施时设置相对灵活的配置,比如可以在报表系统中进行人工干预从而使报表更符合被审计单位管理层的意图。因此,审计人员应重点关注报表系统数据与总账系统数据之间的控制是否得到有效执行。例如,报表系统的数据是否来自总账子系统,且报表系统与总账子系统采用了统一的数据接口;报表公式是否前后各期一致且无人为干预的可能性;若有人工干预,修改报表系统公式是否有相应的授权审批等。对列报控制的测试可采用实质性程序进行细节测试后反馈印证控制的执行情况。具体示例将在实质性测试部分介绍。

【例7-47】 审计人员利用总账科目汇总表,平行模拟资产负债表中的资产总额、负债总额、所有者权益总额,分析各月资产负债是否平衡;获取被审计单位资产负债表(表名bb,数据见第7章例题.xlsx)后,与由审计人员平行模拟出的报表系统出具的报表进行比对,以确认内部控制得到有效执行。

根据科目汇总表数据及取数逻辑创建资产类合计视图。
create view zc
as
select iperiod,
sum(case when cbegind_c like '借' then mb else -1 * mb end) mb,
sum(case when cendd_c like '借' then me else -1 * me end) me
from gl_accsum
where (left(ccode,1)=1 or left(ccode,1)=4) and len(ccode)=3
group by iperiod

根据科目汇总表数据及取数逻辑创建权益类合计视图。
create view fz
as
select iperiod,
sum(case when cbegind_c like '借' then mb else -1 * mb end) mb,
sum(case when cendd_c like '借' then me else -1 * me end) me
from gl_accsum
where (left(ccode,1)=2 or left(ccode,1)=3) and len(ccode)=3
group by iperiod

创建资产负债平行模拟表。
select zc.iperiod ,zc.mb zc,fz.mb fc ,zc.me zm,fz.me fm,from zc
join fz
on zc.iperiod=fz.iperiod
——平行模拟报表与资产负债表对比。
select bb.zc-px.zc zc,bb.fc-px.fc fc,bb.zm-px.zm zm,bb.fm-px.fm fm
from px
join bb
on px.iperiod=bb.iperiod
where bb.zc-px.zc<>0 or bb.fc-px.fc<>0 or bb.zm-px.zm<>0 or bb.fm-px.fm<>0

审计人员需反复确认平行模拟的数据源、报表公式及取数逻辑均正确,在此基础上平行模拟的数据若与被审计单位报表数据有差异,则要进一步追查原因,是否因报表系统中的控制失效导致例外事项的发生、是否有相应的例外报告及审批制度。

7.2.4 实质性测试

在审计实施阶段,审计人员根据审计目标和内部控制测试结果,采用适当的审计程序,对企业交易、余额、披露与列报层次的认定进行相应测试。在审计实施阶段,审计人员常采用对比分析、分组分析、比率分析等方法对财务与业务问题进行分析,甚至预测未来发展趋势;采用科目分析法对对应科目进行检查以确定是否存在异常或错误。

针对发生、完整性、计价与分摊、分类、截止、准确性、列报等认定，审计人员一般会进行系列实质性测试程序，具体认定与测试程序的关系如表 7-7 所示。

表 7-7　销售与收款循环实质性测试

交易类别	内部控制目标	常用的实质性程序
销售交易	登记入账的销售交易确实已经发货给真实的客户（发生）	复核主营业务收入总账、明细账以及应收账款明细账中的大额或异常项目。 追查主营业务收入明细账中的分录至销售单、销售发票副联及发运凭证。 将发运凭证与存货永续记录中的发运分录进行核对。
	所有销售交易均已登记入账（完整性）	将发运凭证与相关的销售发票和主营业务收入明细账及应收账款明细账中的分录进行核对。
	登记入账的销售数量确系已发货的数量，已正确开具账单并登记入账（计价和分摊）	重新计算发票金额，证实其是否正确。 追查主营业务收入明细账中的记录至销售发票。 追查销售发票上的详细信息至发运凭证、经批准的商品价目表和客户订购单。
	销售交易的分类恰当（分类）	检查证明销售交易分类正确的原始证据。
	销售交易的记录及时（截止）	比较核对销售交易登记入账的日期与发运凭证的日期。
	销售交易已经正确地计入明细账（准确性、计价和分摊）	将主营业务收入明细账加总，追查其至总账的过账。
收款交易	收款过程中登记入账的现金收入确实是企业已实际收到的现金（存在或发生）	盘点库存现金，如与账面数额存在差异，分析差异原因。 检查现金收入的日记账、总账和应收账款明细账的大额项目与异常项目。
	收到的现金已全部登记入账（完整性）	现金收入的截止测试。 盘点库存现金，如与账面数额存在差异，分析差异原因。 抽查客户对账单并与账面金额核对。
	存入银行并记录的现金收入确系实际收到的现金（准确性）	检查调节表中未达账项的真实性以及资产负债表日后的进账情况。
	现金收入在资产负债表中的披露正确（列报）	核对资产负债表广义现金余额与现金流量表现金净流量是否一致。

7.2.4.1　存在或发生的实质性测试

真实性的审计目标是要确认所有入账的交易记录都是真实发生的，一般采用逆查的方法，即逆着业务发生的顺序追查。真实性审计目标要求审计人员关心以下三种可能出现的错误：未发货却已将销售交易登记入账；销售交易重复入账；向虚构的客户发货，并作为销售交易登记入账。将不真实的交易登记入账会导致资产和收入的高估。

一般情况下，在内部控制存在薄弱环节时，实施细节测试取决于是否有潜在的控制薄弱点。根据不同的错误类型，设计不同的实质性测试程序。

（1）审计人员针对可能出现的未曾发货却入账的错误，可以从主营业务收入明细账中抽取若干笔记录，追查发票、发运凭证上的金额与入账金额是否一致，若低于入账金额，则可能存在收入高估的情况。

【例7-48】 审计人员关注所有入账金额是否都开了发票,比对入账金额与发票金额,检索出未开发票的入账记录,显示结果包括会计期间、凭证类别、凭证号、凭证金额、发票金额。

```
drop view fp
create view fp
as
select a.cvouchtype,a.csbvcode,
sum(inatmoney) je,sum(iquantity) sl,sum(idiscount) zk
from salebillvouch a
join salebillvouchs b
on a.sbvid=b.sbvid
group by a.cvouchtype,a.csbvcode

select a.iperiod,a.csign,a.ino_id,a.mc,b.je
from gl_accvouch a
left join fp b
on a.coutbillsign=b.cvouchtype and a.coutid=b.csbvcode
where a.ccode='501' and a.mc<>0
and a.mc<>isnull(b.je,0)
```

(2) 审计人员关注是否存在销售交易重复入账这类错误的可能性,检查销售交易重号情况。

【例7-49】 审计人员核查企业已入账的主营业务收入明细账中记录的销售发票号码与单据类别以确定是否存在重复入账。

```
select coutbillsign,coutid,count(*)
from gl_accvouch
where ccode ='501'  and mc<>0
group by coutbillsign,coutid
having count(*)>1
```

(3) 审计人员关注是否存在向虚构的客户发货并作为销售交易登记入账这类错误发生的可能性,也就是关注销售收入发生的真实性,需要检查主营业务收入明细账中与销售分录相应的销货单,以确定赊销审批和发货审批手续是否健全完整。如果审计人员认为被审计单位虚构客户和销售交易的风险较大,则需要考虑是否对相关重要交易和客户的情况专门展开进一步的调查。

【例7-50】 审计人员检查主营业务收入明细账中与销售分录相应的发货单,检查授权审批人的签字,并与客户明细表进行比对,确认客户确系客户明细表中的客户与收货地址。

```
select a.iperiod,a.csign,a.ino_id,a.mc,b.cvouchtype,
b.csbvcode,b.ccuscode,c.ccusname,b.cVerifier
from gl_accvouch a
left join salebillvouch b
on a.coutbillsign=b.cvouchtype and a.coutid=b.csbvcode
left join Customer c
on b.ccuscode=c.ccuscode
where a.ccode='501' and a.mc<>0 and (b.sbvid is null or c.ccuscode is null)
```

审计人员应关注销售退回、销售折扣与折让的真实性,是否有虚设中介、转移收入、私设账外小金库等情况。

7.2.4.2 完整性的实质性测试

设计完整性目标与发生目标的细节测试程序时,审计测试方向非常重要,即确定追查的起点非常关键。如果审计人员关注的是完整性目标,则要确认所有发生的交易全部都不重、不漏地入账了,需要顺着业务发生的顺序来查,称为顺查。如果追查方向错误则属于严重的审计缺陷。

【例 7-51】 审计人员关注所有开具了的发票是否都如实记账,且入账金额与发票金额相同,检索出未入账的发票金额,显示结果包括发票类型、发票号、发票金额、入账金额。

```
create view fp
as
select a.cvouchtype,a.csbvcode,
sum(inatmoney) je,sum(iquantity) sl,sum(idiscount) zk
from salebillvouch a
join salebillvouchs b
on a.sbvid=b.sbvid
group by a.cvouchtype,a.csbvcode


select b.cVouchType,b.cSBVCode,b.je,a.mc from gl_accvouch a
right join fp b
on a.coutbillsign=b.cvouchtype and a.coutid=b.csbvcode
and a.ccode='501' and a.mc<>0
where isnull(a.mc,0)<>b.je
```

审计人员应重点关注销售退回增加的贷项通知单或红字发票是否如实入账,是否有未入账的红字发票或销售折扣与折让,从而导致收入虚增。

7.2.4.3 准确性、计价与分摊的实质性测试

销售交易的计价准确性包括是否按发货数量和价格准确地开具发票,是否按发票上的金额准确地登记入账。典型的实质性测试一般包括复算、对比。通常的做法是对比账—票—物,就是将明细账、发票、发货单进行对比核查:以主营业务收入明细账中的分录为起点,将所选择的交易业务应收账款明细账和销售发票存根进行对比、与发运凭证进行对比,对比商品品名、规格、数量和客户代码、复算金额及合计数额等。必要情况下,还要审核客户订单和销售单中的同类数据。

【例 7-52】 审计人员将销售发票与入账金额进行比对,分析是否所有发票金额都准确地记入了主营业务收入明细账。

如果被审计单位按产品类别、型号设置了主营业务收入明细账,一般情况是根据发票上所列商品的品名确认计入不同的主营业务收入明细账,也有可能是一张凭证上每一个主营业务收入明细科目的贷方发生额对应销售发票子表上的一行销售记录。如果未设置主营业务收入明细账,则通常是将一张发票上的多种产品的销售收入直接记入主营业务收入。一般来说,企业会按产品设置主营业务收入明细账,以便对每种产品的收入、成本进行配比核算。审计人员进行数据分析时,要根据被审计单位主营业务收入明细账的设置情况具体分析。

本例根据业务分析,首先确认主营业务收入与发票记录之间的关系,以明确主营业务收入的一个贷方金额对应一张发票,还是对应一张发票上的某一行记录。

```
create view fp
as
select a.cvouchtype,a.csbvcode,b.inatmoney
from salebillvouch a
join salebillvouchs b
on a.sbvid=b.sbvid

select a.iperiod,a.csign,a.ino_id,a.ccode,a.mc,b.cvouchtype,b.csbvcode,b.inatmoney from gl_accvouch a
join fp b
on a.coutbillsign=b.cvouchtype and a.coutid=b.csbvcode
where a.ccode='501' and a.mc<>0
```

根据结果分析,本例数据中由于未设置主营业务收入明细账,因此一笔主营业务收入记录对应一张发票中多行销售记录的金额之和。因此,需按每张发票金额进行汇总后再与主营业务收入明细账进行对比分析。

```
create view fp as
select a.cvouchtype,a.csbvcode,sum(b.inatmoney) fpje
from salebillvouch a
join salebillvouchs b
```

```
on a.sbvid=b.sbvid
group by a.cvouchtype,a.csbvcode

select a.iperiod,a.csign,a.ino_id,b.cvouchtype,b.csbvcode,a.mc,b.fpje
from gl_accvouch a
join fp b
on a.coutbillsign=b.cvouchtype and a.coutid=b.csbvcode
where a.ccode='501' and a.mc<>b.fpje
```

由于本例重点在于理解计价准确性,所以对销售发票金额与主营业务收入金额的对比分析未考虑完整性与真实性关注的不一致情况。如果全部考虑发票与入账的一致性问题,用全连接可以实现对上述三个认定的分析,仅需通过设置显示条件筛选不同的审计目标进行分析。

```
create view fp as
select a.cvouchtype,a.csbvcode,sum(b.inatmoney) fpje
from salebillvouch a
join salebillvouchs b
on a.sbvid=b.sbvid
group by a.cvouchtype,a.csbvcode

select a.iperiod,a.csign,a.ino_id,b.cvouchtype,b.csbvcode,a.mc,b.fpje
from gl_accvouch a
full join fp b
on a.coutbillsign=b.cvouchtype and a.coutid=b.csbvcode
where a.ccode='501' and isnull(a.mc,0)<>isnull(b.fpje,0)
```

7.2.4.4 截止测试

《企业会计准则——基本准则》规定:企业对于已经发生的交易或事实,应当及时进行会计确认、计量和报告,不得提前或者延后。因此,审计人员应对销售实施截止测试。

对销售业务实施截止测试的目的主要在于确定被审计单位主营业务收入的会计记录归属期是否正确,是否存在跨期行为。审计人员应关注发票开具日期、记账日期、发货日期三者是否归属于同一适当的会计期间。

【例7-53】 审计人员比对记账日期、发票日期、发货日期应该归属的会计期间,将不属于同一期间的记录显示出来,结果包括发票类别、发票号;记账日期、发票日期、发货日期;记账发票月份差、发票发货月份差、记账发货月份差。

```
select distinct a.coutbillsign,a.coutid,
a.dbill_date,b.ddate,c.dDate,
```

```
datediff(month,a.dbill_date,b.ddate) 记账发票跨月,
datediff(month,b.ddate,c.ddate) 发票发货跨月,
datediff(month,a.dbill_date,c.ddate) 记账发货跨月
from gl_accvouch a
join salebillvouch b
on a.coutbillsign=b.cvouchtype and a.coutid=b.csbvcode
join dispatchlist c
on (b.sbvid=b.sbvid or b.cdlcode=c.cdlcode)
where a.ccode='501' and a.mc<>0
group by a.coutbillsign,a.coutid,a.dbill_date,b.ddate,c.dDate
```

上例是针对已记账确有发票、已发货情况的截止测试。一般情况下,审计人员可以考虑三种选择:第一种是以账簿记录为起点追查销售发票及发货情况,目的是验证同一期间入账的收入是否应在本期确认收入;第二种是以销售发票为起点,以发票存根追查至发运凭证与账簿记录,目标是确认完整性;第三种是以发运凭证为起点,追查至发票与账簿,确认完整性认定。审计人员可利用计算机辅助查询,采用外连接或全连接方式,综合考虑不同审计目标完成审计测试。

本 章 小 结

本章重点介绍了基于 SQL 查询语句、Excel 的查询型分析方法。通过本章的学习,学生应掌握排序、统计、筛选、分组计算、连接、分层、日期分析、重号断号、比率分析、表达式与计算、连接对比、数字分析等分析方法,了解 SQL、Excel 等数据分析工具的操作使用。

课内实验三

扫码获取例题与作业数据中的第五章例题数据,思考并完成下列题目。

1. 审计人员关注应收应付款等往来对冲的情况,请利用凭证表检索出往来对冲的明细账记录。
2. 查找各月赊销收入总额。
3. 计算各月收回的销售欠款(应收账款)累计发生额。
4. 计算各月收回的销售欠款(应收账款)的记账凭证。
5. 检索出赊销收入的记账凭证供审计人员查阅。
6. 检索出确认收入、未确认税金的记账凭证供审计人员分析。
7. 发票中记录了商品售价,计算各商品最高售价、次高售价、最高售价与次高售价的比,查询结果按比率降序排列,供审计人员分析。
8. 计算各月的资产负债率,保留两位小数并按比率降序排列,显示结果包括会计期间、资产负债率。

9. 将主营业务收入明细账加总,追查其至总账的过账,确定金额的一致性。

10. 审计人员关注不同商品的最高售价与最低售价、最高售价与次高售价的比率,请按两种比率降序排列。显示结果包括品名、最高售价/最低售价、最高售价/次高售价。

本章资源 扫码获取

第 8 章

推理型分析

【引例】

小丁在了解了查询型分析后,认真思考,想到实际审计工作中会遇到多种多样的多维数据,如管理费用等有辅助核算的财务数据,既有费用类别,又有部门核算,还有不同月份的多维度数据,在分析这些数据时如何更快速、更有效地发现审计疑点呢?本章我们来了解多维数据的分析和展示,以期从多维数据的切片、切块、旋转、下钻、上卷等过程中,快速解决审计推理分析的问题。

8.1 推理型分析技术

推理型分析技术是在原有数据查询分析的基础上,应用联机分析处理(On-line Analysis Processing,OLAP)和数据仓库技术、可视化技术开展数据分析工作,并推理出相应审计疑点的技术。

8.1.1 联机分析处理(OLAP)

20世纪80年代开始,关系型数据库被多数企业用来存储和管理业务数据,并通过财务系统、业务系统等相应的应用系统支持日常的业务运作,这种以支持业务处理为主要目的的应用被称为联机事务处理(On-line Transaction Processing,OLTP)应用,它所存储的数据被称为业务数据。

联机事务处理(OLTP)通常是对一个或一组记录的查询、修改,能够快速响应用户的请求,如火车票售票系统、酒店订单系统等,作为计算机系统中的操作型处理模式,对数据的安全完整性、事务的吞吐量和一致性等有很高的要求。

随着信息技术的发展,全球经济一体化的市场竞争越来越激烈,企业需要更强大的决策支持与数据分析能力来增强竞争力。为了更好地从这些海量的业务数据中提取对决策分析有用的信息,数据使用者们逐渐尝试对 OLTP 数据库中的数据进行再加工,以形成一个综合的、面向服务对象、满足访问方式、事务管理乃至物理存储等方面都有不同的特点和要求的决策需要、支持决策系统的技术。

联机分析处理的概念最早由关系数据库之父 E. F. Codd 于 1993 年提出。随着技术发展,联机事务处理、SQL 对大容量数据库的简单查询等均无法满足用户分析的需求。

为增强企业竞争力,用户的决策分析需要对关系数据库进行大量的计算才能得到结果,而查询的结果并不能满足决策者提出的需求。为了提高决策的及时性和准确性,以存储信息数据、支持决策管理分析为主要目的的联机分析处理应用(OLAP)迅速崛起。OLAP强调多维数据库和多维分析的概念。OLAP委员会对联机分析处理的定义为:使分析人员、管理人员或执行人员能够从多种角度对从原始数据中转化出来的、能够真正为用户理解并真实反映企业维特性的信息进行快速、一致、交互的存取,从而获得对数据更深入的了解的一类软件技术。

OLAP展现在用户面前的是一幅幅多维视图。维是人们观察数据的特定角度,是考虑问题时的一类属性。属性集合构成一个维(时间维、地理维等)。人们观察数据的某个特定角度(某个维)可能存在细节程度不同的各个描述方面(时间维:月、季度、年),这被称为维的层次(Level)。维的一个取值是数据项在某维中位置的描述。度量是多维数组的取值。

多维分析操作通常可以按照各个维度进行钻取、切片、切块、旋转等操作,转换不同角度发现和分析问题。钻取是改变维的层次、变换分析的粒度,包括向下钻取/下钻和向上钻取/上卷。下钻是从汇总数据深入细节数据进行观察或增加新维,上卷是在某一维上将低层次的细节数据概括到高层次的汇总数据,或者减少维数。切片和切块是在一部分维上选定值后,关心度量数据在剩余维上的分布。如果剩余的维只有两个,则是切片;如果有三个或以上,则是切块。旋转是变换维的方向,重新安排维的位置,如行列互换。

OLAP技术被广泛应用于企业数据分析与决策支持系统中。通过对多维数据的分析,可以增强数据审计的能力。在锁定某个疑点后,通过多维分析,可以快速发现同类问题对总体造成的影响。

8.1.2　数据仓库技术

联机分析处理(OLAP)通常是对海量数据的查询和分析,如股票违规交易分析系统、金融风险预警系统等。作为计算机系统中的分析型处理类别,OLAP查询和分析的数据量特别大,分析操作复杂。

操作型处理和分析型处理技术在工作之间的差异,使传统的数据库技术不能同时满足两类数据的处理要求,数据仓库技术应运而生。

数据仓库是一个复杂的系统,一般是面向主题的、集成的、随时间变化的、数据不可更新的数据集合,包括数据源,后台数据抽取(extracting)、清洗(cleaning)、转换(transformation)和加载(load)工具(简称ETL),数据仓库服务器,OLAP服务器及数据分析工具的一组软件系统。装入数据仓库的数据集合通常有某个明确的主题,相对稳定,没有传统数据库的增删改操作,从不同的数据源采集数据到同一个数据源,集成为一个具体主题的数据集,会有一些数据的清理转换验证(ETL)操作。数据仓库本质上是一种数据存储,可将各种异构的数据源中的数据集成在一起,保持语义一致从而为企业决策提供支持。

数据仓库通过数据集成工具将多源数据抽取、转换、清洗并加载入数据仓库后,通过数据仓库服务器管理和存储企业级的数据,为整个组织的数据分析提供一个完整、统一的视图。要想使数据仓库得到可持续发展,应对整个数据仓库所有的描述性信息进行统一的元数据管理。为了适应不同部门对各业务主题的需求,可以建立部门级的数据集市,即为特定部门的主题域组织起来的一批数据和业务规则。不同部门可以形成不同的数据集市,各数据集市之间可以有关联,但本质上应相互独立。

8.2 Excel 多维数据分析

Excel 中提供了丰富的多维数据分析功能。数据透视表是一种交互式的报表,用来从 Excel 数据列表、关系型数据库或 OLAP 多维数据集的特殊字段中分析、提炼有用信息的分析工具。

数据透视表是可以实现对大量、多维数据进行快速汇总和交叉列表的交互式动态表格,通过不同的布局安排,可以从不同维度综合查看数据,从大量看似无关的数据中寻找内部隐含的联系,将复杂的数据转化为对审计有用的信息,以实现推理型的审计分析。数据透视表综合了数据排序、筛选、分类汇总、数据切片、切块、上卷等多维数据分析的优点,可以方便地调整分类汇总的方式。合理利用 Excel 的多维数据分析功能,可以极大地提高审计人员的工作效率。

8.2.1 Excel 获取数据源

Excel 多维数据分析的数据源可以是 Excel 表格,也可以是外部数据源。对于外部文件,Excel 可以利用文本文件、数据库、多维数据集等导入外部数据。

1. 文本数据源

【例 8-1】 小丁在审计中获取了被审计单位的文本文件"信用卡.txt",将其导入 Excel 中进行数据分析。

Excel 提供了多种获取文本数据的方式。首先,新建一个 Excel 工作簿并打开,单击【文件】→【打开】命令,可以直接导入文本文件。审计人员可根据向导,逐步选择文本分隔方式(可先预览数据,判断采用分隔符号还是固定宽度分隔),导入起始行可选择从第几行开始导入,注意文件原始格式选择后当出现乱码时,可先打开源数据预览,如为中文则予以修改(如图 8-1 所示);本数据采用 tab 分隔符导入(如图 8-2 所示,Excel 导入文本文件第二步);选择导入后的数据可每列确

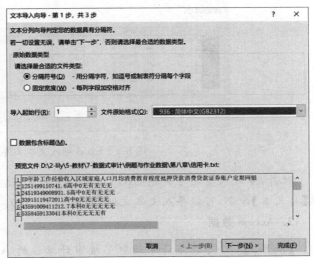

图 8-1 Excel 导入文本文件第一步

定是否导入、导入后的格式(如图 8-3 所示)。

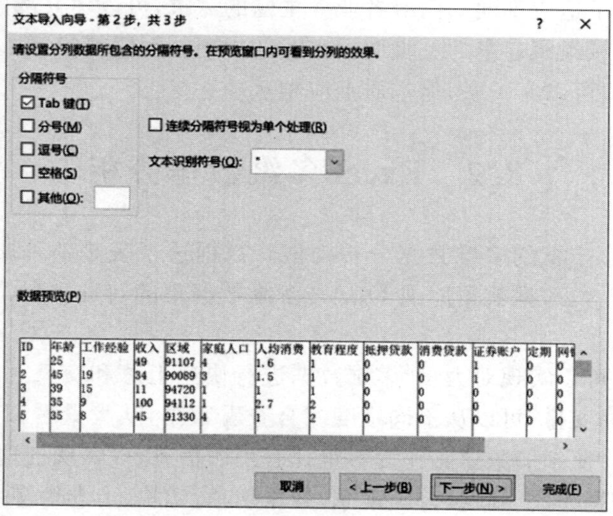

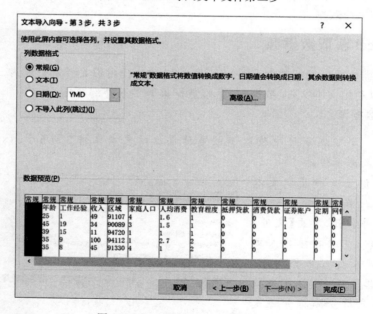

图 8-2　Excel 导入文本文件第二步

图 8-3　Excel 导入文本文件第三步

此外,审计人员还可新建 Excel 工作簿并打开,选择【数据】→【获取数据】选项卡组中的【自文本】命令,可以导入文本文件(如图 8-4 所示)。

2. Access 数据

【例 8-2】　小丁在审计中获取了被审计单位的 Access 数据库文件"财务仓库数据.txt",将其导入 Excel 中进行数据分析。

新建 Excel 工作簿并打开,选择【数据】→【获取数据】选项卡组中的【自数据库】命令

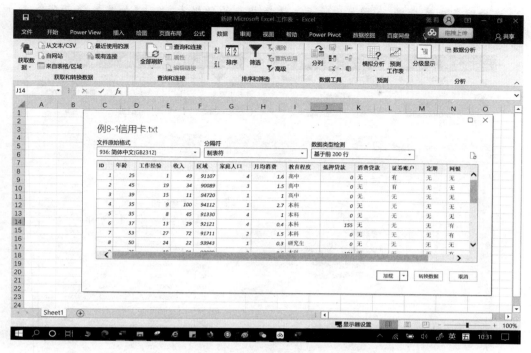

图 8-4 采用获取外部数据方式导入文本文件

→选择【从 Microsoft Access 数据库】,如图 8-5 所示。

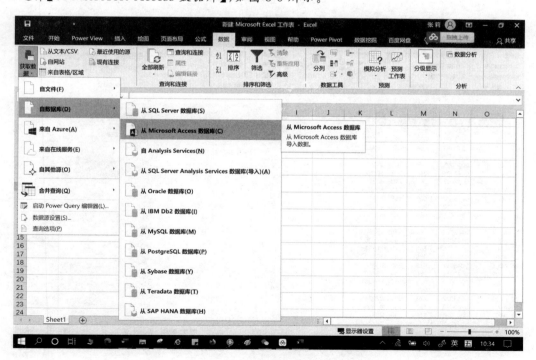

图 8-5 获取外部数据源

选择财务仓库数据,如图 8-6 所示。选择相应的数据表,单击【加载】,将两张表均加载后如图 8-7 所示。

图 8-6 选择导航器

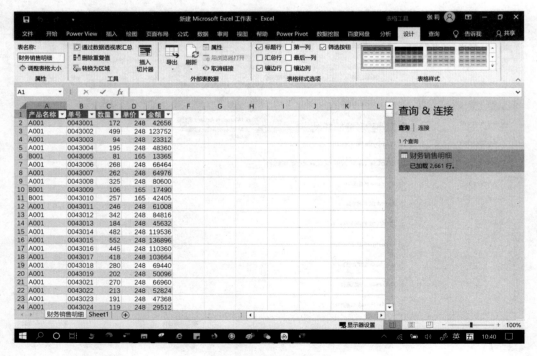

图 8-7 Access 数据加载

8.2.2 Excel 数据透视

Excel 提供了数据透视表和数据透视图,可对多维数据进行便捷的上卷、下钻、切片、切块、旋转等操作。

【例 8-3】 小丁对例 8-1 导入 Excel 中的信用卡数据进行多维分析。选择【插入】→【数据透视表】(或推荐的数据透视表)选项→【确定】(如图 8-8 所示)。审计人员可按业务主题和分析需求构建所需要的布局(如图 8-9 所示)。可在右侧数据透视表字段位置选择相应的行、列字段进行分类,在值的位置选择相应的汇总或计数字段进行数值展示;同时,可选择筛选字段进行切片操作。所有的字段选择可随意拖动进行旋转,变换行、列位置以选择分析展示的维度。

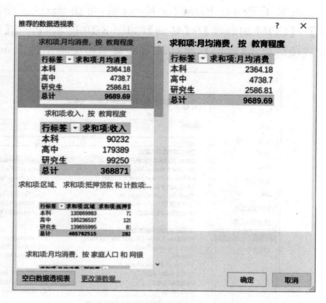

图 8-8 插入数据透视表

图 8-9 数据透视表布局

此外,Microsoft SQL Server Power Pivot for Microsoft Excel(简称 Power Pivot for

Excel)用于增强 Excel 的数据分析功能,可快速处理大型数据集、简化数据集成。在微软官网(https://www.microsoft.com/zh-CN/download/details.aspx?id=43348)上可以下载与安装 32 位或 64 位 Excel 版本相匹配的 Power Pivot for_Excel 安装程序。Power Pivot for Excel 支持最大为 2GB 的文件,可处理内存中多达 4GB 的数据。

安装了 Power Pivot for Excel 后,可在 Excel 工作簿中选择【文件】→【选项】→【加载项】→【COM 加载项】→【转到】(如图 8-10 所示),勾选【Microsoft Power Pivot for Excel】加载项后单击【确定】,此时,Excel 菜单栏中将出现 Power Pivot 选项,如图 8-11 所示。

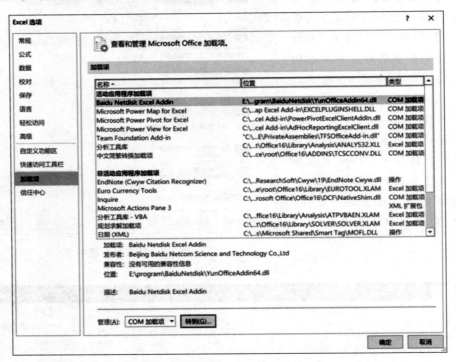

图 8-10 增加 Power Pivot 加载项

图 8-11 Power Pivot 加载完成后的菜单项

加载了 Power Pivot 后,可将 Excel 工作簿中的多张工作表添加进数据模型,建立多张表之间的关联关系(如图 8-12 所示)。建立多表关联关系后,可对多张数据表进行跨数据表的数据关联查询、分析、多维展示(如图 8-13 所示)。此时,建立数据透视表可在数据模型所包含的多张表中选择属性(字段)进行分析展示(如图 8-14 所示)。多维分析的菜单项如图 8-15 所示。还可通过字段值设置、切片、切块等进行多维分析转换，并且可将数据透视图转换为更为直观的图表模式（如图 8-16 所示）。

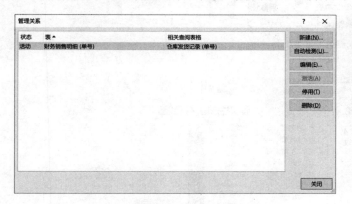

图 8-12　数据模型中的多表关联关系构建

图 8-13　多表数据透视

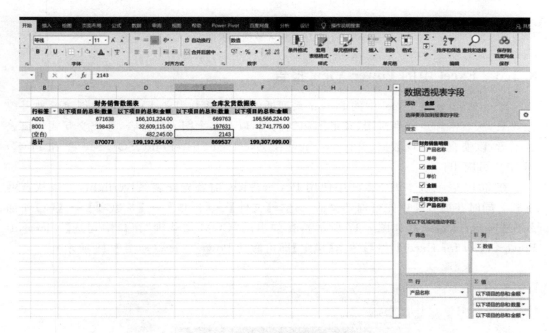

图 8-14　数据模型中的数据透视表

图 8-15　多维分析菜单项

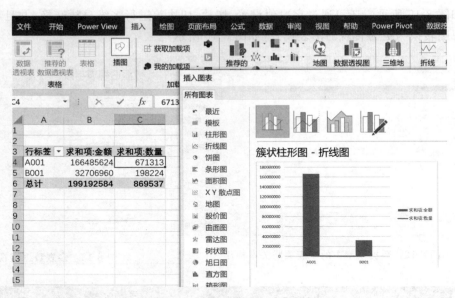

图 8-16　插入数据透视图

8.2.3　Excel 中的 Power View 报告

Power View 是 Excel 中的 Power 系列插件之一,可以基于 Excel 快速创建各种可视化效果,从表格和矩阵到饼图、条形图和气泡图,以及多个图表的集合,形成交互式的仪表展示盘,以便直观呈现数据。Power View 在 Excel、BI SharePoint、SQL Server 和 Power BI 中均可应用。

在 2010 以上版本的 Excel 中使用 Power View 需要先安装 Silverlight,可以从官网下载。同时在加载项中先行勾选激活。选择【文件】→【选项】→【加载项】→【COM 加载项】→选择【转到】(如图 8-17 所示),在弹出的"COM 加载项"窗口中勾选【Microsoft Power View for Excel】,然后单击【确定】即可激活 Power View(如图 8-18 所示)。

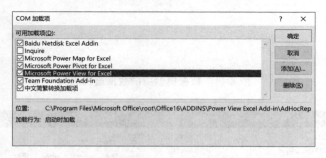

图 8-17　管理加载项

激活 Power View 后,Excel 菜单栏将会出现 Power View 选项卡。如未出现,可能在默认情况下 Power View 被隐藏了,需要手动设置:单击【文件】→【选项】,在弹出的"Excel 选项"界面依次单击【自定义功能区】→【主选项卡】→【Power View】→【添加】,此时,右侧自

第 8 章 推理型分析

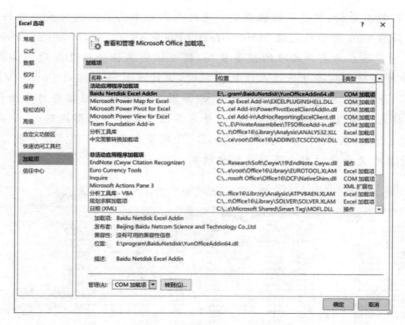

图 8-18 添加 Power View 加载项

定义功能区将出现【Power View（自定义）】选项，单击【确定】即可（如图 8-19 所示）。

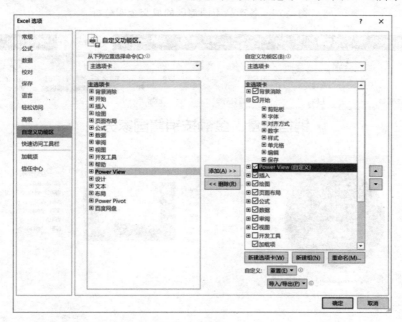

图 8-19 添加【Power View】主选项卡

添加【Power View】选项卡后，可在 Excel 中建立可视化报告，进行数据分析及展示。

【例 8-4】 小丁在审计中获取了被审计单位的自行车销售明细表及客户信息表，在

Excel 中进行数据分析,构建了数据模型。他对两张表中的数据进行关联分析,构建了数据透视表(如图 8-20 所示),发现 Mountain-200 Black 38、42、46,Mountain-200 Silver 38、42、46 等 6 种产品在所有产品中的销量最高,据此切块单独分析这六种产品在各国的销量并进一步结合财务数据分析收入情况。同时,审计人员还可运用 Power View 分析各产品分国家、分时期、分产品的数据分析报告(如图 8-21 所示),该报告可自由切分报告区域,按数据特点选择报告可视化图表形式,并且各图表之间可以形成联动,形成的按时间气泡图中颜色、大小分别可以代表不同的地区、金额等含义,还可形成动态展示,呈现不同时间段各地区成交金额的大小及动态变化情况。

图 8-20　各产品不同地区的成交金额分析

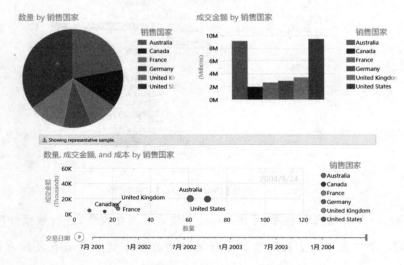

图 8-21　各地区成交金额 Power View 报告

8.3 Tableau 的多维分析与可视化

Tableau 软件操作简单,对数据多维度的分析以可视化形式呈现,人性化操作简单便捷,可以适配多种数据源。Tableau 对用户的计算机基础要求不高,用户即使没有相关计算机编程基础也可以采用友好的交互式拖拽,按照不同维度轻松构建自己想要的数据模型,并以图形化的模式展示,生动形象地分析出问题所在。但是,Tableau 在数据的清理转换阶段对数据的处理不像专业的数据库软件那样便捷。

审计中,运用 Tableau 对多维度数据进行推理型分析,以可视化形式呈现更为直观,可以让数据之间的关联或隐含信息清晰地呈现出来。

【例 8-5】 小丁在审计某集团下属二级子公司——东日公司时,了解到该公司是一家全球贸易公司,主要客户分布在北美、亚洲等地区。其产品分为科技产品、家具、办公用品三大类,十几小类,品种多达上百种。近四年来销售总额超 1 200 万美元,净利润达 140 万美元。审计组关注该公司销售收入的真实性,采用数据式审计模式进行销售数据分析。小丁尝试运用 Tableau 协助进行审计分析,考虑从其订单入手,检查是否有虚构销售、是否存在年末销售分期不当及设置秘密准备金等。

在与客户进行审计沟通后,小丁获取了客户的销售数据(例 8-5.xlsx)。其销售数据详细记录了近四年来所有的销售状况。数据的储存格式为 Excel,审计人员将其导入 Tableau 中。

(1)连接数据。打开 Tableau 软件,在激活后的首界面可以看见"连接"标签,首项即是接到 Microsoft Excel 文件,在"更多"选项中可以选择其他数据类型。

(2)选取所需工作表。在选取完数据之后,Tableau 会给用户呈现工作簿界面,上面显示连接的 Excel 数据源及 Excel 内所含的多张电子表格。右下方会呈现 Excel 数据文件的详细内容。

8.3.1 了解主要客户分布

为了更好地分析上述数据,小丁新建工作表,将其命名为各类市场订购总量图。将右侧【维度】中的市场拖拽至列中,分类和顾客分类拖拽至行中,并将【度量】中的数量拖拽至列中,将右侧【维度】中的市场拖拽至【颜色】按钮上,制成各类市场订购总量图(如图 8-22 所示)。从订购总量图中可以看出,个人顾客是东日公司的主要消费群体,在进行审计工作时应着重分析。

8.3.2 历年来销售波动变化

为了对比分析各年销售变动情况,审计人员可新建工作表,将其命名为各季节销售图。将右侧【维度】中的订单日期拖拽至列中,将分类拖拽至行中,并将【度量】中的销售量拖拽至列中。将右键列中的【订单日期】标签的时间度量从年改成月。将右侧【维度】中的订单日期拖拽至【颜色】按钮上,将右侧【度量】中的销售额拖拽至【工具提示】按钮上。单

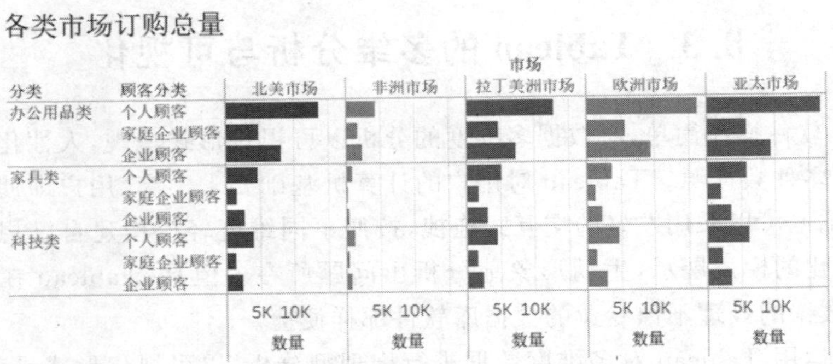

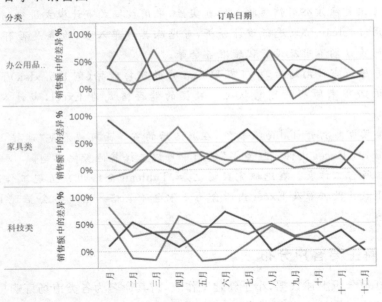

图 8-22　东日公司各类市场订购总量

击销售总额标签的倒三角,选择【快速表计算】中的【年度同比增长】,制成各季节销售波动图(如图 8-23 所示)。

图 8-23　各季节销售波动图

从折线图中,审计人员可以清晰地看到同月份销售额同比上年的增长差异。尤其需要注意一年中首尾两端是否存在销售分期不当。对于折线图的异常拐点,将鼠标悬浮于折线图上,即可看到该点的详细信息。单击鼠标右键即可查看数据,在弹出的对话框中可以选择"摘要"或"详细数据"。审计人员在进行销售数据审计时,需要特别注意销售异常点。

8.3.3　年度交叉对比分析

从上述季节图中可以看出各拐点的销售异常,在此基础上,审计人员可制作交叉对比分析图以锁定疑点数据。右键单击各季节销售图,单击【复制为交叉表】。对交叉表进行一系列调整，单击【交换行和列】按钮，并将分类标签从列一栏拖至行一栏。将右侧【度量】中的利润拖拽至【颜色】按钮上，在标记的下拉菜单中选择方形。单击【颜色】按钮，选取【编辑颜色】，色板中选取任意渐变色，勾选渐变色，并将其分为 5 阶或 6 阶(层次)。在筛选器中单击【分类】标签，选择【现实筛选器】，生成交叉比对图(如图 8-24 所示)。

交叉比对

		订单日期													
		2016						2017						2018	
订单日期..	分类	从上一订..	利润	数量	记录数	运费	销售额	从上一订..	利润	数量	记录数	运费	销售额	从上一订..	利润
一月	办公用品..		4,723	1,131	286	3,885	33,666	40.87%	7,027	1,259	326	5,263	47,424	37.48%	10,063
	家具类		730	283	80	3,441	34,500	24.10%	-1,757	447	105	4,408	42,817	91.23%	10,895
	科技类		3,096	256	67	3,486	30,938	53.43%	5,319	423	120	4,507	47,470	10.52%	6,190
二月	办公用品..		2,956	917	250	3,391	26,254	-6.99%	4,294	961	250	2,469	24,420	111.83%	8,207
	家具类		3,747	317	81	4,030	35,841	5.11%	4,424	320	77	4,801	37,672	57.09%	6,462
	科技类		7,830	387	100	4,854	41,830	-11.63%	6,595	359	90	4,199	36,965	53.19%	9,375
三月	办公用品..		6,100	1,256	316	3,834	31,741	69.88%	9,397	1,506	406	6,179	53,922	15.41%	9,652
	家具类		4,062	371	92	3,820	40,321	36.77%	1,782	517	118	4,806	55,145	18.59%	2,683
	科技类		3,168	389	103	4,814	63,938	-15.01%	7,134	533	138	5,587	54,341	31.27%	11,466
四月	办公用品..		5,816	1,399	338	5,560	45,731	-3.60%	5,913	1,490	388	4,041	44,085	27.07%	7,446
	家具类		2,167	371	101	3,532	30,740	78.14%	3,239	481	121	6,424	54,760	-0.19%	1,436
	科技类		5,500	429	100	3,808	38,133	64.00%	8,545	608	148	6,719	62,538	8.01%	10,980
五月	办公用品..		6,215	1,426	347	5,295	49,902	22.90%	8,046	2,118	533	6,673	61,330	22.45%	12,365
	家具类		1,410	475	120	5,905	49,827	26.47%	6,990	554	144	7,352	63,014	18.19%	1,025
	科技类		7,330	553	139	6,795	58,797	43.61%	15,261	646	163	10,305	84,438	32.02%	15,655
六月	办公用品..		7,893	2,012	521	6,866	62,056	22.80%	9,964	2,588	709	8,669	76,204	46.90%	11,072
	家具类		3,019	781	184	8,833	76,674	6.41%	7,820	824	208	8,247	81,585	41.44%	10,335
	科技类		10,486	675	183	7,903	69,288	42.83%	17,152	824	219	11,930	98,961	71.72%	24,804
七月	办公用品..		928	1,312	319	3,876	42,960	8.38%	6,502	1,602	409	4,920	46,559	51.57%	13,112
	家具类		-730	357	89	3,079	31,429	32.25%	3,085	526	135	5,343	41,564	73.09%	6,962
	科技类		4,126	438	116	5,552	44,300	29.70%	6,318	500	115	7,457	57,458	52.94%	9,269
八月	办公用品..		10,874	2,090	543	6,649	58,660	66.39%	15,757	2,690	668	10,515	97,607	-4.09%	11,496
	家具类		2,736	632	155	7,258	68,077	24.48%	6,436	748	194	9,164	84,745	32.65%	4,670
	科技类		13,298	710	167	8,683	81,755	48.43%	21,917	906	221	13,001	121,350	-0.14%	15,588
九月	办公用品..		17,339	2,644	658	10,474	100,307	-21.01%	7,953	2,893	755	8,551	79,229	40.44%	14,914
	家具类		10,368	854	209	9,568	94,039	2.38%	8,721	922	225	8,048	96,276	32.82%	11,686
	科技类		7,853	635	168	9,556	90,754	26.16%	11,706	1,001	243	12,146	114,497	20.81%	13,170
十月	办公用品..		6,144	2,045	508	6,435	55,958	6.66%	6,296	2,395	588	6,146	59,687	30.21%	12,185
	家具类		9,611	731	170	8,666	79,181	7.24%	7,656	745	181	8,847	84,913	5.33%	6,838
	科技类		12,259	647	162	8,547	81,402	33.70%	17,206	905	221	10,666	108,834	16.51%	23,949

图 8-24　年度交叉比对分析

交叉比对图展示了各季节销售图的详细资料。以利润作为表格的填充色，从黄到绿的渐变颜色显示了不同程度的利润等级。在右侧的筛选器中可以选择不同的分类。异常的颜色往往预示可能存在的销售错报、误报，审计人员可以直接快速地检查分析源数据，发现舞弊现象。

8.3.4　产品利润与运费分析

审计人员对上述利润的交叉对比分析是为了了解哪些产品、订单存在异常数据或容易导致企业亏损。对不同产品的运费和利润进行建模分析，新建工作表并将其命名为客户细分图。将“度量”中的运费拖拽至列中、利润拖拽至行中。将右侧【维度】中的分类拖拽至【颜色】按钮上，次分类拖拽至【工具提示】按钮上，顾客编号拖拽至【详细信息】按钮上。单击标题栏中的分析，选择【趋势线】，再选择【显示趋势线】，形成产品利润与运费分析图(如图 8-25 所示)。

从产品利润与运费趋势上可以看出，大部分产品基本围绕微利或微损上下波动，且运费处于较为集中的 500 以下。但可以看出，手机、机器亏损较为严重，尤其是某些机器不仅亏损严重且运费较高。而影印机是高盈利产品，尤其个别影印机订单利润显著高于其他同类产品订单利润。审计人员应重点关注偏离数据点，尤其是亏损类且伴随高昂运费的订单数据。审计人员应重点关注此类异常点，并在审计抽样过程中增加权重。

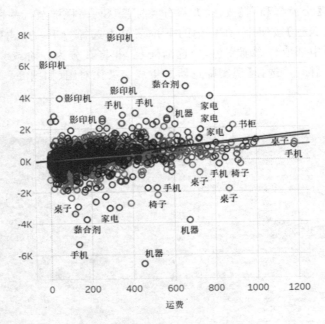

图 8-25　产品利润与运费分析图

8.4　Smartbi 多维数据分析

Smartbi 在审计中可用来进行多维数据分析、可视化展示，为审计人员提供数据分析服务和数据服务，帮助审计人员培养数据审计思维，提升数据审计能力。其产品中，可用于审计数据分析的 Smartbi Eagle 自助分析平台主要提供审计数据生态圈构建、数据资源整合、Excel 可视化展示及数据挖掘功能，面向经典的商业智能分析展现场景，以中国式报表、多维度分析、可视化业务仪表盘、移动 BI 分析和业务分析报告等功能应用为核心。

8.4.1　Smartbi Eagle 主要功能

Smartbi Eagle 自助分析平台不仅是一个 BI 工具，除了提供全面且易用的自助分析工具集外，还提供统一门户、数据导航、数据答疑、应用商店等特色功能。因此本质上 Smartbi Eagle 自助分析平台可为审计人员提供有效的审计数据生态圈，通过平台的方式整合审计数据资产，提高数据应用效率，促进审计大数据综合利用能力，提升科技强审能力。Smartbi 支持多种主流数据库，可利用 Excel 进行可视化展示。

8.4.1.1　自助共享门户

自助共享门户是企业级的统一数据服务门，提供门户工作台、应用商店、数据导航、数据答疑、消息中心、社交分享等平台服务。在自助共享门户中，用户可以构建专属的个人"门户首页"，从"应用商店"中定位到企业优秀的分析成果示例进行复用或发布自己优秀的经验成果，从"数据导航"中快速找到自己需要的数据并进行数据申请，从"数据答疑"中获得疑问的解答，从"消息中心"中便捷获取各种平台消息，从"社交分享"中对分析成果进行评论、点赞、分享等社交互动。

通过自助共享门户的搭建,审计人员可以:在全局范围内推广数字化分析、数字化审计和数字化风险控制;让大数据应用和分析贯穿整个审计流程,激发审计人员对于数据的认知、挖掘和运用;通过推动全员自主分析、数据应用传播共享、社交文化知识沉淀和激励措施,提升审计数据资产价值,促进业务发展、风险控制和内部管理,进而推动审计业务数字化转型。

8.4.1.2 数据准备

数据准备是数据分析师和最终业务用户进行交互分析前的准备步骤。通过 Smartbi Eagle 可视化界面,用户简单地拖拉拽即可轻松完成数据模型的构建,自助完成数据清洗和调度,更快、更直接地获取准备好的数据。

数据准备功能包括业务主题的构建、数据集管理和自助 ETL 功能。首先,业务主题是数据分析师基于业务场景进行逻辑语义建模,将维度、指标、表关系按分析场景需求进行定义,将数据库中晦涩难懂的字段与表关系转换成业务人员也可以看得明白的业务术语。而且这部分也是拖拽式完成,无须编写代码并且可以控制权限。例如,采购人员进行订单的销售额、商品订单数同期比等数据分析时,这些业务属性在原始的数据库中并非所有数据直接存放在一张表里。此时需要构建订单业务主题,将订单业务相关的订单表、供应商表、订单明细表等进行关联,将维度、指标进行重新定义。采购人员只需要根据业务知识进行数据的使用,无须关注底层技术细节。其次,数据集是指数据分析人员对各类数据的组合进行定义、管理。数据集是分析展现的前提。在数据集来源及使用方式上,Smartbi Eagle 数据集类型多样,有自助数据集、透视分析数据集、本地文件数据、SQL 数据集、可视化数据集、Java 数据集、存储过程数据集、多维数据集等,种类多样,充分满足不同分析场景下对数据质量的需求。最后,Smartbi Eagle 内置了轻量级自助 ETL 模块,可以有效解决客户业务系统数据分散、凌乱、标准不统一等问题。自助 ETL 通过封装算法,变成开箱即用的可视化数据处理组件,让业务人员也能根据业务需要进行一些数据的过滤和处理,而无须提前学习复杂的技术技能(如图 8-26 所示)。自助 ETL 无须单独部

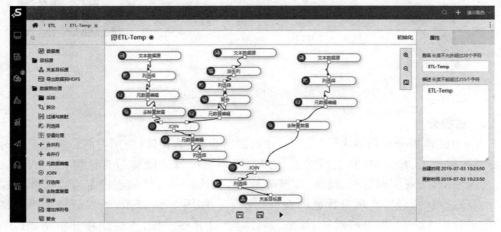

图 8-26 自助 ETL

署，并且支持将自助 ETL 的结果直接引用到自助数据集中，用来进行下一步的分析展现，无缝连接 Smartbi Eagle 的分析展现功能。自助 ETL 具备一体化、可视化、高性能和强功能等特点，采用分布式计算架构，单节点情况下支持多线程，只需几分钟的时间即可完成亿级数据量的处理，最大规模可以达到 PB 级，是同类型传统工具的 10 倍。

8.4.1.3 分析工具集

审计组中每一位审计人员时刻都需要变身为数据分析师。Smartbi 可为审计人员提供数据探索、Excel 分析、自助仪表盘、电子表格、数据挖掘、移动驾驶舱等功能，使审计人员可利用自助 BI 数据分析工具，最大化单兵作战的能力。

1. 数据探索

Smartbi Eagle 数据探索基于企业业务部门自助探索数据的需求，在数据受控前开放给业务人员数据服务。数据探索由面向不同场景的即席查询、透视分析的服务组成。Smartbi Eagle 提供自助化的数据查询操作界面——即席查询，最大的特点是业务用户通过简单的鼠标操作即可完成自助式的明细数据查询，通过勾选数据字段与查询条件快速获得所需数据。Smartbi Eagle 还提供聚合计算、告警规则、重定义表关系、改变条件组合逻辑等高级功能。即席查询帮助业务用户迅速查询明细数据，能够更快速地响应业务不断变化的需求，提高工作效率，如图 8-27 所示。

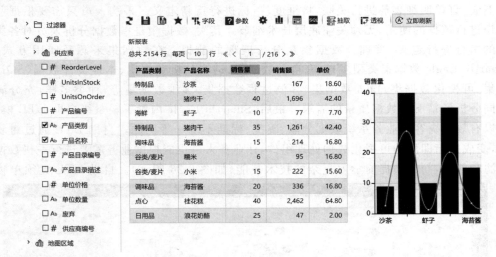

图 8-27　即席查询示意图

2. 透视分析

Smartbi 透视分析功能采用"类 Excel 数据透视表"的设计，使用它制作多维分析时不再需要数据加工、建立模型、编写 SQL 语句，简单拖拉拽就能够组合维度、汇总计算、切片、钻取数据，实现图形分析、跳转、预警等效果。不仅如此，任何字段都可直接作为输出字段或筛选条件，轻松实现对数据的查询与探索。如图 8-28 所示，透视分析提供表格查询、图形分析、多表关联分析跳转、预警、多种时间计算等功能，支持业务分析结果以 txt、CSV、HTML、PDF、doc、xlsx、数据分析包等文件类型导出的多种输出方式。

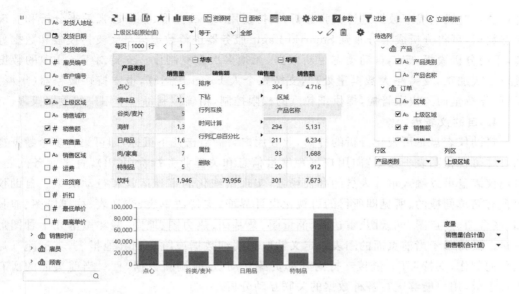

图 8-28 透视分析示意图

3. Excel 分析

Smartbi Eagle 的 Excel 分析是面向 Excel 用户的数据分析工具,通过 Smartbi 插件支持 Excel 直接连接数据库的动态数据,告别重复导数动作。如图 8-29 所示,使用 Excel

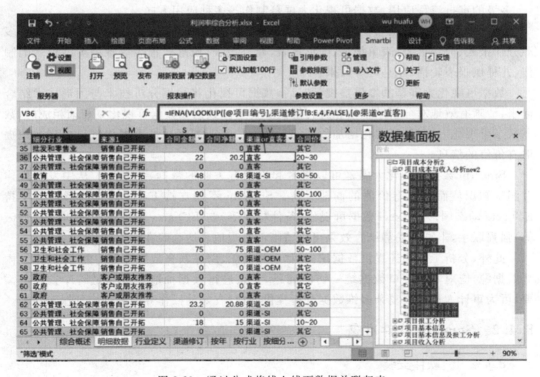

图 8-29 通过公式将线上线下数据关联起来

计算公式对线上线下数据进行关联分析，支持复用 Excel 图形、数据透视表来分析和展现动态数据，可将分析成果分布到 Smartbi Eagle 服务器进行数据分享。支持模板和数据分离，重用分析模板，定期自动动态更新数据，无须多次重复制作。支持对 Excel 中的数据进行二次加工，支持超大数据量处理，支持在个人 Excel 端运算，也支持在服务器（集群）运算；支持全面的权限管控，提供细粒度的权限控制，精确控制每一个用户的数据权限。

4. 自助仪表盘

自助仪表盘是可视化分析的神器，业务用户只需点击几下鼠标，即可集合多个数据视图，以"可视化图表＋数据"向用户展现度量信息和关键业务指标（KPI），直击业务问题。自助仪表盘可以融入审计人员的办公场景，实现精细化的审计运营和行动决策。自助仪表盘有简单便捷的、所见即所得的可视化设计界面，支持清单表、交叉表、柱线饼图、旭日图、联合图、散点图、词云图、雷达图、油量图、桑基图、热力图、地图、漏斗图等几十种图形表格。支持基于当前页面的图表自定义钻取到明细数据或跳转到其他报表，支持跑马灯效果的制作，支持 URL 链接支持内外部资源互动，定时刷新数据，且对当前页面的所有组件生效，用户能够进行各种数据的关联互动分析。

5. 电子表格

Smartbi 电子表格的主要特点是能够简单、高效、智能、快速搭建企业级 Web 报表可视化平台。Smartbi 电子表格基于 Excel 设计，借助 Excel 的强大功能，赋予其"设计器"的职能，使 Web 报表更丰富、更灵活，降低企业报表开发门槛。还具备数据的填报表制作、多级的审批流程应用、数据可视化大屏幕制作等多种应用方向。

Smartbi 满足用户对各类复杂格式报表、中国式报表的需求（如图 8-30 所示），支持多源分片报表、分块报表、表单报表、图形报表、套打报表、段落式报表等各种类型报表的制作，并提供报表轮播、跑马灯等效果。

数据可视化大屏幕的本质是视觉对话，数据可视化将数据分析技术与图形技术结合起来，清晰有效地对分析结果信息进行解读和传达。数据和数据可视化是相辅相成的，数据赋予可视化以依据，可视化增加数据的灵活性。企业利用数据可视化可以更高效地提取有价值的信息。

Smartbi 数据可视化大屏幕可以将看起来没有关联的数据建立联系，从中发现规律并洞察知识从而获取有价值的商业见解。Smartbi 不仅支持 Excel 静态图形而且支持 ECharts 动态图形。Excel 数据可视化（条件格式等）与 ECharts 数据可视化（地图、词云等）强强联手，丰富的动静结合效果可以清晰而直观地表达隐藏在数据背后的故事。

此外，分析工具集还提供数据挖掘、移动驾驶舱、跨库联合数据源等功能，采用系统内置数据源，应对不同接口数据统一访问问题，无须进行数据抽取即可满足跨库查询的需要，可为审计人员开展复杂多维数据分析提供便捷、友好的操作界面和强大的服务功能。

8.4.2 Smartbi 软件准备

8.4.2.1 软件安装

在 Windows 平台安装 Smartbi，可执行下列操作：运行安装程序前，退出所有正在运

图 8-30 复杂报表示意图

行的程序,双击执行 exe 安装文件。在安装向导首页中选择产品安装,弹出"欢迎"窗口,如图 8-31 所示。

图 8-31 Smartbi 安装界面

单击【下一步】按钮,弹出"许可证协议"窗口,如图 8-32 所示。

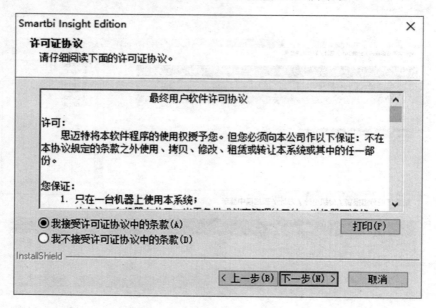

图 8-32　Smartbi 许可协议

仔细阅读许可证协议后,选择【我接受许可证协议中的条款】,单击【下一步】按钮,弹出"客户信息"窗口,如图 8-33 所示。

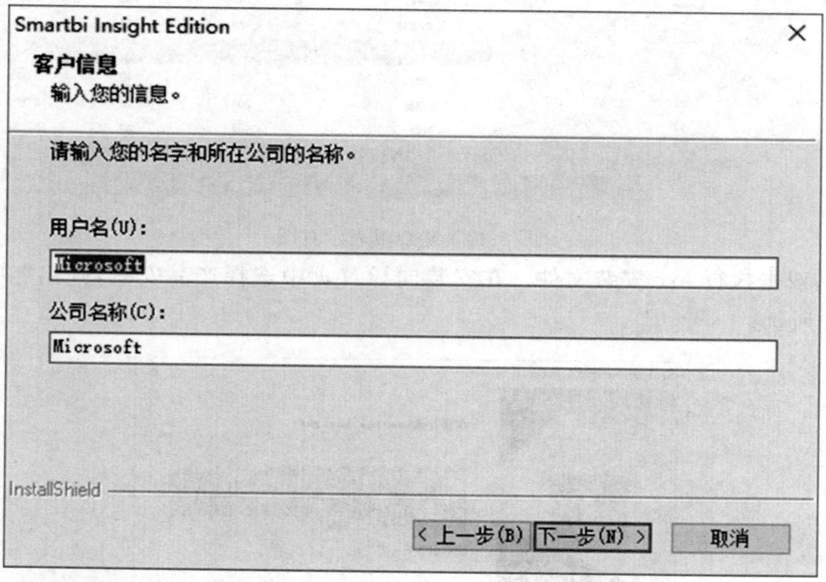

图 8-33　Smartbi 客户信息

输入用户名和公司名称后,单击【下一步】按钮,弹出"选择目的地位置"窗口,如图 8-34所示。可以单击【浏览】按钮重新定义安装路径。默认安装路径为:系统盘符:\Smartbi。

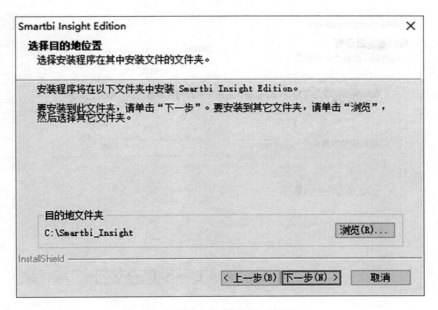

图 8-34　Smartbi 选择安装路径

注意：设置安装路径时需要注意路径中不能有空格。

单击【下一步】按钮，弹出"自定义知识库服务端口"窗口，如图 8-35 所示。

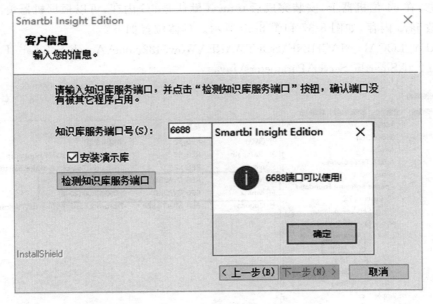

图 8-35　Smartbi 知识库服务端口设置

单击【检测知识库服务端口】，检测当前端口是否被其他应用程序占用。单击【下一步】按钮，弹出"应用服务器设置"窗口，如图 8-36 所示。

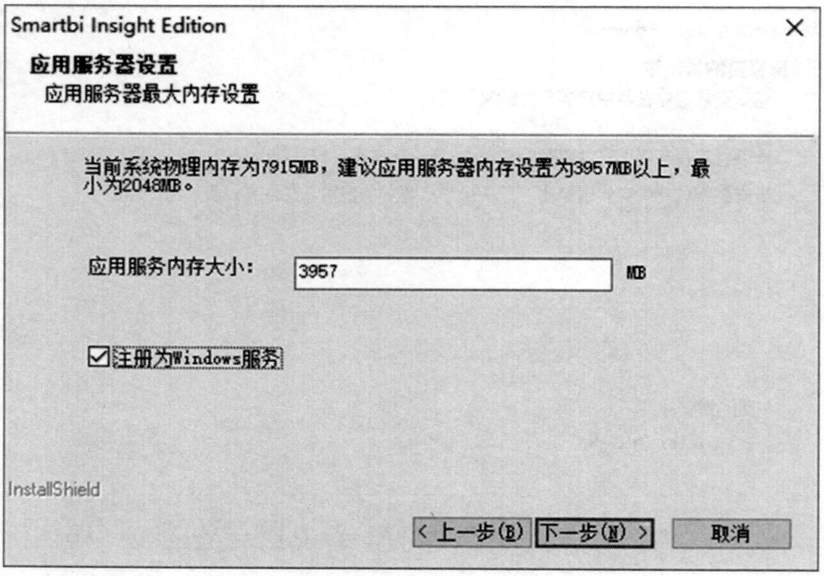

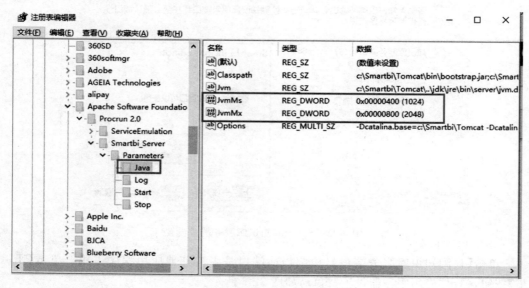

图 8-36 应用服务器设置

选中【注册为 Windows 服务】,则安装程序将会把 Smartbi 服务器注册为 Windows 后台服务。

注意:在 64 位机器上,安装完成后 tomcat 默认是 2G 内存,可以根据机器情况在注册表中修改 java 内存,如图 8-37 和图 8-38 所示。具体位置如下:

HKEY_LOCAL_MACHINE\SOFTWARE\Wow6432Node\ApacheSoftware Foundation\Procrun 2.0\Smartbi_Server\Parameters\Java

图 8-37 修改内存

第 8 章　推理型分析

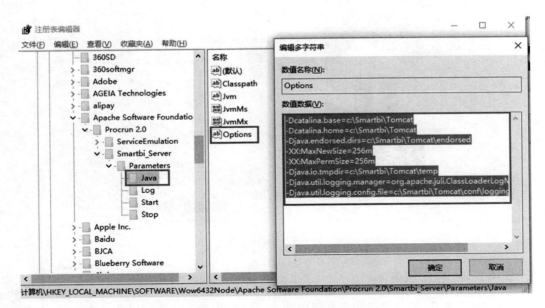

图 8-38　将其他 java 参数加到 Options 中

单击【下一步】按钮，弹出"可以安装该程序了"窗口，如图 8-39 所示。

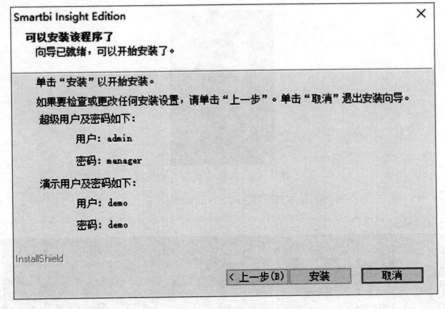

图 8-39　安装程序

该窗口中显示了程序默认安装的知识库 Smartbi 的超级用户及其密码，具体以安装程序为准。单击【安装】按钮，弹出"安装状态"窗口。安装完成后，弹出"安装完成"窗口，如图 8-40 所示。单击【完成】按钮即可。

图 8-40　安装完成

8.4.2.2　启动服务

安装完成之后，需要按照如下步骤启动 Smartbi，配置 License，以及登录 Smartbi。

1. 启动 Smartbi

在系统菜单中找到 Smartbi 的安装目录，单击【启动应用服务器】，如图 8-41 所示。

图 8-41　启动应用服务器

DOS 窗口显示如图 8-42 所示的内容，表示启动成功：

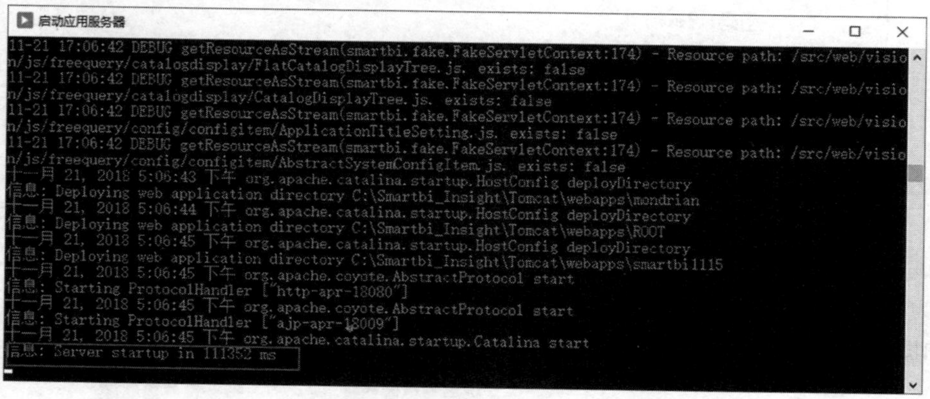

图 8-42　启动成功

2. 配置 License

Smartbi 启动成功后,在系统中找到 Smartbi 的安装目录,单击访问 Smartbi(如图 8-43 所示),或者直接在浏览器地址栏中输入访问地址。

第一次登录默认进入 Config 界面:需要设置管理员账号、密码,以便下次登录配置界面时验证,防止他人篡改知识库等信息,如图 8-44 所示。注意:这里设置的用户仅用于管理系统配置界面,与 Smartbi 系统登录用户无关。

图 8-43　访问路径 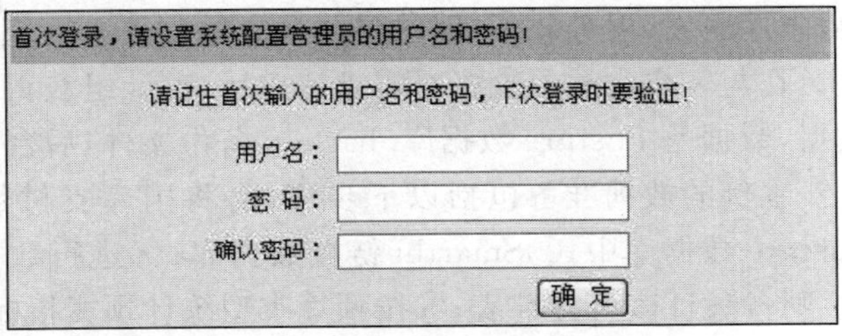　　　　　　　　　图 8-44　首次登录

在 Config 界面设置 License 存放位置及上传 License。若没有 License 请先申请,如图 8-45 所示。

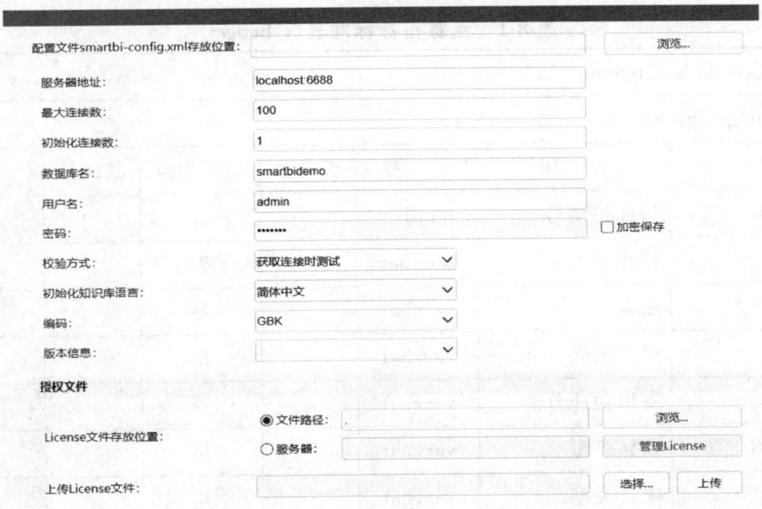

图 8-45　License 申请

保存设置后,重启 Smartbi 应用服务器。

3. 登录 Smartbi

成功重启应用服务后,再次通过系统菜单访问 Smartbi,或者直接在浏览器地址栏中输入访问地址,即可进入登录界面。

8.4.3　Smartbi 国库数据审计分析案例

【例 8-6】　2018 年 3 月 23 日至 2018 年 5 月 20 日,小丁接到审计任务,按照审计项目计划安排,此次审计主要任务是对×××财政局 2017 年度财务收支情况进行审计。小丁尝试采用数据式审计模式,通过 Smartbi 大数据分析平台进行审计数据处理和分析。

8.4.3.1　数据准备

审计调查阶段,审计组了解到某财政局集中核算财务系统使用某省区县版财务软件(由省厅研发)财务软件,财政局国库支付业务系统使用的是某省区县版国库支付系统软件。在与客户沟通提交资料需求清单后,审计组获得了单位财务数据和财政局国库支付数据,数据是 Postgre 数据库.backup 备份文件,后台类型是 Postgre 数据库。[①]

本例的数据准备包括以下步骤:①将国库支付数据和单位财务账备份数据还原到 Postgre 数据库中;②Smartbi 链接数据库;③进行数据预处理;④生成预算指标、国库支付、财务凭证表等标准表;⑤按预算类型统计预算指标和国库支付数据,对比 2015 年结余到 2017 年的指标执行情况。在某单位财务账凭证表中统计财政拨款收入金额,对比决算报表中的财政拨款收入金额,分析二者的一致性,分析预算执行进度。

本例涉及预算指标标准表(t_budget)及国库支付表(t_platbusiness)。具体的数据结构如表 8-1 和表 8-2 所示。

表 8-1　预算指标标准表(t_budget)

表名:预算指标标准表 t_budget					
说明:(主键 budgetcontrolid)					
字段名	作　用	类　型	长　度	是否为空	默认值	说　明
budgetcontrolid	指标控制号	number		否		
bdgyear	预算年度	number		否		
acctsystype	账套	varvhar		是		
bdgagencyc	单位编码	varvhar		是		
expfuncc	支出功能分类	varvhar		否		
BDGVERSION	预算类型	varvhar		是		
programtypec	项目类型	varvhar		是		

---

① 本例需要使用 Postgre 数据库,数据库安装教程参考附录。

续表

字段名	作用	类型	长度	是否为空	默认值	说明
bdgdocnoc	指标文号	varvhar		否		
bdgdepartmentc	预算科室	varvhar		否		
paytypec	支付类型	varvhar		否		
expeconormic	支出经济分类	varvhar		否		
digest	凭证摘要	varvhar		否		
createtime	编制时间	varvhar		否		
text	预留文本字段	varvhar		否		
amt	预算金额	float				

表 8-2 国库支付表（t_budget）

表名：国库支付表 t_platbusiness

说明：（主键 fromctrlid）

字段名	作用	类型	长度	是否为空	默认值	说明
bdgyear	预算年度	number		否		
bdgagencyc	单位编码	varvhar		是		
billcode	单据编码	varvhar		是		
fromctrlid	来源控制号	varvhar		是		
toctrlid	去向控制号	varvhar		是		
departmentdivision	业务归口司局	varvhar		是		
remark	摘要	varvhar				
amt	支付金额	float				
creater	制单人	varvhar				
billstatus	单据状态	varvhar				
payname	支付名称	varvhar				
gatheringname	收款人名称	varvhar				
gatheringbankaccount	收款人账户	varvhar				
expfuncc	支出功能分类	varvhar		否		
BDGVERSION	预算类型	varvhar		是		
programtypec	项目类型	varvhar		是		
bdgdocnoc	指标文号	varvhar		否		
bdgdepartmentc	预算科室	varvhar		否		

续表

字段名	作用	类型	长度	是否为空	默认值	说明
paytypec	支付类型	varvhar		否		
expeconormic	支出经济分类	varvhar		否		
digest	凭证摘要	varvhar		否		
createtime	编制时间	varvhar		否		
text	预留文本字段	varvhar		否		

8.4.3.2 数据还原与连接

将本例所用数据表国库支付、集中核算数据（单位经费账数据）还原到 Postgre 数据库中。

首先将国库支付数据和单位经费数据（Postgre 备份数据文件）还原至 Postgre 数据库中。

在【开始】-【所有程序】-【PostgreSQL 9.3】中打开【pgAdmin III】（如图 8-46 所示）；右键单击【数据库】-【新建数据库】，数据库名称"Treasury_payment_account_set""unit_account_set"（如图 8-47 所示）；右键单击所创建的数据库【Treasury_payment_account_set】【unit_account_set】，单击【恢复】（如图 8-48 所示）；选择好数据源，然后依次单击【恢复】和【完成】。恢复完成后在模式下即可看到数据库所有对象。

其次，进行数据连接。在 Smartbi 中创建资源之前，首先需要与存放基础数据的数据库进行连接。打开系统，在【数据连接】-【关系数据库】中定义需要连接的数据库，即可建立所需的数据连接，测试通过后即连接成功。单击【数据连接】-【选择对应的关系型数据库】-【新建关系数据源】即可，如图 8-49 所示。

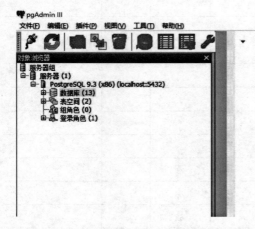

图 8-46　打开 PostgreSQL 9.3 数据库

第 8 章 推理型分析

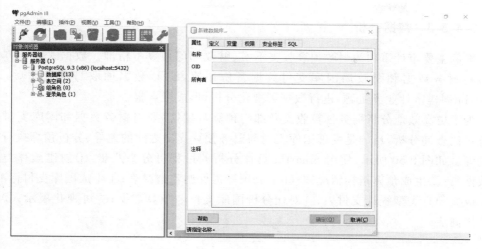

图 8-47　新建数据库

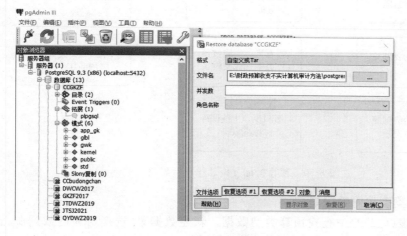

图 8-48　恢复数据库

图 8-49　连接数据库

8.4.3.3 数据分析

本例主要审计事项为财政预算收支不实、财政部门预算不精准。数据式审计方法主要为将财务数据和财政局国库支付数据备份还原，ETL 数据抽取与预处理后，利用 Smartbi 创建审计业务主题，进行数据可视化分析，形成疑点报告。

为了更高效地分析财务预算收支及部门预算数据，需要对财务数据和国库支付数据进行对比查询分析，目的是发现国库支付与财务预算支出之间的差异、分析预算执行进度问题等。如图 8-50 所示，使用 Smartbi 具体分析的过程可分为八步：①创建预算类型核对数据集；②生成预算指标情况表；③生成预算指标调整情况表；④生成国库支付标准表；⑤生成按预算类型统计支付表；⑥对比分析国库支付与预算数据；⑦可视化展示；⑧发布到应用商店。

图 8-50　预算指标分析总体审计思路

1. 创建预算类型核对数据集

在系统字典表（t_dict）中查找预算类型数据。新建数据集，选择对应的数据源，预览并保存预算类型核对数据集，如图 8-51 至图 8-53 所示。

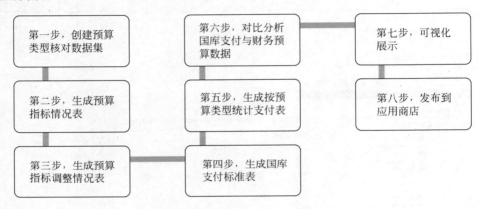

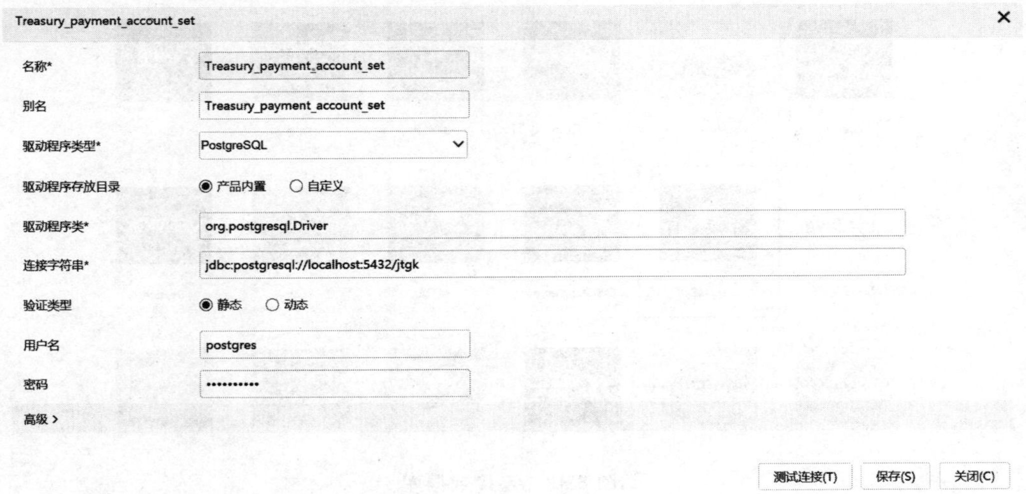

图 8-51　新建数据集

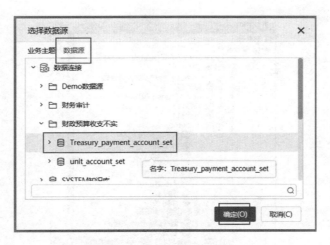

图 8-52　选择对应的数据源

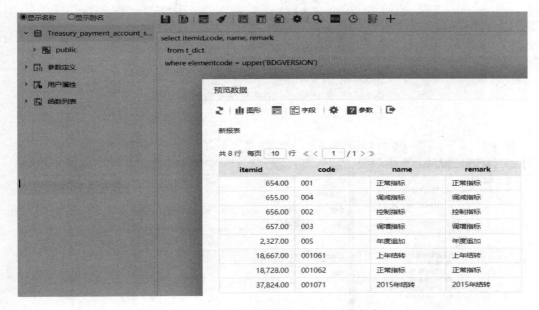

图 8-53　预览并保存预算类型核对数据集

2. 生成预算指标情况表

具体操作步骤如图 8-54 至图 8-58 所示。

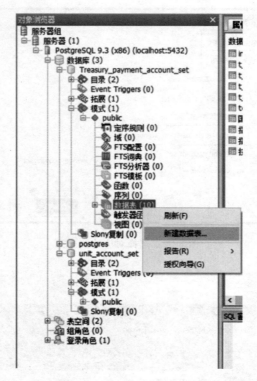

图 8-54 在 Postgres 中新建预算指标情况表

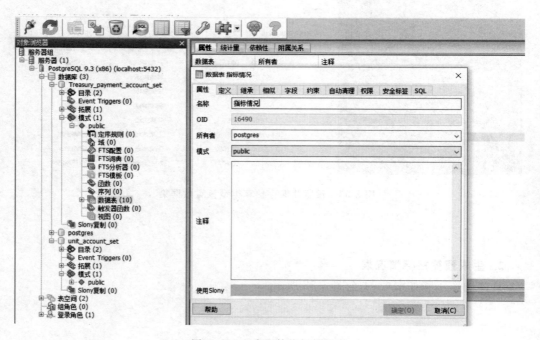

图 8-55 生成预算指标情况表

图 8-56　新建数据集

```
select budgetcontrolid    as budgetcontrolid,
       bdgyear            as 预算年度,
       acctsystype        as 帐套,
       substring(bdgagencyc,1,3) 一级单位编码,
       (select name from t_dict where elementcode = 'BDGAGENCY' and code = substring(a.bdgagencyc,1,3)) 一级单位名称,
       bdgagencyc         as 单位编码,
       (select name from t_dict where elementcode = 'BDGAGENCY' and code = a.bdgagencyc) 单位名称,
       expfuncc           as 支出功能分类,
       (select name from t_dict where elementcode = 'EXPFUNC' and code = a.expfuncc) 支出功能分类名称,
       BDGVERSION         as 预算类型,
       (select name from t_dict where elementcode = 'BDGVERSION' and itemid = a.BDGVERSION) 预算类型名称,
       programtypec       as 项目类型,
       (select name from t_dict where elementcode = 'PROGRAMTYPE' and code = a.programtypec) 项目类型名称,
       fundtypec          as 资金类型,
       (select name from t_dict where elementcode = 'FUNDTYPE' and code = a.fundtypec) 资金类型名称,
       bdgdocnoc          as 指标文号,
       (select name from t_dict where elementcode = 'BDGDOCNO' and code = a.bdgdocnoc) 指标文号名称,
       bdgdocnoc   as bdgdocnoc,
       bdgdepartmentc     as 预算科室,
       (select name from t_dict where elementcode = 'DEPARTMENTDIVISION' and code = a.bdgdepartmentc) 预算科室名称,
       paytypec           as 支付类型,
       (select name from t_dict where elementcode = 'PAYTYPE' and code = a.paytypec) 支付类型名称,
       expeconormic       as 支出经济分类,
       (select name from t_dict where elementcode = 'EXPECONORMI' and code = to_char(a.expeconormic,'999')) 支出经济分类名称,
       digest             as 凭证摘要,
       createtime         as 编制时间,
       amt                as amt
```

图 8-57　预览并保存预算指标情况数据集

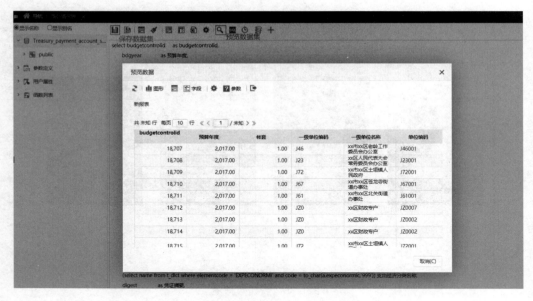

图 8-58　预览预算指标情况数据集

3. 生成预算指标调整情况表

这一步需要在 Postgre 数据库中新建预算指标调整情况表,按照预算类型分类汇总每个预算类别对应的指标数,如图 8-59 至图 8-62 所示。

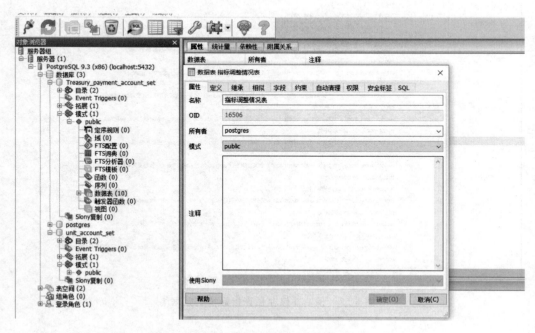

图 8-59　新建预算指标调整情况表

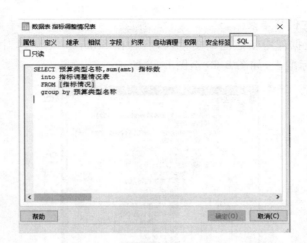

图 8-60　按预算类型分类形成预算指标调整情况表的 SQL 语句

图 8-61　新建预算指标调整情况数据集

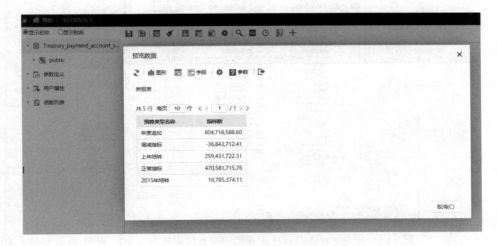

图 8-62　预览并保存预算指标调整情况数据集

4. 生成国库支付标准表

在 Postgres 数据库中新建国库支付表，然后在 Smartbi 中新建对应的国库支付数据集，形成国库支付标准表，如图 8-63 至图 8-66 所示。

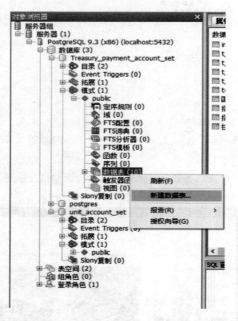

图 8-63　在 Postgres 数据库中新建国库支付表

图 8-64　在 Postgres 数据库中新建国库支付标准表的 SQL 语句

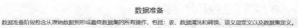

图 8-65　新建国库支付标准表数据集

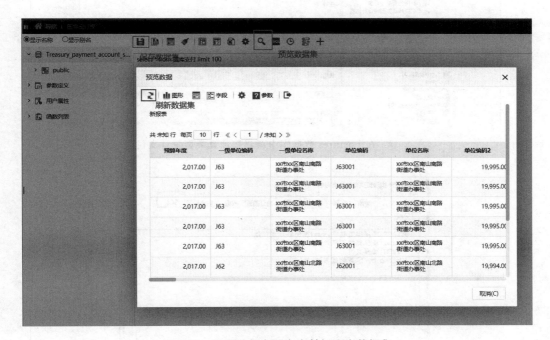

图 8-66　预览并保存国库支付标准表数据集

5. 生成按预算类型统计支付表

在 Postgres 数据库中新建预算类型统计支付表,按预算类型分类汇总统计每类预算类型的实际支付数,如图 8-67 至图 8-70 所示。

图 8-67　在 Postgres 数据库中新建按预算类型统计支付表

图 8-68　在 Postgres 数据库中新建按预算类型统计支付表的 SQL 语句

图 8-69　新建数据集

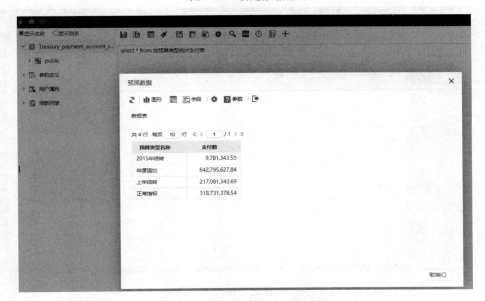

图 8-70　预览并保存按预算类型统计支付数据集

6．对比分析国库支付与财务预算数据

首先，对比分析指标年初数、追加数及调减数。先在 Smartbi 中新建数据集，计算指标年初数、追加数及调减数，如图 8-71 至图 8-73 所示。

图 8-71　新建数据集

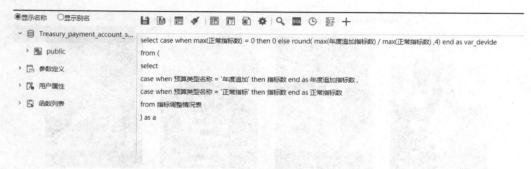

图 8-72　计算指标语句

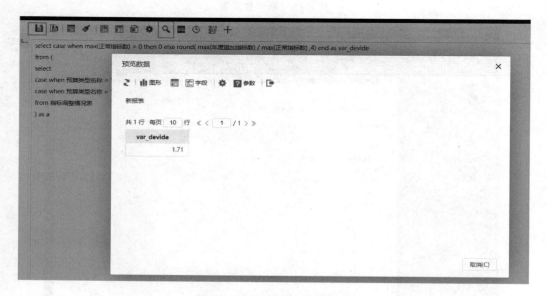

图 8-73　预览计算指标并保存

其次，计算 2015 年结转到 2017 年的资金结余情况和执行率并进行分析，如图 8-74 至图 8-80 所示。预览计算指标并保存，计算 2015 年结转指标数；计算 2015 年结转支付数；计算 2015 年预算执行率与结余金额。

图 8-74　新建数据集

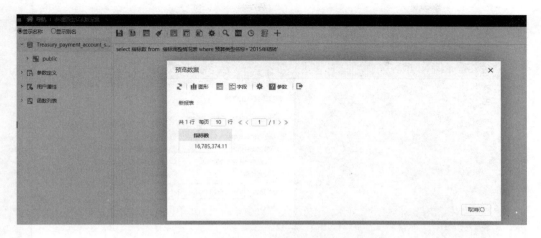

图 8-75 计算 2015 年结转指标数并保存

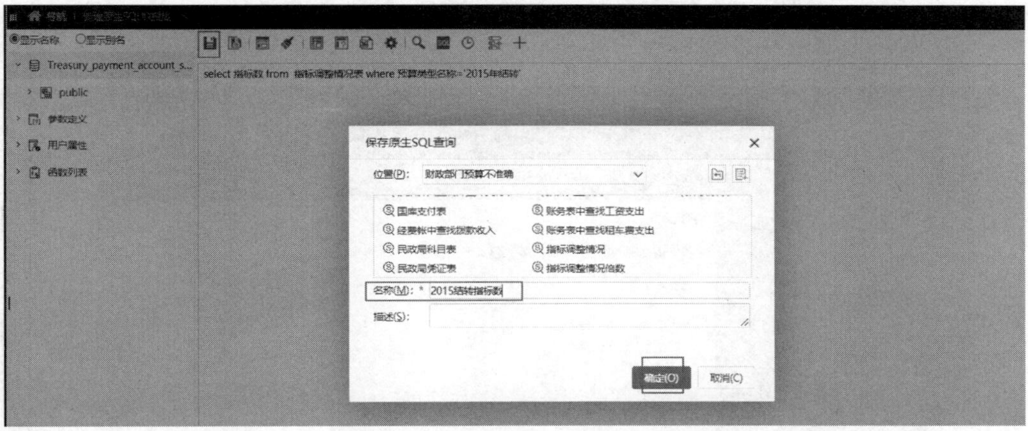

图 8-76 保存 2015 年结转指标数

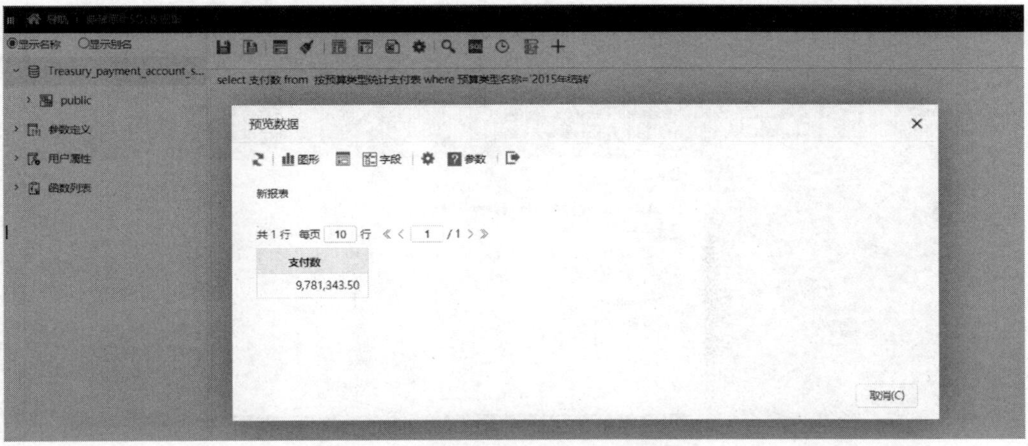

图 8-77 计算 2015 年结转支付数

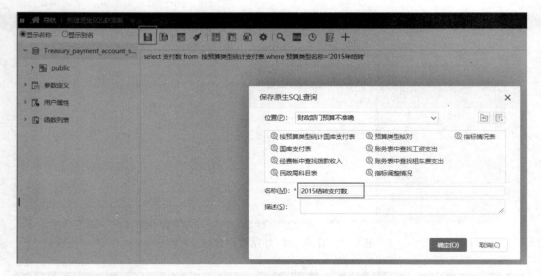

图 8-78　保存 2015 年结转支付数

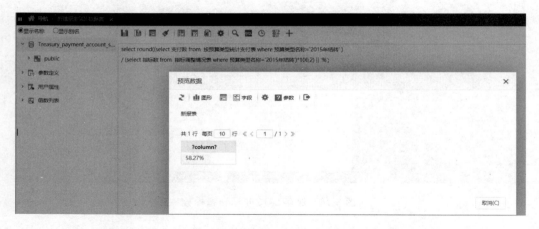

图 8-79　计算 2015 年预算执行率

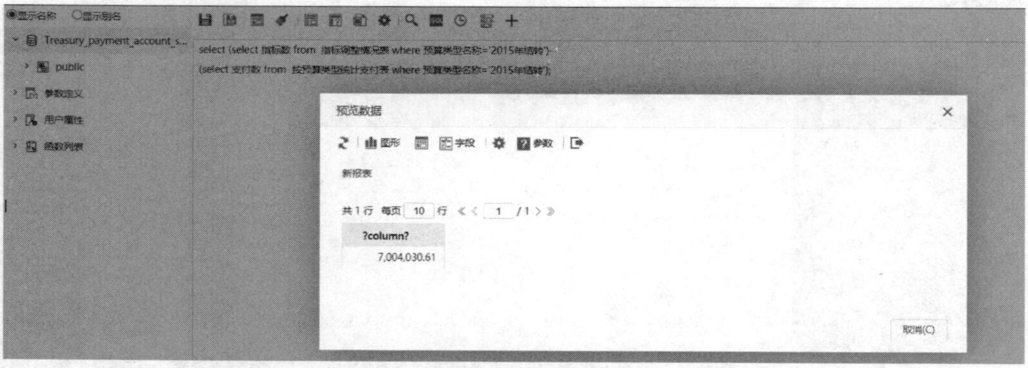

图 8-80　计算 2015 年预算结余金额

7. 可视化展示

为了更好地展示数据分析效果，可使用Smartbi完成可视化展示工作。本例的可视化展示通过电子表格实现。具体流程为：【新建电子表格】-【定义静态表样】-【拖拽字段】-【报表设计】-【报表发布】。

打开Excel，新建【空白工作簿】文件，在Excel的【工作簿1】文件操作界面中，单击登录服务器。在弹出的【数据集面板】视图中，依次单击【数据集】-【财政部门预算不准确】-【预算类型核对】，展开数据集，采用分组统计的办法，制作报表，如图8-81所示。

选择数据集字段和插入字段名称，在"预算类型核对"数据集中，单击选中字段，移动鼠标选中该数据集字段，拖曳选中的字段到目标单元格，并设置表头如图8-82所示，预览分析结果（见图8-83）。单击【下一步】，生成预算指标情况表（见图8-84）；单击【下一步】，查看预算指标调整情况表（见图8-85）；单击【下一步】，查看国库支付标准表（见图8-86）；单击【下一步】，查看审计指标情况（见图8-87）。

图 8-81 数据集选择

图 8-82 报表设计——表头

财政部门预算不精准

第一步：预算类型核对

预算类型核对

ID	编码	名称	标记
654	001	正常指标	正常指标
655	004	调减指标	调减指标
656	002	控制指标	控制指标
657	003	调增指标	调增指标
2327	005	年度追加	年度追加
18667	001061	上年结转	上年结转
18728	001062	正常指标	正常指标
37824	001071	2015年结转	2015年结转

下一步：生成指标情况表

图 8-83　报表设计

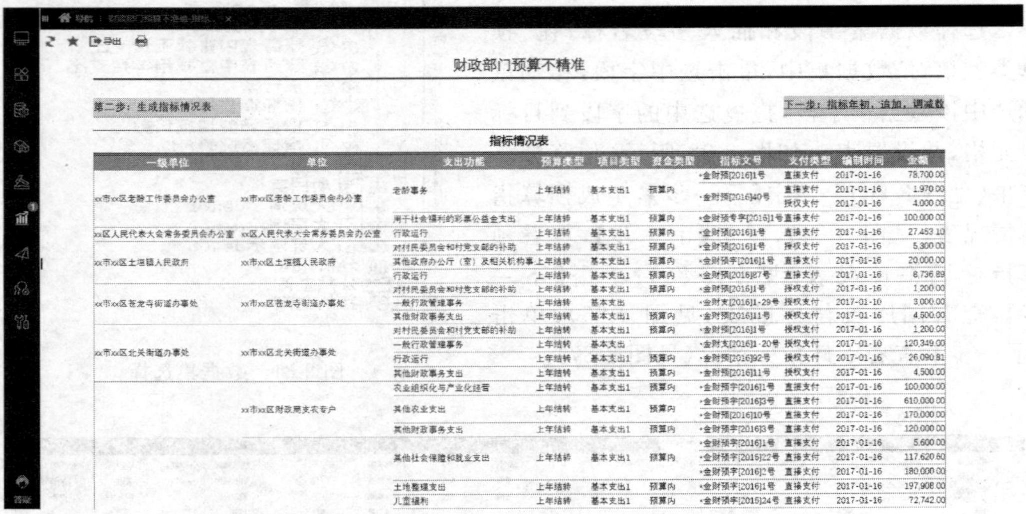

财政部门预算不精准

第二步：生成指标情况表

下一步：指标年初，追加，调减数

指标情况表

一级单位	单位	支出功能	预算类型	项目类型	资金类型	指标文号	支付类型	编制时间	金额
xx市xx区老龄工作委员会办公室	xx市xx区老龄工作委员会办公室	老龄事务	上年结转	基本支出1	预算内	•金财预[2016]1号	直接支付	2017-01-16	78,700.00
						•金财预[2016]40号	直接支付	2017-01-16	1,970.00
							授权支付	2017-01-16	4,000.00
		用于社会福利的彩票公益金支出	上年结转	基本支出1	预算内	•金财预专字[2016]1号	直接支付	2017-01-16	100,000.00
xx区人民代表大会常务委员会办公室	xx区人民代表大会常务委员会办公室	行政运行	上年结转	基本支出1	预算内	•金财预[2016]1号	直接支付	2017-01-16	27,453.10
xx市xx区土塬镇人民政府	xx市xx区土塬镇人民政府	对村民委员会和村党支部的补助	上年结转	基本支出1	预算内	•金财预[2016]1号	授权支付	2017-01-16	5,300.00
		其他政府办公厅（室）及相关机构事	上年结转	基本支出1	预算内	•金财预字[2016]1号	直接支付	2017-01-16	20,000.00
		行政运行	上年结转	基本支出1	预算内	•金财预[2016]87号	直接支付	2017-01-16	8,736.89
xx市xx区苍龙寺街道办事处	xx市xx区苍龙寺街道办事处	对村民委员会和村党支部的补助	上年结转	基本支出1	预算内	•金财预[2016]1号	授权支付	2017-01-16	1,200.00
		一般行政管理事务	上年结转	基本支出		•金财支[2016]1-29号	授权支付	2017-01-10	3,000.00
		其他财政事务支出	上年结转	基本支出1	预算内	•金财预[2016]11号	授权支付	2017-01-16	4,500.00
xx市xx区北关街道办事处	xx市xx区北关街道办事处	对村民委员会和村党支部的补助	上年结转	基本支出1	预算内	•金财预[2016]1号	授权支付	2017-01-16	1,200.00
		一般行政管理事务	上年结转	基本支出		•金财支[2016]1-20号	授权支付	2017-01-10	120,349.00
		行政运行	上年结转	基本支出1	预算内	•金财预[2016]92号	授权支付	2017-01-16	26,090.81
		其他财政事务支出	上年结转	基本支出1	预算内	•金财预[2016]11号	授权支付	2017-01-16	4,500.00
	xx市xx区财政局支农专户	农业组织化与产业化经营	上年结转	基本支出1	预算内	•金财预字[2016]1号	直接支付	2017-01-16	100,000.00
		其他农业支出	上年结转	基本支出1	预算内	•金财预字[2016]3号	直接支付	2017-01-16	610,000.00
						•金财预[2016]10号	直接支付	2017-01-16	170,000.00
		其他财政事务支出	上年结转	基本支出1	预算内	•金财预字[2016]3号	直接支付	2017-01-16	120,000.00
		其他社会保障和就业支出	上年结转	基本支出1	预算内	•金财预字[2016]1号	直接支付	2017-01-16	5,600.00
						•金财预字[2015]22号	直接支付	2017-01-16	117,620.60
						•金财预字[2016]2号	直接支付	2017-01-16	180,000.00
		土地整理支出	上年结转	基本支出1	预算内	•金财预字[2016]1号	直接支付	2017-01-16	197,908.00
		儿童福利	上年结转	基本支出1	预算内	•金财预字[2015]24号	直接支付	2017-01-16	72,742.00

图 8-84 预算指标情况表

财政部门预算不精准

第三步：指标追加，年初，调减数

指标调整情况表

指标类型名称	指标数
年度追加	804,718,588.60
调减指标	-36,843,712.41
上年结转	259,431,722.31
正常指标	470,581,715.76
2015年结转	16,785,374.11

年度追加 / 正常指标 = 1.7101

第四步：生成国库支付标准表

图 8-85　预算指标调整情况表

第 8 章 推理型分析 219

图 8-86 国库支付标准表

图 8-87 分析结果表

8. 发布到应用商店

好的分析成果发布到应用商店，使成果可重复使用，如图 8-88 所示。

图 8-88 发布到应用商店

本例通过审计，小丁掌握了×××财政局年度财务收支的总体情况，并揭示了财政预算核算的主要问题，深入分析原因，提出了审计意见和建议，促进规范财政预算编制的管理。

8.4.4 Smartbi医疗收费不合理审计数据分析案例

【例8-7】 2018年3月23日至2018年7月30日，小丁接到审计任务，按照审计项目计划安排，此次审计的主要任务是对××医院的财务收支情况进行审计。在与客户沟通后，小丁获得了医院HIS系统备份数据和物价局收费标准数据，项目组长安排小丁采用相应的方法，通过分析了解医院门诊住院收费是否存在不合理的情况。

小丁根据之前学习的知识，设计了利用Smartbi大数据分析平台进行数据处理和分析的数据审计技术方案。初步分析思路是Smartbi大数据分析平台形成审计数据标准表，并通过Smartbi自助分析功能对医院收费数据及物价局收费标准数据进行多维分析，从而了解医院门诊住院收费是否存在不合理的情况。

案例名称：医院医疗收费审查

审计事项和审计内容：医院收费不合理情况审查

数据审计思路：数据接入、Excel数据导入——自助分析——透视分析。

数据审计步骤：创建SQL数据集——构建自助数据集——透视分析——下钻跳转——生成超范围收费疑点——生成超标准收费疑点——生成取消项目继续收费疑点。

8.4.4.1 数据准备

审计调查阶段，审计组了解到某医院业务数据主要是××公司开发的HIS系统数据。HIS系统原始数据为SQL Server数据备份。项目组安排人员从物价局官网下载了医疗服务项目收费标准和取消收费项目数据，整理为Excel格式。

注意：本例需要使用SQL Server数据库，数据库安装教程参考附录。

审计组获取的HIS系统的门诊费用明细表、住院收费标准表数据及官网下载的省医疗服务收费标准数据结构如表8-3至表8-5所示。

表8-3 门诊费用明细表

说明：(主键：诊疗号)

字段名	作用	类型	长度	是否空	默认值	说明
诊疗号	门诊唯一标识	String		否		
病人类型ID	病人唯一标识	String		否		
项目编号	收费项目ID	String		是		
单价	收费项目单价	float		是		
数量	收费项目数量	int		否		
金额	收费项目金额	float		是		
执行科室	收费科室	String		是		
医师ID	操作医师	String		否		

续表

字段名	作 用	类 型	长 度	是否空	默认值	说 明
结算方式	现金/刷卡/微信等	String		否		
病人类型	自费/医保/农合	String		否		
统筹支付额	医保报销后金额	float		否		
结算日期	收费日期	datetime		否		

表 8-4 住院收费标准表

说明:(主键 住院号)

字段名	作 用	类 型	长 度	是否为空	默认值	说 明
住院号	住院唯一标识	varvhar		否		
病人姓名	患者姓名	varvhar		是		
住院标识	第几次住院	varvhar		是		
诊疗号	诊疗唯一标识	varvhar		是		
明细账号	明细账号	varvhar		是		
项目编码	收费项目编码	varvhar		是		
项目名称	收费项目名称	varvhar		是		
单价	收费项目单价	float		是		
数量	收费项目数量	Int		是		
金额	收费金额	float		是		
开单科室	开单科室	varvhar		是		
开单医师 ID	开单医生	varvhar		是		
现金支付额	现金支付	float		是		
账户支付额	刷卡支付	float		否		
统筹支付	报销后金额	float		是		
医保类别	职工医保/合疗	varvhar		是		
录入时间	收费时间	datetime		否		

表 8-5 ××省医疗服务项目价格

说明:(主键 编码)

字段名	作 用	类 型	长 度	是否为空	默认值	说 明
财务分类	财务分类	varvhar		否		
编码	收费项目编码	varvhar		是		
项目名称	收费项目编码	varvhar		是		
计价单位	单位	varvhar		是		
特定	特定医院收费限价	float		是		
最高限价三级	三级医院限价	float		是		
最高限价二级	二级医院限价	float				
最高限价一级	一级医院限价	float				

8.4.4.2 数据分析与展示

审计组采用以下步骤进行数据处理：①还原 HIS 系统数据到 SQL Server 数据库；②用 Smartbi 链接 SQL Server 数据库；③创建 SQL 数据集，形成自助分析数据集；④生成门诊收费明细表、住院收费明细表等标准表，导入医疗服务收费项目价格表，取消收费项目表；⑤对比分析门诊/住院收费明细表与医疗服务收费项目价格表，筛选出门诊/住院收费项目未在医疗服务项目价格表中的记录为超范围收费，门诊/住院收费项目单价超过最高限价的记录为超标准收费；对比分析门诊/住院收费明细表与取消收费项目表，筛选出门诊/住院取消项目继续收费的记录。

1. 第一步：连接 HIS 数据并导入平台

选择 SQL Server 数据源，并配置连接，导入数据，如图 8-89 至图 8-92 所示。

图 8-89　选择数据源

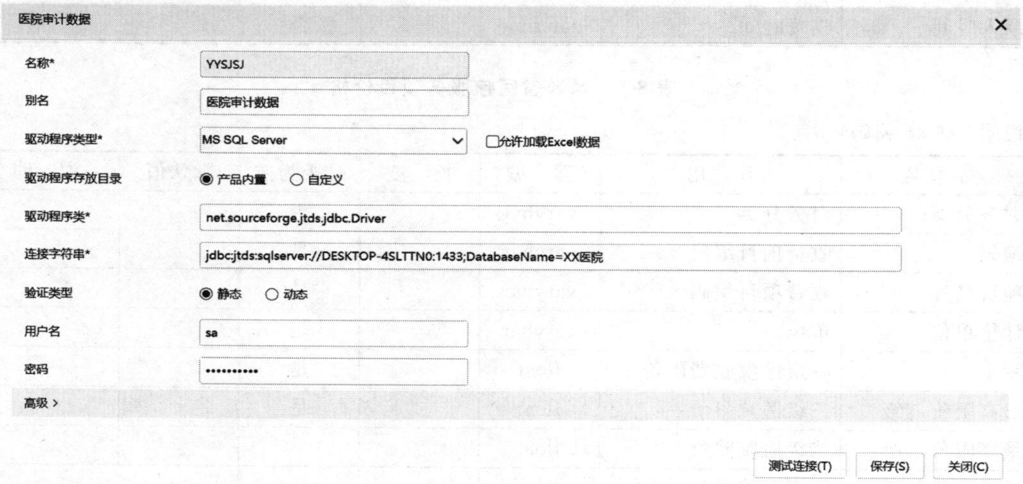

图 8-90　配置连接

第 8 章 推理型分析

图 8-91 导入 SQL 数据库备份数据

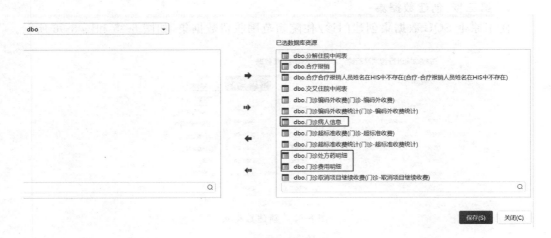

图 8-92 选择数据并导入

2. 第二步：导入 Excel 数据

选择 Excel 数据源，并导入数据，如图 8-93 和图 8-94 所示。

图 8-93 选择 Excel 数据源

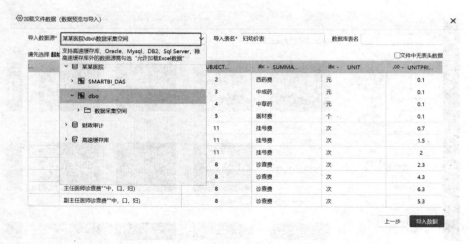

图 8-94　导入 Excel 数据

3. 第三步：创建数据集

使用原生 SQL 数据集创建门诊/住院超范围收费数据集，如图 8-95 和图 8-96 所示。

图 8-95　新建数据集

图 8-96　门诊超范围收费算法

首先,分析门诊超范围收费情况。将门诊费用明细表与收费项目目录利用项目编号进行连接查询,分析门诊收费项目为医疗收费服务项目之外的情况,SQL 查询算法如下:

SELECT 挂号号,

(select distinct 病人姓名 from dbo.门诊病人信息 where a.诊疗号 = 诊疗号)病人姓名,发票号,诊疗号,明细账号,a.项目编号,b.代码 项目编码,b.收费项目 项目名称,a.单价,数量,金额,医师 ID,现金支付额,账号支付额,统筹支付额,结算日期

FROM 门诊费用明细 a join 收费项目目录 b on a.项目编号 = b.项目编号

where a.项目编号 not in ('01','02','03','04') and b.代码 not like '3318%'

and b.代码 not in (select 编码 from "dbo"."陕西省医疗服务项目价格")

其次,分析住院超范围收费情况。从住院收费标准表中查询住院收费的项目不在某省医疗应收费项目中的情况,SQL 查询算法如下:

SELECT 住院号,病人姓名,住院标识,诊疗号,明细账号,项目编号,项目编码,项目名称,单价,数量,金额,开单科室,开单医师 ID,现金支付额,账户支付额,统筹支付,医保类别,录入时间

FROM dbo.住院收费标准表

where 项目编码 not in (select 编码 from dbo.陕西省医疗服务价格表)

and 项目编码 not like '3318%' and len(项目编码) <> 2

4. 使用原生 SQL 数据集创建门诊/住院超标准收费数据集

使用原生 SQL 数据集创建门诊/住院超标准收费数据集,如图 8-97 和图 8-98 所示。

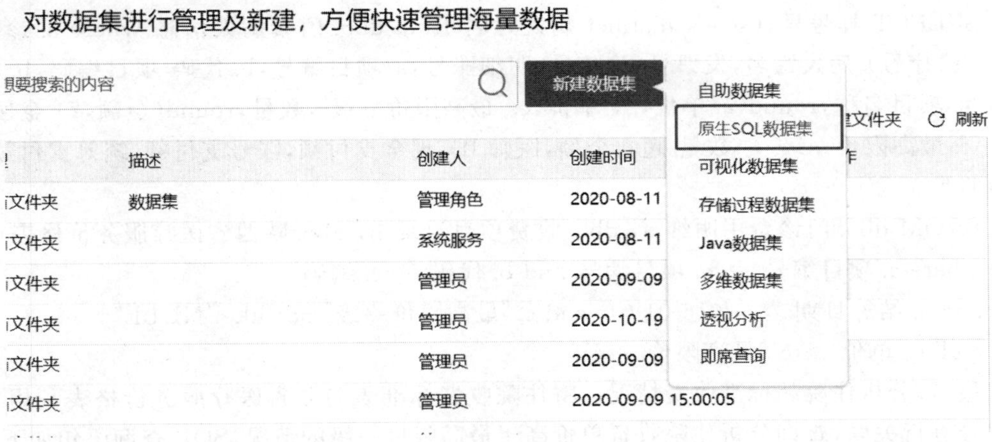

图 8-97 创建门诊/住院超标准收费数据集

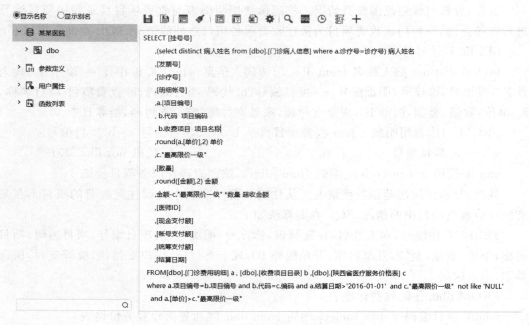

图 8-98　门诊超标准收费 SQL 算法

接下来分析门诊超标准收费情况,将门诊费用明细表、收费项目目录表、某省医疗服务价格表利用项目编号、代码进行关联,查询分析 2016 年 1 月 1 日前门诊单价高于最高限价一级的情况。SQL 查询语句如下:

SELECT 挂号号,(select distinct 病人姓名 from dbo.门诊病人信息 where a.诊疗号 = 诊疗号) 病人姓名,发票号,诊疗号,明细账号,a.项目编号,b.代码 项目编码,b.收费项目 项目名称,round(a.单价,2) 单价,c."最高限价一级",数量,round(金额,2) 金额,金额-c.最高限价一级 * 数量 超收金额,医师 ID,现金支付额,账号支付额,统筹支付额,结算日期

FROM dbo.门诊费用明细 a,dbo.收费项目目录 b,dbo.陕西省医疗服务价格表 c

where a.项目编号 = b.项目编号 and b.代码 = c.编码

and a.结算日期 > '2016-01-01' and c."最高限价一级" not like 'NULL'

and a.单价 > c."最高限价一级"

最后,分析住院超标准收费情况。将住院收费标准表与某省医疗服务价格表利用项目编号进行关联,查询分析住院收费单价高于最高限价一级的情况,SQL 查询语句如下:

SELECT 住院号,病人姓名,住院标识,诊疗号,明细账号,项目编号,项目编码,a.项目名称,单价,b.最高限价一级,数量,金额,金额 -b.最高限价一级 * 数量 超收金额,开单科室,开单医师 ID,现金支付额,账户支付额,统筹支付,医保类别,录入时间

FROM dbo.住院收费标准表 a,dbo.陕西省医疗服务价格表 b

where a.项目编码 = b.编码 and b.最高限价一级 not like 'NULL'

and a.单价 > b.最高限价一级

5. 使用自助数据集创建门诊/住院取消项目收费

使用自助数据集创建门诊/住院取消项目收费,如图 8-99 所示。

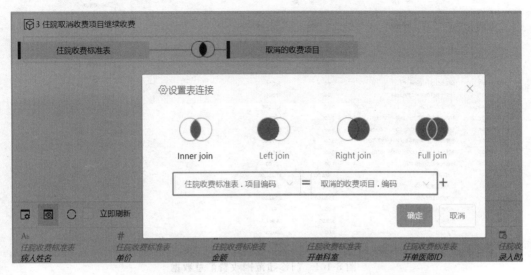

图 8-99　使用自助数据集创建门诊/住院收费项目与取消项目关联关系

6. 第四步:使用自助分析与透视分析进行可视化展示

新建数据透视分析,如图 8-100 所示。

图 8-100　新建数据透视分析

选择字段,拖拽筛选条件,生成门诊超范围收费统计,如图 8-101 所示。例如,可选择年度、项目编码、项目名称、单价、数量、金额等进行数据展示。

选择字段,拖拽筛选条件,生成门诊超范围收费数据。可选择具体项目、病人姓名、结算日期、单价、数量、金额等明细收费数据进行下钻展示,如图 8-102 所示。

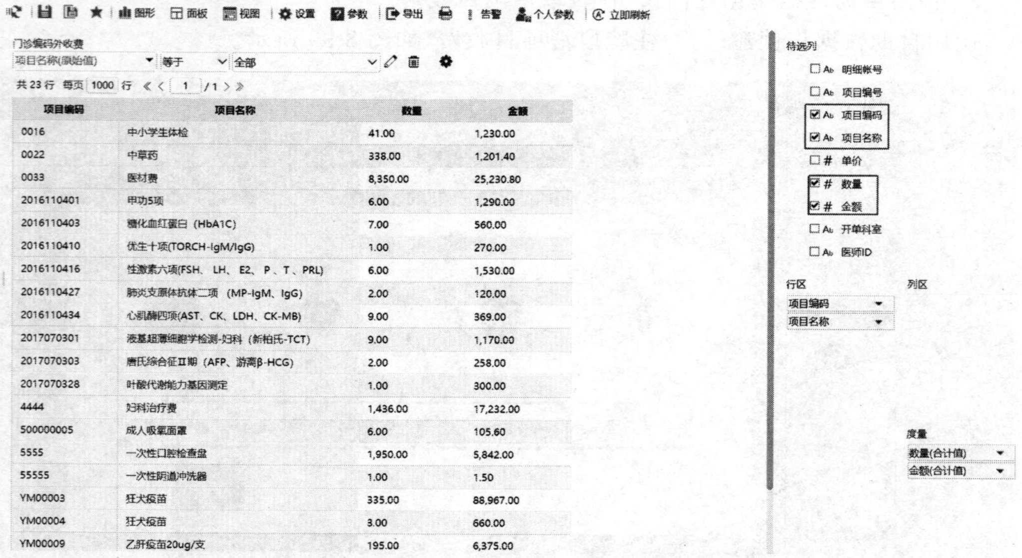

图 8-101 门诊超范围收费汇总数据

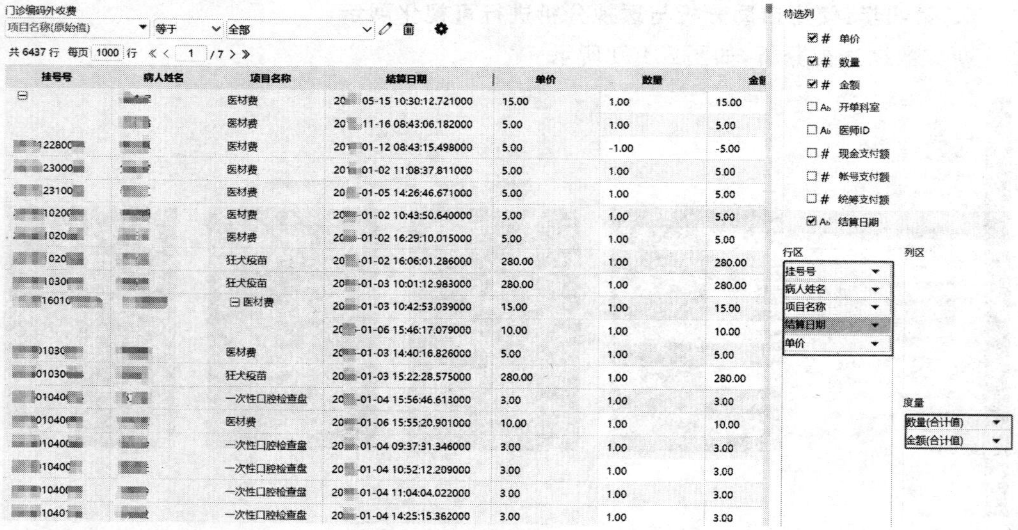

图 8-102 门诊超范围收费明细数据展示

同时，可以通过设置跳转规则，在跳转表上右键——编辑宏——设置跳转规则向导——新建向导——选择【目标资源】对应跳转参数来源，保存后形成模板，如图 8-103 至图 8-105 所示。

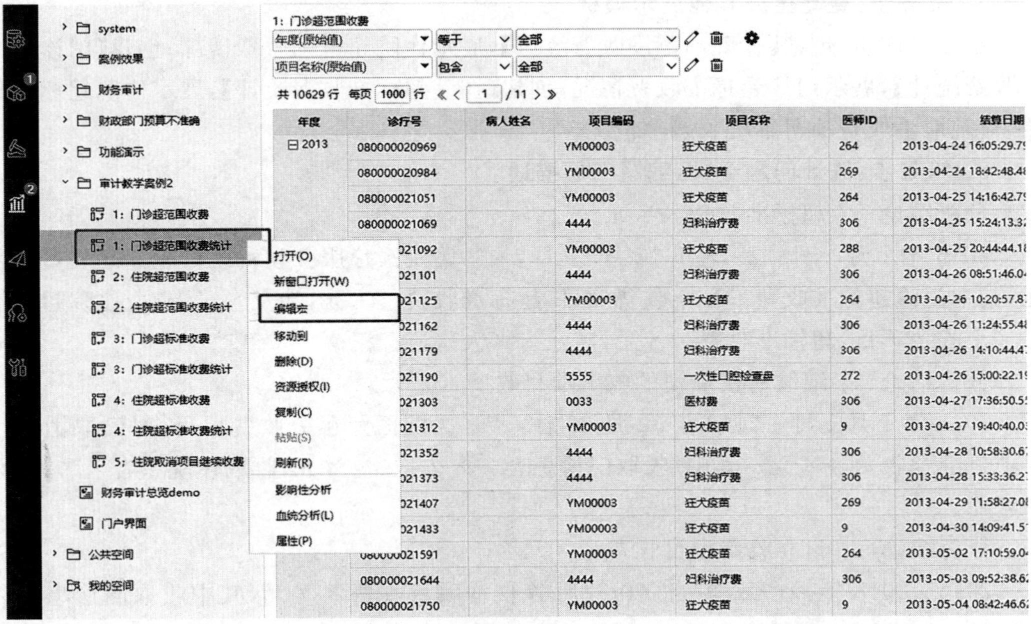

图 8-103　右键编辑宏

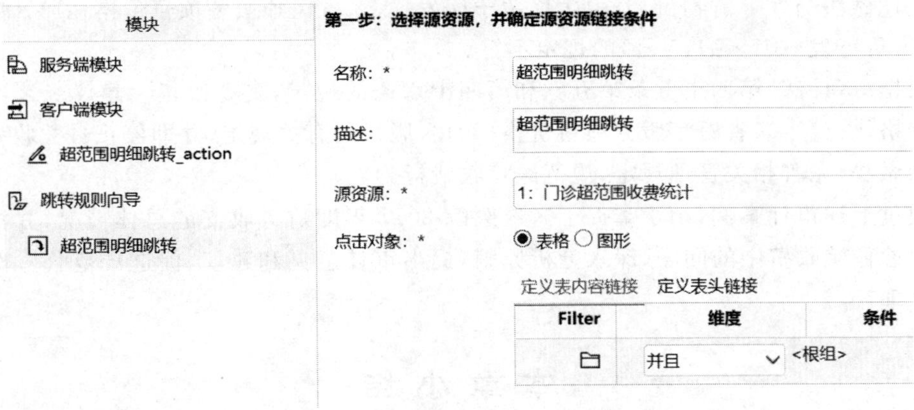

图 8-104　跳转规则向导——新建向导

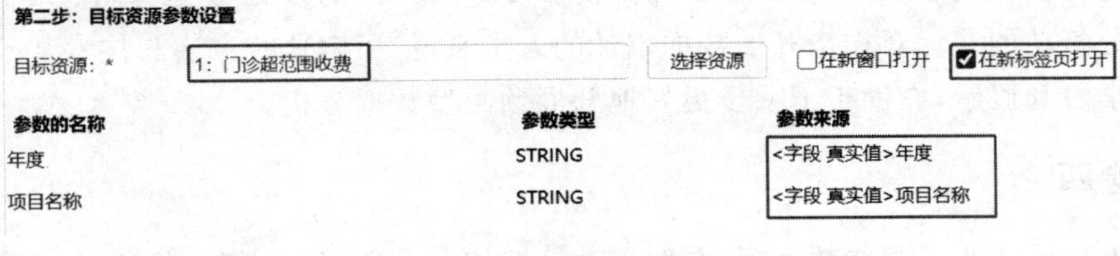

图 8-105　选择【目标资源】对应跳转参数来源

7. **第五步：重复生成其他展示模板**

重复第四步，创建【住院超范围收费统计】，展示住院超范围收费情况；创建【门诊超标准收费统计】，展示门诊超标准收费情况；创建【住院超标准收费统计】，展示住院超标准收费、住院取消收费项目继续收费等情况。

8. **第五步：统计问题金额，编写问题描述**

分析结论一：超标准收费××元。

2016年1月1日—2018年12月30日，××医院医疗服务收费项目超标准收费××元，其中门诊超标准收费××个收费项目，超标准收费××元，涉及××人次；住院超标准××个收费项目，超标准收费××元，涉及××人次。

分析结论二：继续对已取消的收费项目收费××元。

2016年1月1日—2018年12月30日，××医院医疗服务收费项目，对已取消的××项目继续收费××元。其中，收取门诊患者××人次、××元，收取住院患者××人次、××元。

分析结论三：自立收费项目收费××元。

2016—2018年，××医院自立医疗服务收费项目收费××元，其中收取门诊患者××项目××元、××项目××元、××项目××元，涉及××人次、××元；收取住院患者××项目××人次、××元，计××元。

上述做法与××省物价局、卫生厅关于印发《××省医疗服务项目价格（201×版）》的通知（×价行发〔201×〕175号）的规定不符。

根据《审计法》第四十五条第五款和第四十六条的规定，责令改正。建议××医院今后应严格执行《××省医疗服务项目价格（201×版）》的有关规定，立即停止自立收费项目收费的做法，完善相关管理规定，规范医疗收费行为。

通过上述审计案例，小丁掌握了××医院2017年度财务收支的总体情况，并揭示了医院门诊住院收费中的问题，深入分析原因，提出审计意见和建议，促进规范公立医院收费的管理。

本 章 小 结

本章详细介绍了多维数据分析的技术、方法、工具与案例，重点介绍了Excel的多维数据透视与可视化展示、Tableau的多维分析、SQL Server的多维数据分析、Smartbi的多维数据分析功能等。对初步开展数据审计的人员来说，了解这些方法与技术基础，参考上述案例学习和展示，有助于下一步更好地开展预测型数据分析。

课内实验四

审计人员关注非正常贷款事项，获取了某商业银行存款数据（行名维度表、科目维度表、储蓄存款事实表），请尝试采用不同的多维数据分析方法进行分析，关注：

1. 哪些地区、哪些月份储蓄存款存在值得关注的变化？

2. 哪些行的业务笔数和总金额在哪些月份值得关注？
3. 哪些种类的存款值得关注？
4. 哪些地区、哪些时间段的该类存款值得关注？

本章资源  扫码获取

第 9 章

预测型分析

【引例】 审计过程中,尤其是在企业并购、项目投资等专项审计中经常需要对被审计对象的业务发展趋势、未来收入、现金流变化等进行相应的预测分析。在获取数据的过程中,经常需要对大量多类别的审计数据,如 PDF 版的会议纪要、Word 版的方案、网上的各种通知等进行分析。小丁觉得非常新鲜,数字化审计模式下有哪些常用的预测型分析方法?如何在恰当的应用场景下开展预测型分析?

下面,请跟随小丁的学习步伐,让我们一起来了解预测型分析方法吧。

9.1 审计数据预测型分析概述

国家审计的首要目标是确保经济社会运行的安全性。整个经济社会大数据的形成,使审计人员具有了从宏观入手分析经济安全的手段。安全性要求审计人员更应关注大数据的威力。在大数据时代,对过去业务的经济鉴证和对未来的审计建议意义更大。如果能用大数据的分析技术,分析出整个发展趋势,对未来的经济社会运行方向将有更为积极的作用。对过去的发现只能是已经发生的风险,已经是危机了,对未来可能发生或即将发生的风险的揭示才更有意义。

审计数据由于涉及被审计单位财务、业务的方方面面,审计人员经常需要使用一些经验方法对被审计单位的整体情况进行判断。除了财务分析中经常用到的经典方法外,针对被审计单位持续经营情况、未来现金流情况及现有运营模式中存在的趋势性、苗头性疑点问题等也常需要运用一些预测型的算法。数据仓库与数据挖掘技术和方法常被用于审计数据预测型分析中,以揭示数据间的相关关系,发现一些倾向性问题。

数据仓库的创始人 Inmon 对数据仓库的定义是:数据仓库是一种数据集合,是由面向主题的、集成的、稳定的、涉及不同时间的数据组成的集合,用来支持经营管理中的决策制定过程。被审计单位信息系统的多样性和复杂性,以及各种信息系统的不同造成了数据的不一致性问题,审计数据的采集和获取工作一直是数据审计的难点。数据模型和数据采集接口都可能存在差异,在普通的应用环境中一般很难将这些数据综合在一起进行分析处理。数据仓库系统中的数据集成工具通常都具备面向各种外部数据源的接口,可以实现数据抽取、转换、装载、刷新等功能,也可以完成对异构、多源数据的转换、加载,审计人员可根据数据一致性原则将所需审计数据转移到审计数据库中,为审计数据采集提供强有力的技术支持。

本章所介绍的预测型分析是广义的预测。不仅包括对狭义的定量变量的预测方法如多元回归、人工神经网络等算法,也包括对定性变量的分类如决策树、贝叶斯网络、LOGISTIC 回归等数据挖掘算法,还包括常用于无监督学习的聚类分析、用于数据分布规律分析的班福法则等。

9.2 班 福 法 则

班福法则是频率分析的代表性方法之一。20 世纪 20 年代班福曾在纽约 GE 实验室工作。他总结了自然的数据分布规律并运用微积分推算出数字和数字组合的期望频率。通过检查数据中数字出现的实际频率并将其与期望频率的对比,可以将审计数据分析技术应用于揭示事务潜在的风险,从而预防风险。

班福法则总结出从 0 到 9 的 10 位数字,作为首位出现在同一总体、描述同一属性的一组无人为设置最大、最小值的随机数据中的频率是随着数字增大而降低的。这组数据可以是某企业全年销售交易的收入数据,或是某税务机关全年征收的所得税税款数据,也可以是某年度的某项费用明细。若发现某些数字高出正常频率较多,也许存在执行人员为了规避内部控制,把大额费用开支分成若干笔处理的可能。例如,某公司规定 50 万元以上的采购需要招标,如果一笔采购应为 90 万元,采用化整为零的方法分为三笔采购,此时 90 万元的大额支出就会被拆分成多种小额支出,如平均拆成三笔 30 万元等,因此会导致某些数字(本例中为 3)出现的频率较多,而其他数字(如 9)出现的频率远低于正常范围。

因此,统计学家对大量数据进行频率分析后发现,在这种大量交易的数据中,数字 1 出现在首位的频率约为 30.1%,数字 2 出现在首位的频率约为 17.6%,数字 3 出现在首位的频率约为 12.5%。数字越大,出现在首位的概率越小。以此类推,某个数字出现在首位的频率可用公式表示为

$$期望频率 = \log\left(1 + \frac{1}{某个数字}\right)/\log(10) \tag{9-1}$$

但是,班福法则仅用于揭示数据异常,并不能获取具体的审计证据。而且,数字异常不一定是舞弊导致,需要审计人员运用职业判断进一步追踪线索。班福定律无法揭示数字异常的原因,但可以从批量数据中发现需要特别关注的交易或事项。在业务交易量大的时候,利用班福法则能够准确且迅速地定位检查重点。

【例 9-1】 审计人员关注主营业务收入记录是否存在异常数据,利用班福法则,计算主营业务收入首位数字出现的频率(实际频率=实际出现的次数/总交易次数),并与标准频率进行比对,确定重点关注的交易事项。

```
select left(mc,1),
count(*)/(select cast(count(*) as decimal) from gl_accvouch where ccode=
```

'501' and mc<>0) 实际频率,
        log(1+1/cast(left(mc,1) as decimal))/log(10) 标准频率
    from gl_accvouch
    where ccode='501' and mc<>0
    group by left(mc,1)

班福法则除了分析首位数据之外,还可分析第二位及以后各位出现的频率,以及组合分析多个数据组合频率。

在审计工作中,各企业的销售收入业务、采购业务、合同、各项费用明细等数据,银行的信用卡消费记录、税务机关的纳税记录等,都可利用班福法则进行初步的线索分析。

9.3 定量变量的多元线性回归

9.3.1 多元线性回归理论基础

一元线性回归是分析只有一个自变量(自变量 x 和因变量 y)的线性相关关系的方法。一个经济指标的数值往往受许多因素影响,若其中只有一个因素是主要的、起决定性作用,则可用一元线性回归进行预测分析。

在许多实际问题中,对因变量的影响因素往往不止一个,多元回归是研究一个因变量与多个自变量之间的回归问题。例如,审计报告的意见类型除了受企业财务类指标等因素的影响外,还受诸如内部控制水平、企业持续经营能力、财税政策、行业经济趋势等多种因素的影响。多元线性回归是研究因变量与各自变量之间线性关系的方法。

多元线性回归模型的一般形式为

$$Y_i = \beta_0 + \beta_1 X_{1i} + \beta_2 X_{2i} + \cdots + \beta_k X_{ki} + \mu_i \qquad i=1,2,\cdots,n \qquad (9-2)$$

其中,k 为解释变量的数目,$\beta_j(j=1,2,\cdots,k)$ 称为回归系数。

建立多元线性回归模型时,为了确保回归模型有优秀的预测效果,并对现实情况有较强的解释能力,审计人员选择自变量时要满足以下四个前提假设:一是要求自变量和因变量之间有显著的线性关系;二是自变量与因变量之间的线性相关必须是真实的,而不是形式上的;三是自变量之间不相关,否则就存在共线性问题,容易导致预测结果不准确;四是自变量应具有相对完整的训练样本,并且期望预测值容易确定。

9.3.2 多元线性回归审计预测分析案例

【例 9-2】 2021 年 1 月,按照审计项目计划安排,小丁需要对被审计的该集团公司下属多家子公司近五年的坏账情况进行预测分析,以掌握该集团各公司坏账发生的规模,对未来可能发生的坏账情况进行预估。小丁收集到了该集团 25 家子公司近五年的坏账情况、应收账款 2020 年年末余额、2020 年累计应收账款、五年内坏账发生次数、2020 年资产总额等数据,考虑上述数据均为定量数据,尝试采用回归分析法,对未来坏账情况进行预测。

小丁利用 Excel 中的回归分析进行预测。Excel 中可采用【数据】选项卡下面的【数据分析】-【回归】进行相应操作。(数据分析选项卡可单击【文件】-【选项】-【加载项】-【Excel 加载项】-【转到】-【分析工具库】选择,如图 9-1 所示)。

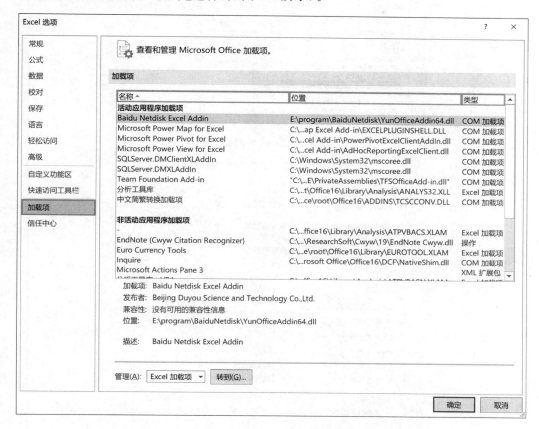

图 9-1　Excel 加载项选择

要进行回归分析建模,首先要分析变量类型,将要预测的因变量定义为坏账金额,对这类数值型变量的预测可采用线性回归法。自变量根据各变量与坏账之间的相关性进行分析选择,具体做法如下:

第一步,分析变量间的相关系数。选择【数据分析】-【回归】,参考图 9-2 进行相关系数分析后发现,因变量坏账的发生额与应收账款年末余额、本年累计应收账款、坏账发生次数均为强相关,与本年资产总额相关度为中等相关。

第二步,选择高度相关的自变量进行回归分析(如图 9-3 和图 9-4 所示)。

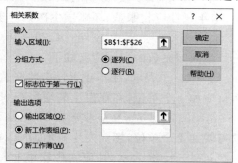

图 9-2　相关分析

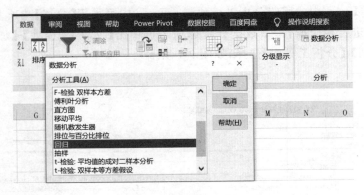

图 9-3　Excel 回归分析

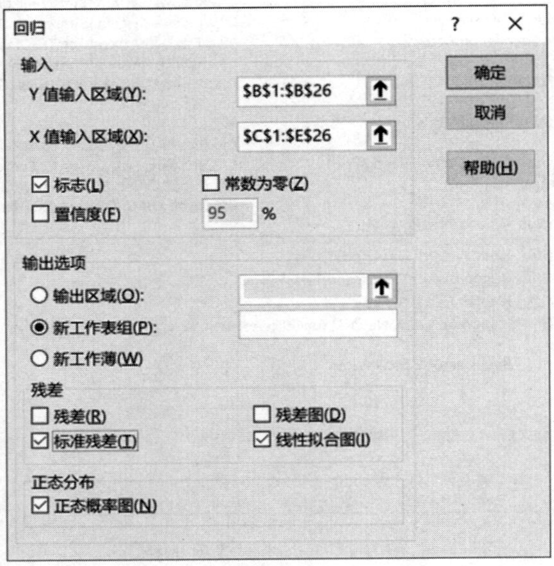

图 9-4　回归分析

第三步,对结果的分析与解读。如图 9-5 所示,得到坏账发生额与应收账款年末余额、本年累计应收账款、坏账发生次数的多元回归方程为

$$\hat{y} = -1.26 + 0.03x_1 + 0.17x_2 - 0.03x_3$$

各回归系数的实际意义如下:

$\hat{\beta}_1 = 0.03$ 表示,在本年累计应收账款、坏账发生次数不变的条件下,应收账款年末余额每增加 1 个单位,坏账发生额增加 0.03 个单位。

$\hat{\beta}_2 = 0.17$ 表示,在应收账款年末余额、坏账发生次数不变的条件下,本年累计应收账款每增加 1 个单位,坏账发生额增加 0.17 个单位。

$\hat{\beta}_3 = -0.03$ 表示,在应收账款年末余额、本年累计应收账款不变的条件下,坏账发生次数每增加 1 次,坏账发生额减少 0.03 个单位。

上例中,坏账发生次数增加导致坏账发生额减少与实际情况存在明显不同,造成这种情况的原因可能是自变量之间存在一定的共线性。可选择使用其他分析工具如 SPSS、数

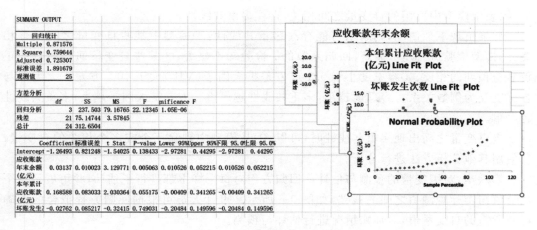

图 9-5　回归分析部分结果图

据挖掘工具等,并采用逐步回归方式自主选择自变量进行预测。

第四步:对模型拟合优度进行分析判别。

一是通过多重判定系数进行分析。多重判定系数 R^2 是对估计的多元线性回归方程拟合程度的度量,它反映了被估计的回归方程所解释的因变量的变差比例。本例中回归统计部分的 R^2 统计量为 0.7596,表示上述被估计的回归方程共解释了因变量坏账发生额 75% 的变差,这说明模型拟合还是比较好的。

二是通过 F 检验进行分析。但在多元线性回归中,只要有一个自变量与因变量存在显著的线性关系,F 检验就能通过,但这不一定意味着每个自变量同因变量都有显著的线性关系。本例中在方差分析部分,P 值小于 0.05,说明选择的自变量与坏账发生额有显著的线性关系,但是否每个自变量都与因变量具有显著的线性关系,还取决于各变量的回归系数的显著性。

三是检验各回归系数的显著性。对每个回归系数分别进行单独的检验,用于检测是否每个自变量对因变量都有显著影响。如果某个自变量对因变量的影响不显著,是否还有必要将这个自变量放进回归模型中就成了一件值得商榷的事情。本例中只有应收账款年末余额与坏账发生额有显著的线性关系,其余两个自变量的 P 值均大于 0.05,意味着这两个自变量对因变量的影响不显著。

第五步:判断自变量之间是否存在多重共线性。

当回归模型中两个或两个以上的自变量彼此相关时,对因变量的影响可能会存在一些重复性,这种现象说明自变量间存在多重共线性。自变量存在多重共线性时会对回归分析结果产生一定影响。

首先,自变量之间高度相关时,可能会对回归结果产生不良影响,甚至会导致分析失败。其次,多重共线性可能对参数估计值的正负号产生影响,当某个自变量回归系数 β_i 的正负号有可能同实际预期相反,有可能意味着存在多重共线性时,按此回归系数进行结果解释将是危险的。

如何判断自变量之间是否具有多重共线性?一种方法是计算模型中各自变量两两之间的相关系数,并对各相关系数进行显著性检验。如果存在一个或多个显著相关的自变量,则表示模型中所用的自变量之间相关,存在多重共线性。

如果出现下列情况,则暗示可能存在多重共线性:①模型中某些自变量之间显著相关;②模型检验(F 检验)显著,回归系数的 t 检验却不显著;③某些自变量回归系数的正负号与预期的相反;④容忍度小于 0.1 或方差扩大因子(VIF)大于 10。方差扩大因子与容忍度互为倒数关系。容忍度越小,多重共线性越严重。方差扩大因子越大,多重共线性越严重。

当自变量之间出现多重共线性时,可以:①从模型中剔除一个或多个相关的自变量;②使用其他分析方法进行分析。

第六步:对因变量的预测与估计。回归方程对每个样本都进行了估计,并可展示每个估计值与实际观测值之间的残差,如图 9-6 所示。审计人员可根据回归方程拟合的准确度及所需的自变量值,对坏账情况进行估计与预测。

观测值	坏账	残差	标准残差
1	1.854569	-0.95457	-0.53946
2	5.122644	-4.02264	-2.27332
3	4.990656	-0.19066	-0.10775
4	2.207387	0.992613	0.560956
5	7.256566	0.543434	0.307111
6	-0.41346	3.113461	1.759511
7	3.43853	-1.83853	-1.03901
8	8.622623	3.877377	2.191223
9	1.76012	-0.76012	-0.42957
10	2.166249	0.433751	0.245126
11	0.799221	-0.49922	-0.28212
12	4.135067	-0.13507	-0.07633
13	1.19817	-0.39817	-0.22502
14	5.635178	-2.13518	-1.20665
15	8.691912	1.508088	0.852266
16	2.308815	0.691185	0.39061
17	-0.75474	0.954743	0.539554
18	1.731597	-1.3316	-0.75253
19	0.242362	0.757638	0.428164
20	3.548467	3.251533	1.83754
21	12.23393	-0.63393	-0.35825
22	2.101606	-0.50161	-0.28347
23	3.522979	-2.32298	-1.31279
24	7.111628	0.088372	0.049942
25	3.687931	-0.48793	-0.27574

图 9-6 样本估计结果与残差

由于模型选择不同以及用于模型训练的样本量大小、数据不同都会影响回归方程的结果,审计人员可以根据实际数据质量、规模选择合适的预测模型进行分析预测。

9.4 常用数据挖掘算法

审计中常用到对分类变量的预测问题,如对出具的审计意见类型的预测、对公司内部控制情况是否存在缺陷的判断、对上市公司是否存在违规行为的分析等。对这种分类变量通常采用分类算法进行预测,如决算树、贝叶斯、Logistic 回归(逻辑回归)等。

9.4.1 决策树

决策树是从一组无次序、无规则的事例中推理出分类规则的方法。决策树分类方法采取自上向下的递归方式,在内部节点进行属性值的比较,并根据不同的属性值判断从该节点向下的分支,最后在决策树的叶节点得到结论。决策树是一种被广泛应用的分类算法,目前常用的决策树方法较多,如 ID3、CN2、SLIQ、SPRINT 等。

决策树分类算法通常分为两个步骤:决策树生成和决策树修剪。生成决策树时,一般选择一组带有类别标记的例子作为输入,生成一棵二叉树或多叉树。二叉树的内部节点(非叶子节点)通常表示为一个逻辑判断,树的边是逻辑判断的分支结果。多叉树的内部节点是属性,边是该属性的所有取值,有几个属性值,就有几条边。当树长得过大时,需要进行修剪。决策树修剪算法有两种基本的剪枝策略:一是先剪枝,在生成树的同时决定是继续对不纯的训练子集进行划分还是停机;二是后剪枝,首先生成与训练数据完全拟合的一棵树,然后从树的叶子逐步向根的方向剪枝。剪枝的判断标准是与一个测试数据集合进行对比,如果剪去某个叶子后不会导致测试集上的准确度或其他测试降低(变得更坏),则剪去该叶子;否则停止。

9.4.2 贝叶斯

贝叶斯分类法是一种基于贝叶斯定理的统计学分类方法,用来预测隶属关系的概率,如一个给定的元组属于一个特定类的概率。在大型数据库处理中,贝叶斯分类法表现出比较高的准确率和较高的处理速度。贝叶斯分类法根据适用对象的不同,分为朴素贝叶斯和贝叶斯网络两种方法。

9.4.2.1 朴素贝叶斯

朴素贝叶斯分类法假定一个属性值对给定类的影响独立于其他属性的值。这一假定下的贝叶斯为朴素贝叶斯。贝叶斯定理为

$$P(H|X) = \frac{P(X|H)P(H)}{P(X)} \tag{9-3}$$

朴素贝叶斯分类法的工作过程如下:

设 D 是训练元组及其相关联的类标号的集合。通常,每个元组用一个 n 维属性向量 $X = \{x_1, x_2, \cdots, x_n\}$ 表示,描述由 n 个属性 $A_1, A_2, \cdots, A_n$ 对元组的 n 个测量。

假定有 m 个类 $C_1, C_2, \cdots, C_m$。给定元组 X,分类法将预测 X 属于具有最高后验概率的类。$P(C_i|X)$ 最大的类 C_i 称为最大后验假设。根据贝叶斯定理:

$$P(C_i|X) = \frac{P(X|C_i)P(C_i)}{P(X)} \tag{9-4}$$

由于 $P(X)$ 对所有类为常数,所以只需要 $P(X|C_i)P(C_i)$ 最大即可。

为了预测 X 的类标号,对每个类 C_i 计算 $P(X|C_i)P(C_i)$。换言之,被预测的类标号是使 $P(X|C_i)P(C_i)$ 最大的类 C_i。

9.4.2.2 贝叶斯网络

朴素贝叶斯要求假设属性之间相互独立,但是现实世界中属性之间往往是有关联关系的,不会相互独立。基于此,出现了贝叶斯网络算法,它不要求属性之间相互独立,而是可以有关联关系。

贝叶斯网络适合处理不完整的数据。针对有属性遗漏的样本,可以通过对该属性的所有可能取值的概率求和或求积分进行处理。因为允许属性之间不相互独立,相比朴素贝叶斯,可以得到更加准确的计算结果。

9.4.3 Logistic 回归

Logistic 回归又称逻辑回归,是一种广义的线性回归分析模型,常用于数据挖掘、疾病自动诊断、经济预测等领域。例如,探讨引发某种现象的危险因素,并根据危险因素预测现象发生的概率等。Logistic 回归是一种用于解决二分类(0 或 1)问题的机器学习方法,用于估计某种事物的可能性,如某被审计单位存在违规行为的可能性、内部控制存在缺陷的可能性等。

Logistic 回归的主要思想是:寻找合适的假设函数,即分类函数,用以预测输入数据的判断结果;构造代价函数,即损失函数,用以表示预测的输出结果与训练数据的实际类别之间的偏差;最小化代价函数,从而获取最优的模型参数。

Logistic 回归的因变量是一种分类变量,可以是二分类变量,如判断被审计单位是否违规,只存在不违规与违规(0 与 1)两种情况,因变量取 1 的概率(违规)$P(y=1)$就是要研究的对象。如果有很多因素影响 y 的取值,这些因素就是自变量$(x_1,x_2,\cdots,x_k)$,自变量既可以是定性变量,也可以是定量变量。

$$\ln \frac{p}{1-p} = b_0 + b_1 x_1 + \cdots + b_k x_k \tag{9-5}$$

满足式(9-5)则称为 Logistic 线性回归。

Logistic 回归与回归分析不同的地方在于,Logistic 回归预测的是事件发生的概率。Logistic 回归的概率值可以是 0 和 1 之间的任何值。

采用 Logistic 回归进行分类变量预测时,只需要关注一个事项(如有没有购买、成功还是失败)是否发生,并对事件发生或不发生的概率进行预测。如果预测概率小于 0.5,则预测不发生,反之则发生。

Logistic 回归的自变量可以是定量变量或定性变量(需要编码),这样可以检验自变量对 Logistic 回归模型的贡献、自变量的显著性及 Logistic 模型的判别精度。Logistic 回归一般有以下几个步骤:

(1) 选择自变量和因变量。因变量为分类变量,自变量可以是定量变量也可以是定性变量。

(2) 对样本进行分割,选择一部分用于训练模型,另一部分用来测试,分割比例通常可选择 7∶3,或 8∶2 等。

(3) 自变量之间不存在高度相关。

(4) 估计模型参数，检验回归参数的显著性，评估模型的拟合程度并进行检验。

(5) 解释所得到的模型结果。通过参数的显著性和符号、大小来解释自变量对因变量的意义。

(6) 通过测试样本来验证模型的判别精度。

Logistic 回归的逻辑框图如图 9-7 所示。

图 9-7　Logistic 回归的逻辑框图

9.4.4　人工神经网络

近年来，人工神经网络越来越多地被用来解决预测问题。从理论上说，人工神经网络（artificial neural network，简称神经网络或类神经网络）是一种抽象数学模型。神经网络由代表一种特定输出函数的大量节点（或称神经元）之间相互连接构成。输出函数称为激励函数（activation function）。每两个节点间的连接都代表权重，根据网络的连接方式、权重值和激励函数的不同，网络的输出也不同。

神经网络中最基本的成分是神经元（neuron）模型（见图 9-8）。

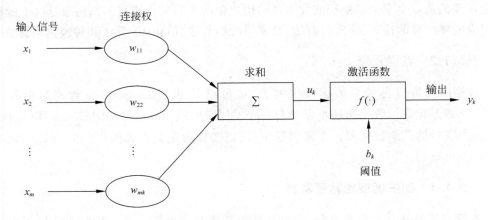

图 9-8　神经元

神经网络学习是一种归纳的学习方式。它首先对大量样本进行反复学习，在学习中不断由内部的自适应过程修改各神经元之间相互连接的权值，最终通过反复学习使神经网络的权值分布收敛于一个稳定的范围。神经网络的知识最终体现在网络连接的权值上，神经网络的学习过程体现在对网络权值的反复迭代或累加计算上。

人们为了掌握客观的事物，往往会按照事物的相似程度组成类别，而模式识别的作用和目的就在于把某一个具体的事物正确地归入某一个类别。神经网络经常用于模式识别。这是因为该方法可以把一种输入状态映射到一种输出状态。神经网络已经成为可用于预测或判断的一种重要工具,从人脸识别、医学诊断到跑马赛的预测,或者真正的硬件机器人导航等。

实际上,所有支持决策树、向量机解决的问题都可以用神经网络来处理,而且更为有效。这是因为神经网络非常适合多个输入(传感器)到少个输出的学习。甚至,如果传感器极多,在很多情况下,神经网络可能会成为唯一的解决方案。

9.5 SQL Server 数据挖掘应用案例

【例 9-3】 小丁接到审计任务,对被审计公司的经营情况进行预测分析,以判断发展趋势与未来收益情况。按照审计项目计划安排,此次审计分析的主要目的是对×××公司客户是否购买自行车的情况进行分类预测,根据 Table Analysis Tools Sample 表中相关数据探究什么样的用户愿意购买自行车。小丁尝试采用数据式审计模式,通过 SQL Server 数据挖掘工具,用算法进行分析。

9.5.1 数据挖掘步骤

9.5.1.1 问题定义

数据挖掘解决方案的第一步是定义想要解决的问题。数据挖掘善于发现那些不明显的模式和关系。本章例题中探究什么样的用户偏向于购买自行车。我们通过以下四种算法完成所要探究的任务:决策树算法、朴素贝叶斯算法、Logistic 算法和神经网络算法。

9.5.1.2 数据采集

数据源既可以是关系数据库中的表,也可以是 Analysis Services 数据库中的一个 OLAP 多维数据集。数据源还可以来自一个 OLE DB 或 Business Intelligence Development Studio 所支持的其他数据源。在该例题中,我们选择的是关系数据库中的 Table Analysis Tools Sample 表。

9.5.1.3 训练模型和验证数据

在确定完算法并且数据准备完成后,开始新建数据挖掘结构。我们通常把历史数据分为两组,一组数据用来训练数据模型,另一组用来在训练模型之后对模型进行验证。在本例题中,历史数据包含了顾客的属性(如 ID、Age、Cars、Children 等),包括他们是否会购买自行车。为了创建并测试数据挖掘模型,我们将数据分为两组,选取 70% 的历史数据用于训练模型,30% 用于测试每一组数据挖掘算法。

首先打开 SQL Server Data Tools,新建 Bike 项目,选择关系数据库中的 Table Analysis Tools Sample 表,新建数据源命名为 BIKE.ds,新建数据源视图命名为 BIKE.dsv。

1. 构建决策树模型

鼠标右键单击"解决方案资源管理器"窗口中的【数据挖掘】文件夹,选择【新建挖掘结构】,单击【下一步】,选择【定义方法】,选择从现有关系数据库或数据仓库→【下一步】,从下拉列表中选择【Microsoft 决策树】→【下一步】,选择可用数据源视图【BIKE】→【下一步】指定表类型(默认)→【下一步】指定类型数据,主键选择 ID,可预测选择 Purchased Bike,其他属性均选为输入(如图 9-9 所示)→【下一步】进入指定列的内容和数据类型页,单击【检测】,修改内容类型→【下一步】创建测试集页,输入要测试的数据百分比为 30%→【下一步】完成向导页输入挖掘结构名称 Purchased Bike 和挖掘结构名称 Decision Trees-Purchased Bike,完成向导。

图 9-9 创建挖掘结构

2. 构建朴素贝叶斯模型

在创建的 Purchased Bike 数据结构中选择【挖掘模型】选项卡,在空白处右键单击新建挖掘模型,模型名称为 Naive Bayes-Purchased Bike,算法名称选择 Microsoft Naive Bayes(朴素贝叶斯),单击【确定】,如图 9-10 所示,选择【是】。由于贝叶斯算法要求输入数据为离散值,而 Age 和 Income 为连续值,因此不能作为输入参数。若想输入,则需把 Age 和 Income 这两个字段的内容类型改为 Discrete(离散型),然后选择一种方法将连续值分组成若干个离散型的组(如 Age11~15,Age16~20)。

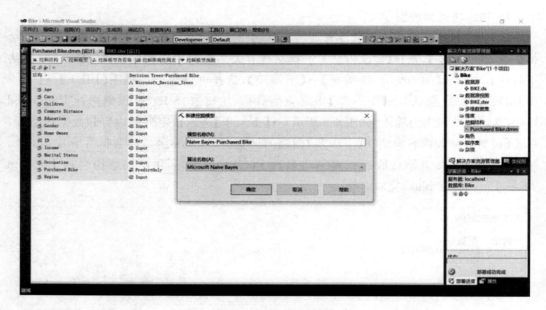

图 9-10　新建朴素贝叶斯挖掘模型

3. 构建 Logistic 回归模型

为了更好地对比各种分类模型的优劣,本例采用多种模型进行对比分析。用与上面相同的操作建立其他三种挖掘模型进行分析。在空白处右键单击新建挖掘模型,模型名称为 Logistic-Purchased Bike,算法名称选择 Microsoft 逻辑回归,单击【确定】。

4. 构建人工神经网络模型

在空白处右键单击新建挖掘模型,模型名称为 Neural Network-Purchased Bike,算法名称选择 Microsoft 神经网络,单击【确定】。

自此,四种数据挖掘算法模型创建完成,如图 9-11 所示。

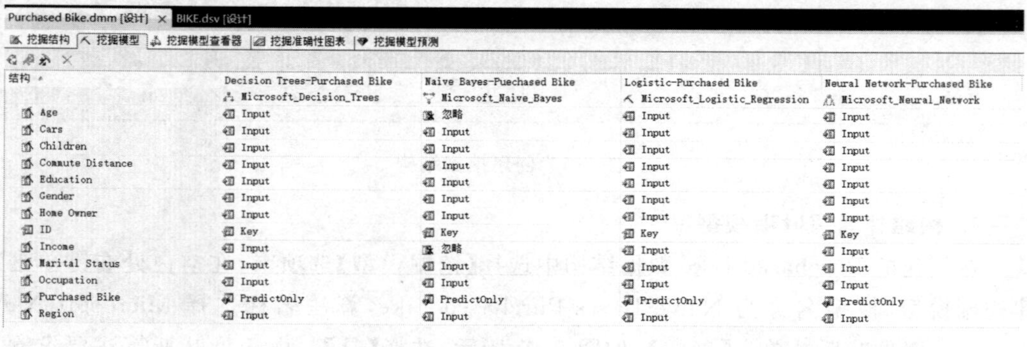

图 9-11　四种挖掘模型对比

9.5.1.4　部署

在 SQL Server Data Tools 中完成数据挖掘结构创建后应对该方案进行部署。右击方案,选择部署,部署成功完成。单击处理挖掘结构及当前选定的相关模型图标,单击【运行】,运行成功后关闭。

9.5.1.5 模型验证与评价

模型采用准确度、灵敏度、特异度、KAPPA 统计量、ROC 曲线(Receiver Operating Characteristic Curve,受试者工作特征曲线)进行评价。评价标准的计算依赖于表达预测值与真实值间关系的混淆矩阵(见表 9-1),其中 T 表示"是",F 表示"否";TN 表示对"否"的正确预测(真阴性);FP 表示实际为"否"但被预测为"是"(假阳性);FN 表示实际为"是"被预测为"否"(假阴性);TP 表示对"是"的正确预测(真阳性)。

表 9-1 评价标准混淆矩阵

实　际	预　测	
	T	F
F	TN	FP
T	FN	TP

特异度是对否正确分类的比例,是审计犯第一类错误即误拒风险被正确揭示的概率。灵敏度是对是正确分类的比例,评价分类模型的完整性,是审计所关注的犯第二类错误即误受风险被正确揭示的概率。准确度表示所有预测被正确分类的比例。

KAPPA 统计量表明预测值和真实值之间的一致性,一般 0.2~0.4 代表尚可的一致性,0.4~0.6 代表中等的一致性,1 代表完全一致。

ROC 曲线又称感受性曲线(sensitivity curve),是以灵敏度为纵坐标,以(1-特异度)为横坐标,在单位面积为 1 的正方形内绘制的曲线。ROC 曲线下方的面积(AUC)代表预测效果,曲线越凸向左上角的顶点,AUC 面积越大则模型效果越好。

$$特异度 = \frac{TN}{(FP+TN)} \qquad (9-6)$$

$$灵敏度 = \frac{TP}{(FN+TP)} \qquad (9-7)$$

$$总体准确率 = \frac{TN+TP}{(FP+TP+TN+FN)} \qquad (9-8)$$

9.5.2 决策树分类结果分析

使用【Microsoft 决策树查看器】的【决策树】选项卡,需要先在【数据挖掘设计】选项卡上选择【挖掘结构查看器】选项卡,然后从【挖掘模型】下拉列表中选择【Decision Trees-Purchased Bike】。再选择【决策树】选项卡,就会出现【Mircosoft 树查看器】。在【决策树】选项卡中选择要预测的列(树)Purchased Bike。单击【挖掘模型查看器】查看该模型,得到决策树(如图 9-12 所示)和依赖关系网络(如图 9-13 所示)。

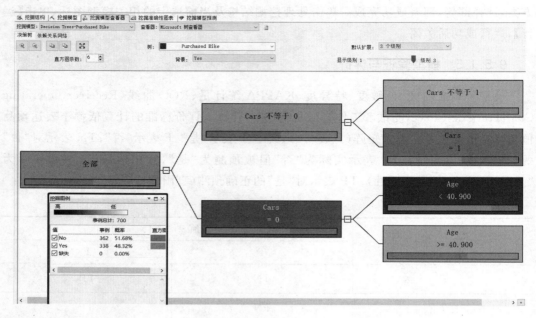

图 9-12　决策树

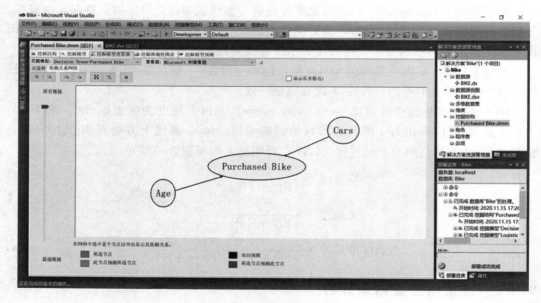

图 9-13　依赖关系网络

默认情况下,树节点的背景颜色反映了整棵树中的个案分布情况。背景中选择 Yes 即可能购买自行车的类别,现在的背景色代表的是在每个节点购买自行车用户的百分比,即每一组中有多少购买自行车的客户,也就是购买自行车最多的客户的特征(如图 9-14 所示)。右击显示图例(如图 9-15 所示),购买自行车的概率为 78.99%,特点为 Cars＝0 and Age＜40.900。

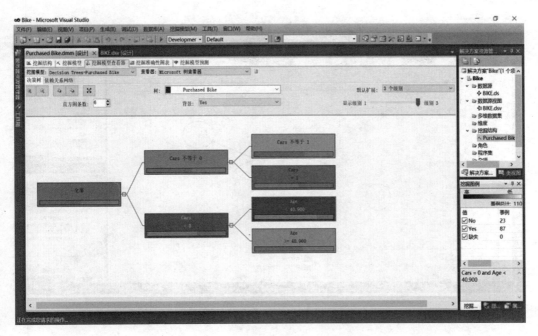

图 9-14　决策树预测结果

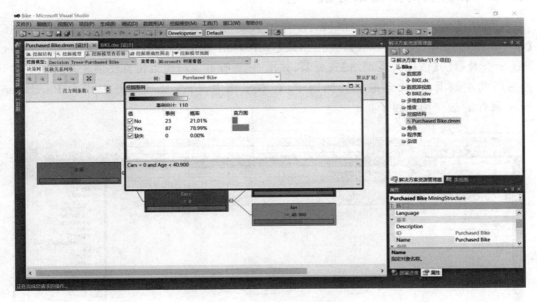

图 9-15　决策树模型预测精度

切换到依赖关系网络选项卡,如图 9-16 所示。该图显示了数据挖掘模型中的每个属性对其他属性的影响,我们可以看出哪些属性可以预测其他属性,也可以看出这些交互影响的强度如何。如图 9-16 所示,Age 和 Cars 两个属性都可预测 Purchased Bike 属性。关系图左边的滑块可以控制影响的强度,当滑块下移时,影响强度加强,那些影响较弱的箭头会消失。在此模型中,可以看出 Cars 属性对所预测的 Purchased Bike 的影响强度最大。

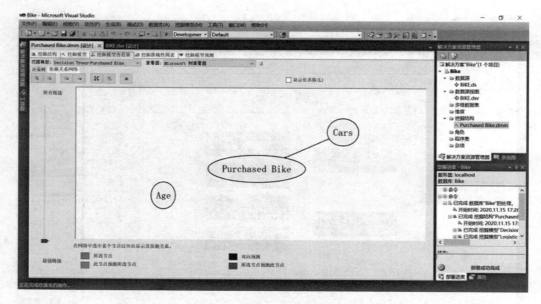

图 9-16　依赖关系路径图

9.5.3　朴素贝叶斯结果分析

要使用【Microsoft Naive Bayes 查看器】，需要先从【挖掘模型】下拉列表中选择【Naive Bayes-Purchased Bike】，就会出现【Mircosoft 树查看器】。打开 Microsoft Naive Bayes 查看器的【依赖关系网络】查看器，如图 9-17 所示。与决策树算法的使用方法一样，通过滑动左侧滑块，找到最佳预测因子，在本案例中，Cars 属性是此模型中 Purchased Bike 属性的最佳预测因子。

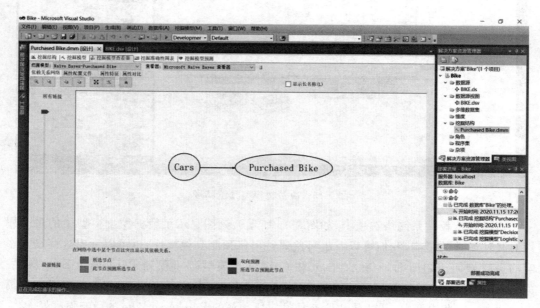

图 9-17　朴素贝叶斯依赖关系网络

在【属性配置文件】选项卡，使用【可预测】下拉列表来选择要分析的预测。在该案例中，选择 Purchased Bike 预测目标。"挖掘图例"窗口可以提供一些较为详细的信息，选中【属性配置文件】网格中显示的一个单元格，在"挖掘图例"窗口中会显示该单元格直方图下方的数字。例如，选中图 9-18 中的单元格，则拥有汽车数目为 2 的客户中购买自行车的比例为 26.9%，拥有汽车数目为 1 的客户中购买自行车的比例为 31.1%，拥有汽车数目为 0 的客户中购买自行车的比例为 33.4%，拥有汽车数目为 3 的客户中购买自行车的比例为 4.7%，拥有汽车数目为 4 的客户中购买自行车的比例为 3.8%。

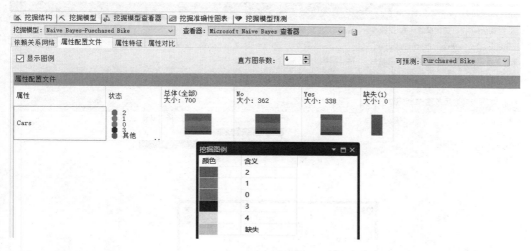

图 9-18　属性配置文件

选择【属性特征】选项卡后，在【属性】下拉列表中选中 Purchased Bike，在【值】下拉列表中选中 Yes。这时，可以看到某个属性的值与我们的预测值同时出现的概率，如图 9-19 所示。

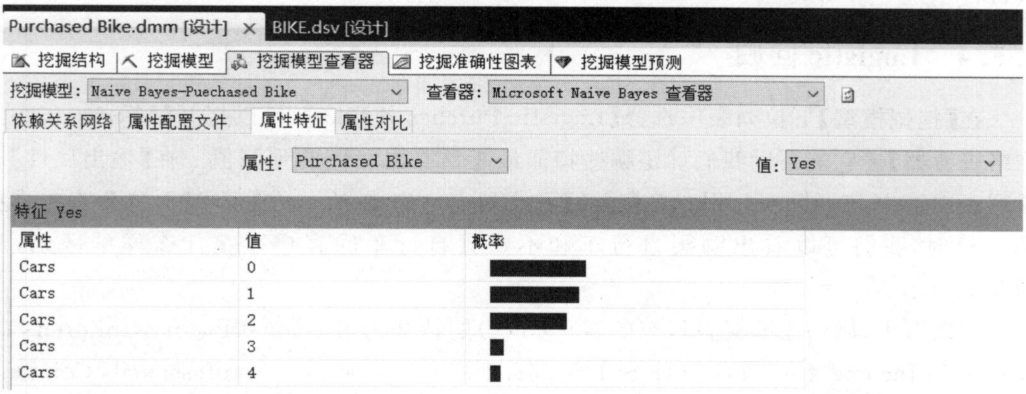

图 9-19　属性特征

可以看出，购买汽车数目为 0 的客户购买自行车的概率很高，购买汽车数目为 1 和 2 的概率也很高，而购买汽车数目为 3 和 4 的客户购买自行车的概率很低。

选择【属性对比】选项卡，在【属性】下拉列表中选中 Purchased Bike，在【值 1】下拉列表中选中 Yes，在【值 2】下拉列表中选中所有其他状态，如图 9-20 所示。此图可以帮我们确定：哪些属性值能将最有利于我们的理想预测状态的节点与那些不利于我们的预测状态的节点区别开。

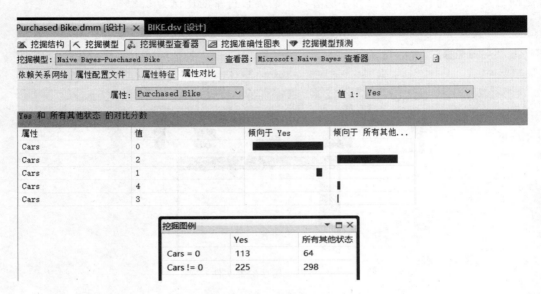

图 9-20　属性对比

可以看出，没有汽车的客户会购买自行车，而购买汽车数量为 2 的客户则不太可能购买自行车。

9.5.4　Logistic 回归

在【挖掘模型】下拉列表中选择【Logistic-Purchased Bike】，可以打开【Microsoft 神经网络查看器】。它能帮助我们确定哪些特征最能预测出我们的预测值。在【输出属性】下拉列表中选中 Purchased Bike，在【值 1】下拉列表中选中 Yes，在【值 2】下拉列表中选中 No。这时，我们可以看出购买自行车和不购买自行车的客户存在什么样的区别，如图 9-21 所示。

可以看出，倾向于购买自行车的客户（Yes）的特征为：Region＝Pacific，Children＝3，Cars＝0，Income＝75 249.818～145 362.801，Occupation＝Professional，Commute Distance＝2～5Miles 等。

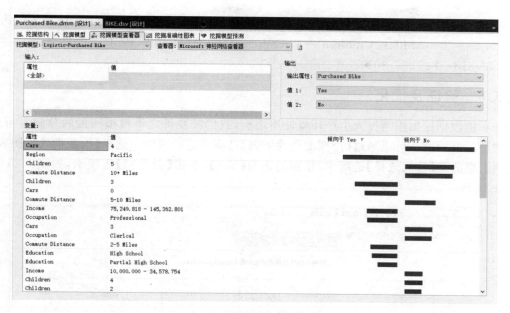

图 9-21 Logistic 回归

9.5.5 人工神经网络

在【挖掘模型】下拉列表中选择【Neural Network-Purchased Bike】，可以打开【Microsoft 神经网络查看器】。它能帮我们确定哪些特征最能够预测出我们的预测值。在【输出属性】下拉列表中选中 Purchased Bike，在【值 1】下拉列表中选中 Yes，在【值 2】下拉列表中选中 No。如图 9-22 所示，我们可以看出购买自行车和不购买自行车的客户存在什么样的区别。

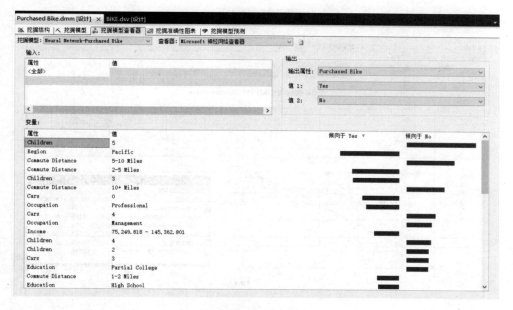

图 9-22 神经网络

可以看出，倾向于购买自行车的客户（Yes）的特征为：Region ＝ Pacific，Commute Distance ＝ 2～5Miles，Children ＝ 3，Cars ＝ 0，Occupation ＝ Professional，Income ＝ 75 249.818～145 362.801 等。

9.5.6 验证及优化

在将数据挖掘模型投入生产环境使用之前，我们需要确定该模型所做的预测是否达到预期的准确度。可以通过【挖掘准确性图表】选项卡进行判断。选择【挖掘准确性图表】选项卡中的是【输入选择】选项卡，预测值选为【Yes】，单击【提升图】选项卡，如图 9-23 和图 9-24 所示。

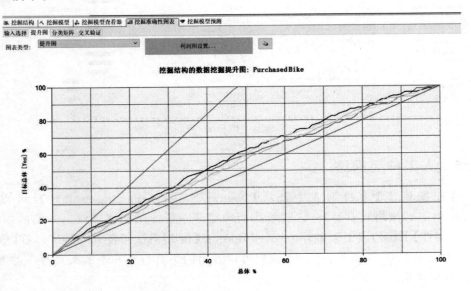

图 9-23　提升图

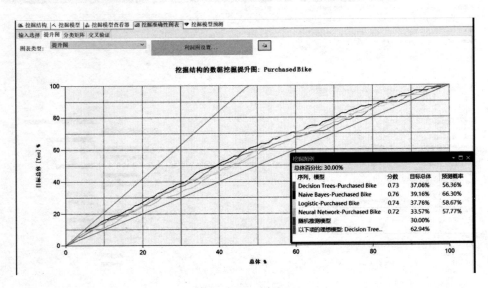

图 9-24　30％状态

在图 9-23 中,X 轴坐标表示的是处理过的数据集的百分比,Y 轴表示的是这些测试的目标总体:已购买自行车的客户(Yes)。在测试数据集中,48% 的客户购买了自行车。因此,在完美的情况下,只需要处理完测试数据集的 48%,就能找到所有购买了自行车的客户。这就是图 9-24 中理想模型的曲线在 X 轴达到 48% 的地方 Y 轴时的值就已达到 100% 的原因。点击 X 轴的大致位置为 30% 的位置,通过【挖掘图例】窗口中的数字,可以知道,决策树挖掘模型找到了目标总体的 37.06%,朴素贝叶斯是 39.16%,逻辑回归是 37.76%,神经网络是 33.57%。如果点击靠近 50% 的地方,可以看到发生了一些变化(如图 9-25 所示)。决策树挖掘模型找到了目标总体的 59.44%,朴素贝叶斯是 62.24%,逻辑回归是 59.44%,神经网络是 56.64%。与它们在 30% 处的成果相比,进展不大。如果点击靠近 100% 的地方,所有模型才能找到 100% 的目标总体。

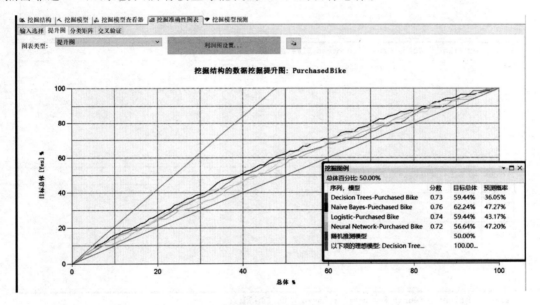

图 9-25 50% 状态

综合上述对 ROC 曲线的分析,我们可以看出上述四个模型中,按分数来看,朴素贝叶斯预测准确度最高(0.76),其次为决策树(0.73),再次为 Logistic 回归(0.74),人工神经网络预测准确度在本例数据中是 0.72。

在【挖掘准确性图表】选项卡中选择【分类矩阵】选项卡,便可查看分类矩阵。我们可以从分类矩阵中看出这些模型都犯了些什么错误。在网格中的最左侧一列显示的是各挖掘模型所预测的几种值,如图 9-26 所示。该值就是训练集中客户是否购买自行车的预测结果,其他列显示的是客户是否购买自行车的实际结果。

分类矩阵常用来判断模型的准确性。在图 9-26 中,第一个网格显示的就是决策树挖掘模型的结果。从网格中的第一行可以看出:在决策树挖掘模型预测的购买自行车的客户中,实际上有 72 个客户购买了自行车,这些是正确的预测;在决策树挖掘模型预测的购买自行车的客户中,实际有 47 个顾客没有购买自行车,这些是错误的预测。网格的对角线显示的是正确的预测:Yes 与 Yes、No 与 No,依此类推。我们希望最大的数字都在对角线上。这四种挖掘模型均属于这种情况，由此可知：这四个模型都比较准确，但也存在一定的误差。

挖掘结构 | 挖掘模型 | 挖掘模型查看器 | 挖掘准确性图表 | 挖掘模型预测

输入选择 | 提升图 | 分类矩阵 | 交叉验证

分类矩阵中的列对应于实际值；行对应于预测值

Purchased Bike 上 Decision Trees-Purchased Bike 的计数：

预测	Yes（实际）	No（实际）
Yes	72	47
No	71	110

Purchased Bike 上 Naive Bayes-Puechased Bike 的计数：

预测	Yes（实际）	No（实际）
Yes	88	58
No	55	99

Purchased Bike 上 Logistic-Purchased Bike 的计数：

预测	Yes（实际）	No（实际）
Yes	64	52
No	79	105

Purchased Bike 上 Neural Network-Purchased Bike 的计数：

预测	Yes（实际）	No（实际）
Yes	73	61
No	70	96

图 9-26 分类矩阵

实际审计中，我们更为关注灵敏度的高低。灵敏度是对买车客户正确分类的比例，评价分类模型的完整性。通过对分类矩阵的分析，可知上述四个模型对买车用户预测的灵敏度从高到低分别是朴素贝叶斯、决策树、人工神经网络和 Logistic 回归。

综上所述，上面的分值说明在本例中，采用 SQL Server 数据挖掘封装的四个模型进行训练，结果较好但仍存在一定的优化空间，可能需要进一步调整、优化模型各参数来提高模型训练的准确性和灵敏度。

9.6 R 数据挖掘应用案例

上市公司信息披露违规对注册会计师审计影响巨大。审计可在一定程度上揭露舞弊，但由于审计的固有限制，即使注册会计师按照审计准则的规定恰当计划和执行了审计工作，也不可避免地存在财务报表中的某些重大错报未被发现的风险。审计应如何有效地识别舞弊影响因素、揭示舞弊风险并加强监管？在大数据环境下，舞弊的"果"不一定由直接显见的"因"所导致，更可能是在未探知的领域蕴含着某些不常见的共因。

【例 9-4】 小丁在审计中开始思考，到底什么样的上市公司容易出现舞弊行为？舞弊的上市公司有什么样的特征？为了更好地识别上市公司舞弊信号，小丁收集了因舞弊被处罚的上市公司的信息，与正常上市公司的指标进行了一比一配对。经过对获取的数据进行整理，选取了 1993—2015 年中国上市公司 4 461 例样本数据，以公司治理、财务指标、持续经营三类 33 个变量对舞弊进行解释，采用四种抽样方法构建了决策树模型，并采用 Bagging 机器学习算法对模型进行优化。以上采用 R 语言进行数据处理、算法设计的程序包含在本章的例题与作业数据中，可扫码获取。

9.6.1 变量选择

在参考国内上市公司违规的征兆和识别研究文献的基础上，确定上市公司舞弊为因变量。自变量基于舞弊三角理论，考虑影响舞弊的压力、机会、借口等因素指标，从公司治理、财务指标、持续经营三个维度 14 个方面选择了 33 个特征指标作为变量（如表 9-2 所示）。

表 9-2 特征指标及含义

指标类别			指标名称	代码	公式/备注
预测变量			舞弊	Fraud	分类变量(0,1)，0 为非舞弊，1 为舞弊
公司治理	环境特征		行业	Hy	分类变量（多分类）
	内部控制		内部控制是否存在缺陷	DIC	分类变量(0,1)，0 为无缺陷，1 为存在缺陷
			内部控制是否有效	EIC	分类变量(0,1)，0 为有效，1 为无效
			内控意见	ICOP	分类变量(0,1)，0 为标准，1 为非标准
	审计意见		审计意见类型	ARO	分类变量(0,1)，0 为标准，1 为非标准
			审计费用合计	FEE	连续变量
	治理层规模		董事会人数	BDN	上市时董事会人数
			监事会人数	BSN	上市时监事会人数
	履职频率		董事会会议次数	BOME	每年召开的次数
	股权集中度		十大持股 Cr 指数	Cr	前十大股东持股比例之和

续表

指标类别		指标名称	代码	公式/备注
财务指标	盈利能力	净资产收益率	ROE	净利润/股东权益平均余额
		息税前利润	EBIT	净利润＋所得税费用＋财务费用
		总资产净利润率	ROA	净利润/总资产平均余额
	偿债能力	权益乘数	EM	资产合计/所有者权益合计
		资产负债率	DAR	负债合计/资产合计
		流动比率	CR	流动资产/流动负债
		利息保障倍数A	TIER	（净利润＋所得税费用＋财务费用）/财务费用
		经营活动产生的现金流量净额/带息债务	CFBDR	经营活动产生的现金流量净额/（非流动负债合计＋短期借款＋一年内到期的非流动负债）平均余额
	经营能力	应收账款与收入比	ARIR	应收账款/营业收入
		总资产周转率	TAT	营业收入/资产总额期末余额
	发展能力	基本每股收益增长率	BESGR	（基本每股收益本年本期单季度金额－基本每股收益上一个单季度金额）/（基本每股收益上一个单季度金额）
		净利润增长率	NPGR	（净利润本年本期单季度金额－净利润上一个单季度金额）/（净利润上一个单季度金额）
		可持续增长率	SGR	股东权益收益率×（1－股利支付率）/[1－股东权益收益率x（1－股利支付率）]
持续经营	发展水平	每股收益	EPS	净利润本期值/实收资本本期期末值
		息税前每股收益	EPSB	（净利润＋所得税费用＋财务费用）本期值/实收资本本期期末值
		每股企业自由现金流量	FCFS	（现金及现金等价物净增加额－筹资活动产生的现金流量净额）本期值/实收资本本期期末值
	风险水平	财务杠杆	FLI	（净利润＋所得税费用＋财务费用）/（净利润＋所得税费用）
		综合杠杆	DTL	（净利润＋所得税费用＋财务费用＋固定资产折旧、油气资产折耗、生产性生物资产折旧＋无形资产摊销＋长期待摊费用摊销）/（净利润＋所得税费用）
	股利分配	股利分配率	DDR	每股派息税前/（净利润本期值/实收资本本期期末值）
		收益留存率	RR	1－（每股派息税前）/（净利润本期值/实收资本本期期末值）
		每股股利变动值	DPS	每股派息税前本期－每股派息税前上年同期
	现金流	净利润现金净含量	NCP	（经营活动产生的现金流量净额）/（净利润）
		全部现金回收率	TCR	（经营活动产生的现金流量净额）/（资产总计）期末余额

1. 预测变量

上市公司舞弊为预测变量,包括不舞弊(0)和舞弊(1)两种状态。

2. 公司治理类变量

公司治理类变量包括环境特征变量、上一年度的内部控制及审计意见类型、治理层规模、履职频率、股权集中度等九个变量。治理类变量中纳入了行业特征的环境变量,又设计了董事会规模及人数等代表舞弊机会且现有研究结论有显著影响的变量,考虑了上一年度的内部控制是否存在缺陷及是否有效、内部控制审计意见类型、年报审计意见类型及审计费用等影响报告年度舞弊机会的变量。

3. 财务指标类变量

财务指标选择盈利能力、偿债能力、经营能力、发展能力等四类 13 个常用指标纳入模型进行分析研究;发展能力和盈利能力受到国家政策、经济环境、行业发展趋势及公司经营状况的影响,是评价管理者业绩的重要指标,是公司内部压力的代表性指标。

4. 持续经营能力类变量

持续经营能力是影响上市公司未来发展前景的关键因素,选择四类 10 个指标纳入模型进行分析。风险水平、股利分配是来自债权人和股东的外部压力指标。发展水平和现金流是影响公司持续经营能力、评价管理者业绩的重要因素。

9.6.2 数据预处理

研究数据选取 GSMAR 财经数据库中 1993—2015 年 A 股上市公司年报相关的多库数据,初步选择 A 股年报数据 3 万余条记录,采用 SQL Server 2012 数据库进行数据预处理:

(1) 浏览数据。对特征指标变量进行描述性统计分析,观察分布情况。

(2) 缺失值处理。对来自 15 个数据库的几十万条数据进行清理、转换,导入 SQL Server 2012 数据库进行处理,删除缺失值样本。

(3) 重新标记,将分类变量用数字 0,1 进行重新编码,将审计更为关注的类别定义为 1,如正常公司定义为 0,违规公司定义为 1;标准审计意见定义为 0,非标准意见定义为 1。

(4) 分离属性。将原数据库中某一属性的多种水平分离处理为多个样本。

(5) 多表关联,构造舞弊特征指标数据集。将舞弊数据表与公司治理、财务指标、持续经营等三大类指标一一匹配后形成样本数据。

9.6.3 样本选择

舞弊数据样本来源于 1993 年 1 月 1 日到 2015 年 12 月 31 日因违规而受到上交所、深交所、中国证监会、财政部等处罚的 3 702 条上市公司数据。非舞弊样本选自数据库中正常公司 A 股年报数据。经数据预处理后共形成 4 461 个正常与舞弊的样本数据,其中舞弊样本 714 个。

信赖过度风险常导致严重的审计后果,因而审计人员更为关注对舞弊公司的正确分类。研究表明,对于一些基分类器而言,均衡的数据集可以更有效地提高全局的分类性能。由于舞弊数据(714 个)仅占有效样本总数(4 461 个)的 16%,相对非舞弊数据(3 747

个)过于稀少。因此,本研究分别采取1∶1配对样本及1∶2、1∶3、1∶4三种过度抽样比例进行研究,选择70%的数据作为训练样本,30%为测试样本,样本规模如表9-3所示。

表9-3 抽样比例与样本量

抽样比例	原始样本	抽样规模	训练样本	测试样本
1∶1	4 461	1 428	1 000	428
1∶2	4 461	1 071	750	321
1∶3	4 461	952	666	286
1∶4	4 461	893	625	268

9.6.4 实证分析

9.6.4.1 描述性统计分析

1. 舞弊公司分析

在选定的原始样本中,对舞弊公司的数据进行分析,其中2012年舞弊公司数量最多(见表9-4)。计算机、通信和其他电子设备制造业、化学原料及化学制品制造业、电气机械及器材制造业舞弊公司最多(见表9-5)。由于存在同公司、同年度多类违规的情况,在714家上市公司违规样本中共有1 862类违规行为,违规次数最多的前三类为其他、重大遗漏和推迟披露。

表9-4 舞弊公司分年度统计数据

年度	2008	2009	2010	2011	2012	2013	2014	合计
违规次数	4	17	34	99	199	197	164	714

表9-5 舞弊行业及类别统计

行业	违规次数	违规类别	违规次数
计算机、通信和其他电子设备制造业	66	其他	509
化学原料及化学制品制造业	54	重大遗漏	284
电气机械及器材制造业	49	推迟披露	279
医药制造业	43	虚假记载(误导性陈述)	206
专用设备制造业	43	违规买卖股票	176
软件和信息技术服务业	36	一般会计处理不当	156
汽车制造业	28	披露不实(其他)	105
房地产业	23	占用公司资产	34
土木工程建筑业	23	虚构利润	29
橡胶和塑料制品业	23	擅自改变资金用途	28
有色金属冶炼及压延加工业	22	违规担保	25

续表

行　业	违规次数	违规类别	违规次数
批发业	22	内幕交易	24
通用设备制造业	19	欺诈上市	4
电力、热力生产和供应业	17	虚列资产	2
其他	246	操纵股价	1
合计	714	合计	1 862

2. 配对样本 t 检验与 Wilcoxon 秩和检验

为了检验舞弊与非舞弊公司在不同变量间有无显著差异，对分类变量采用卡方检验，对连续变量采用配对样本 t 检验与 Wilcoxon 秩和检验，结果表明：20 个指标在舞弊公司与非舞弊公司间有显著差异（见表 9-6）。

表 9-6　配对样本检验结果

代码	因变量类型	均　值	配对样本 t 检验		Wilcoxon 秩和检验	
			t/x^2	Sig.	w	Sig.
HY	多分类		1 295.4	2.2e−16***	分类变量：卡方检验	
DIC	0/1	0 无缺陷,1 缺陷	1.4617	0.2267		
EIC	0/1	0 有效,1 无效	17.283	3.221e−05***		
ICOP	0/1	0 标准,1 非标	25.529	4.357e−07***		
ARO	0/1	0 标准,1 非标	24.366	7.967e−07***		
FEE	0	1 931 716.00	−4.574 4	5.631e−06***	75 512	0.437 7
	1	1 054 801.00				
BDN	0	9.39	−0.772 8	0.439 9	105 310	0.758 6
	1	9.31				
BSN	0	4.16	−4.026 7	6.278e−05***	54 002	4.897e−05***
	1	3.84				
BOME	0	10.02	−0.747 36	0.455 1	158 810	4.675e−10***
	1	9.84				
Cr	0	58.77	0.752 4	0.452 1	122 990	0.781 7
	1	59.42				
ROE	0	0.06	−0.938 21	0.34 85	149 740	3.019 e−05***
	1	0.04				
EBIT	0	1 892 000 000.00	−4.854 9	1.481e−06***	176 160	2.2e−16***
	1	360 700 000.00				

续表

代码	因变量类型	均值	配对样本 t 检验		Wilcoxon 秩和检验	
			t/x^2	Sig.	w	Sig.
ROA	0	0.04	−1.363 1	0.173 3	138 990	0.019 66**
	1	0.01				
EM	0	2.92	−1.572 4	0.116 3*	143 550	0.001 94***
	1	2.28				
DAR	0	0.48	0.573 53	0.566 5	144 260	0.001 28***
	1	0.53				
CR	0	2.50	1.343 7	0.179 5	110 020	0.999 3
	1	2.82				
TIER	0	1.36	−1.749 2	0.080 69*	134 000	0.123 8
	1	−46.78				
CFBDR	0	9.16	0.882 13	0.378 0	130 880	0.277 4
	1	36.06				
ARIR	0	0.22	1.509 1	0.131 7	112 910	0.996 2
	1	0.24				
TAT	0	0.61	1.392 9	0.164 1	126 140	0.606 7
	1	0.65				
BESGR	0	−1.91	0.825 07	0.409 6	132 170	0.186 8
	1	0.30				
NPGR	0	2.20	−0.233 19	0.815 7	135 810	0.068 84*
	1	1.64				
SGR	0	0.04	−0.923 27	0.356 2	152 060	4.666e−06***
	1	0.02				
EPS	0	0.39	−2.556 7	0.010 77**	150 370	1.848e−05***
	1	0.30				
EPSB	0	0.61	−2.848 1	4.525 e−03***	153 520	1.318 e−06***
	1	0.48				
FCFS	0	−0.308 7	−2.941 4	3.373 e−03***	149 620	3.313e−05***
	1	−0.497 22				
FLI	0	1.255 8	−0.002 36	0.998 1	132 220	0.202 3
	1	1.254 8				

续表

代码	因变量类型	均值	配对样本 t 检验		Wilcoxon 秩和检验	
			t/x^2	Sig.	w	Sig.
DTL	0	1.886	−0.187 59	0.851 3	132 350	0.195 9
	1	1.669				
DDR	0	0.226 5	0.640 67	0.521 9	107 550	0.863 4
	1	0.257 3				
RR	0	0.773 5	−0.640 67	0.521 9	118 580	0.136 6
	1	0.742 7				
DPS	0	−0.012 16	−1.475 6	0.140 5	110 520	0.059 8*
	1	−0.024 09				
NCP	0	2.738 8	−0.897 57	0.369 7	112 910	0.996 2
	1	1.135 7				
TCR	0	0.035 237	−2.362 3	0.018 43**	136 100	0.062 25*
	1	0.025 38				

9.6.4.2 模型设计与评价

根据历史数据对舞弊进行建模分类,基于四种样本规模,采用 R 语言建立决策树模型,采用 C5.0 算法,用信息增益确定分枝规则。

1. 决策树 C5.0 算法

决策树方法是以一组特征变量为基础来预测二分类因变量的机器学习方法,以树形结构建模,依据某一属性作为决策结点进行分枝,从根节点开始至叶节点终止。C5.0 算法是一种决策树算法,由计算机科学家 J. Ross Quinlan 开发,已成为生成决策树的行业标准[①]。具体算法如下:

(1) 选择最佳分割点。决策树算法依据一系列特征变量,寻找用来划分二分类因变量的关键特征,即确定哪一个最佳分割变量可使分类最纯。最佳分割点能够实现样本的最佳分组,使每个组仅由一个类别支配。C5.0 算法使用熵值来计算由每一个可能特征的分割所引起的同质性变化(信息增益)来度量分类的纯度。

决策树经历一次分割后,数据被分到多个分区中,计算由分割产生的熵值需要考虑所有分区熵值的总和。信息增益越高,根据某一特征分类后创建的分组越均衡。除了信息增益用分割标准之外,其他常用的评估决策树的最佳分割点的标准还包括基尼系数(Gini index)、卡方统计量(Chi-Squared statistic)和增益比(gain ratio)等。

(2) 修剪决策树。决策树在无限分割中易使决策过于具体,产生过度拟合问题。因

---

① 见参考文献[9]。

此，修剪决策树使其更好地预测未知数据是有效提高决策树预测能力的环节。常用预剪枝法或后剪枝法抑制树的过度生长。C5.0算法采用自动修剪技术，先生成一个过度拟合训练数据的大树，采用事后修剪法，修剪掉对分类误差影响不大的节点和分枝，采用子树提升和子树替换的方法完成修剪。决策树C5.0算法易于调整训练方案，适用于大多数问题，采用高度自动化的学习过程，更易于理解和部署，因而具有更强的适用性。

2. 模型评价标准

模型评价标准与9.5.1.5小节介绍的内容相同，采用精确率、召回率、F1分数、KAPPA值及ROC曲线进行评价。评价标准的计算依赖于表达预测值与真实值间关系的混淆矩阵（参见表9-1）。

3. 实证结果分析

（1）抽样模式对模型预测精度有较大影响。与1∶1配对抽样相比，过度抽样模式有效地提高了模型预测的召回率，降低了舞弊识别的误受风险。在1∶3过度抽样模式下，决策树C5.0算法对舞弊预测的召回率最高，比1∶1配对抽样提高了32.82%（见表9-7）。但KAPPA值与1∶1抽样模式相比有显著降低，说明过度抽样模式对舞弊公司识别的召回率提高了，却导致对非舞弊公司的误判增大。

表9-7 不同抽样模式下的模型比较表

模型	评估指标	训练样本				预测样本			
		1∶1	1∶2	1∶3	1∶4	1∶1	1∶2	1∶3	1∶4
决策树 C5.0	精确度(%)	97.50	95.77	92.19	97.47	56.94	78.35	80.33	87.26
	召回率(%)	93.41	97.54	98.80	99.40	57.75	79.74	90.57	87.68
	F1分数	0.954	0.966	0.954	0.984	0.573	0.790	0.851	0.875
	KAPPA值	0.910	0.903	0.727	0.897	0.145	0.269	0.081	0.292

（2）与因变量舞弊关联性由强至弱的前十个变量依次为内控有效性、息税前利润、内控意见、董事会会议次数、董事会人数、监事会人数、股利分配率、每股企业自由现金流、总资产收益率、审计收费（见表9-8）。

表9-8 舞弊的重要影响因素综合排序前十位

变量	EIC	EBIT	BOME	ICOP	BDN	BSN	DDR	FCFS	ROA	FEE
重要程度(%)	100	98.90	82.30	78.10	71.70	65.00	40.70	38.90	36.80	35.40

（3）采用信息增益剪枝的C5.0决策树模型建立了58条决策规则，可由模型或决策树图得出。例如，约有11%内部控制无效的企业被揭示出舞弊；约有35%的内控无效、息税前利润低于682 715 900元且董事会会议次数少于9.5次的企业被揭示出舞弊；约有26%内控无效、息税前利润低于682 715 900元且董事会会议次数高于9.5次、董事会人数少于7.5人且应收账款收入比高于76%、利息保障倍数低于−17的企业被揭示出舞弊；约有9%的内控有效、息税前利润高于682 715 900元、可持续增长率不高于1.12%且

董事会人数少于 15 人的企业被揭示出舞弊；约有 1% 的内控有效、息税前利润低于 682 715 900 元且可持续增长率低于 1.12% 的企业被揭示出舞弊等。

9.6.4.3 模型校正与优化

过度抽样预测虽然有效提高了对舞弊分类预测的召回率，却导致审计需要获取更多的证据来排除非舞弊公司的舞弊误报，从而极大地影响了审计效率。而配对抽样模式随机抽取训练样本与测试样本的方法不能全面地代表总体分布情况。利用机器学习算法可以有效优化抽样及预测效果。

1. Bagging 算法

为了提高分类模型的预测准确率，常将多个分类方法聚集在一起进行集成学习，由训练数据构建一组基分类器，然后通过对每个基分类器的预测进行投票来分类。自助汇聚法（简称 Bagging 算法）是得到广泛认可的最好的集成学习方法之一。Bagging 算法对原始训练数据使用自助抽样的方法，根据均匀概率分布从数据中重复抽样，产生多个训练数据集，使每个训练数据集训练一个基分类器，多个数据集各自使用单一的机器学习算法产生多个模型，然后采用投票的方式来组合预测值。

Bagging 算法是一种相对简单的集成学习器，与相对不稳定的学习器结合使用通常可得到很好的效果。决策树算法是一种不稳定的分类器，会随着数据抽样的不同而产生差别较大的模型。因此，决策树算法与 Bagging 算法组合使用，可确保集成学习器的投票结果也能具有很好的多样性。

Bagging 算法在抽样中采用重复抽样，每个样本被选中的概率相同，因此并不侧重训练数据集中的任何特定实例，其性能依赖基分类器的稳定性。如果基分类器不稳定，Bagging 算法通过降低基分类器的方差，可改善泛化误差，从而有效提高基分类器的准确率。

2. Bagging 算法优化结果

对决策树 C5.0 模型使用 Bagging 算法进行优化。采用 R 语言中的 ipred 包，选 25 个决策树进行投票，训练结果表明对训练数据的拟合非常好，预测准确度为 99.23%，召回率为 99.86%，KAPPA 值为 0.985。与 C5.0 算法比较的 ROC 曲线如图 9-27 所示，Bagging 算法优化后曲线下面积为 0.999。

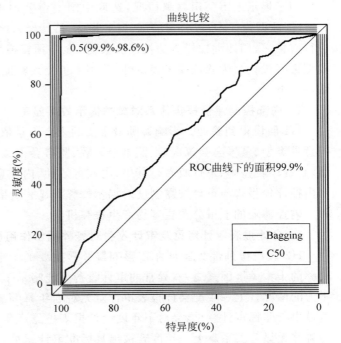

图 9-27 C5.0 算法与 Bagging 优化后的 ROC 曲线比较

9.6.4.4 模型稳定性验证

为了验证模型稳定性方面的表现,采用十折交叉验证法建立 Bagging 树,并进行样本外数据测试。十折交叉验证平均准确度与 Kappa 值均高于优化前模型的预测效果。样本外数据测试选择同期样本外数据 334 条,其中舞弊样本 53 条、正常公司样本 281 条。选用 Bagging 算法优化后的决策树模型预测正确的样本有 311 个,其中对舞弊公司预测正确的有 41 个、对非舞弊公司预测正确的有 270 个;预测总体准确率为 93.11%,比优化前提高了 35.87%;召回率为 78.85%,比优化前提高了 21.1%;KAPPA 值为 0.74,比优化前提高了 0.595(见表 9-9);说明优化后的算法对样本外数据依然有较好的预测效果,该模型对未来数据预测有较好的稳健性。

表 9-9　Bagging 集成学习算法优化后模型验证与评估

优化与验证方法	总体准确率	精确度	召回率	F1 分数	KAPPA 值
优化前的决策树 C5.0 模型	57.24%	56.94%	57.75%	0.573	0.145
Bagging 优化后	99.23%	78.71%	99.86%	0.72	0.985
十折交叉验证(均值)	66.5%	—	—	—	0.33
样本外测试(344)	93.11%	77.36%	78.85%	0.78	0.74

9.6.5　分析结论

为了揭示上市公司舞弊情况,选取中国上市公司 1993—2015 年度舞弊与正常披露 4 461 例数据为样本,以公司治理、财务指标、持续经营等三维 14 类 33 个变量对舞弊情况进行解释,采用四种抽样方法构建决策树 C5.0 预警模型,并结合 Bagging 算法对决策树模型进行优化。为验证模型稳定性,采用十折交叉验证并对 334 例样本进行样本外测试,结论如下。

1. 内部控制评价报告体系对舞弊揭示效果显著

H1 假设得到验证。影响舞弊最重要的十个因素依次为内控有效性、息税前利润、内控意见类型、董事会会议次数、董事会人数、监事会人数、股利分配率、每股企业自由现金流、总资产收益率、审计收费。其中,内控有效性、内控意见类型分别位列第一与第三,说明内控评价报告与审计披露制度对揭示舞弊有显著效果。完善的内部控制有助于抑制舞弊。内控薄弱的上市公司更容易产生舞弊机会。

2. 会计报表审计意见及审计收费对舞弊揭示作用显著

H2 假设得到部分验证。在影响舞弊最重要的十个因素中,审计收费被证明是影响舞弊的十大关键因素之一,异常的审计收费可能暗示了潜在的审计人员合谋或外部监督不力的情况。上一年度会计报表审计意见对当年舞弊的揭示作用不显著,可能上一年度若被出具非标审计意见,会对下年度会计报表披露产生正面的影响,从而整改力度较好,与舞弊无显著关系。上一年度若被出具标准审计意见,无显著证据表明与本年度是否舞弊有直接的因果关系。

3. 恰当的治理层规模、履职频率及股权集中度可预防舞弊

H3 假设得到部分验证。公司治理类变量对舞弊预测的影响比财务类、可持续发展类指标更为重要。在影响舞弊的前十大因素中，除内部控制和审计收费外，还有董事会会议次数、董事会人数、监事会人数等因素为公司治理类指标，说明董事会的无效监管为舞弊提供了机会和借口。

4. 盈利能力、可持续发展能力类指标反映舞弊压力

H4 假设得到部分验证。代表盈利压力的息税前利润、总资产收益率指标对舞弊有显著影响。代表可持续经营能力的股利分配率、每股企业自由现金流指标催生财务灵活性压力，对舞弊有显著影响。

5. 抽样模式影响模型预测的准确度和召回率

基于机器学习的 Bagging 算法优化决策树模型，对舞弊识别的召回率提升了 42.11%。样本外数据测试表示模型预测力与稳定性良好。

舞弊风险预测可有效提高审计疑点发现能力，未来应基于历史数据，考虑不同舞弊类型下的审计策略，进行多模型组合建模，探索一种更有效的审计策略响应机制。

小丁通过以上案例研究发现，有效运用数据挖掘算法，可以为监管部门制定有针对性的舞弊治理策略提供理论支持，基于国家治理视角识别舞弊，利用机器学习建模揭示倾向性、苗头性问题，是大数据时代审计更好地发挥"免疫系统"职能的利器。

本 章 小 结

本章重点介绍了审计数据预测性分析的一般流程、方法、技术与案例，重点介绍了班福法则、多元线性回归、逻辑回归、决策树、贝叶斯、人工神经网络等算法的运用，并采用 SQL Server、R 对上述案例运用进行了介绍。审计人员了解这些方法与技术基础后，可尝试进行深层次的数据间相关关系的挖掘分析。

课内实验五

1. 预测型审计数据分析中的哪些步骤是最为关键的环节？

2. 根据上面介绍的方法，举一反三，使用例题与作业数据中练习 9.1.xlsx 中的数据，从一个完整项目的整个数据处理流程考虑，自行分析审计关注的关键问题，尝试使用上述方法对你认为重要的数据进行预测分析，与同学分享选择变量进行分析的原因，并分析预测结果的实际意义。

本章资源 扫码获取

第 10 章

非结构化审计数据分析

国际数据公司(IDC)发布的一项报告指出,企业中最多只有5%的数据为结构化数据,其余大都是非结构化数据,并且88%的企业管理者认为这些存储在数据库以外的非结构化数据,才是他们接触和了解企业的最佳选择目标。

非结构化数据没有固定的结构,不能通过一般的数据库二维逻辑表结构来表达,也不能将其标准化和完全数字化。按照格式可以将非结构化数据分为文本文档、图片、音视频等。非结构化数据在审计业务中除了凭证以外,还包括企业合同文档、商业活动现场照片和视频、会议记录、员工差旅信息、外部HTML、GPS等数据结构不规则或不完整、没有预定义数据模型的数据。这些数据可以来自任何地方,可以利用任何方式进行分类归总进而分析处理。

非结构化数据在审计中的应用非常广泛,是审计人员寻找审计证据和作出职业判断的相关依据。在大数据技术还未兴起之时,它们都是由人工或是计算机辅助人工完成的,分析处理方法较为简单。例如,对原始凭证上的交易真实性进行审计时,主要是看原始凭证所记载的经济业务是否正常,涉及业务发生的日期、经办负责人员、业务的程序和手续是否真实、客观地反映了已经发生的经济业务,有无伪造、涂改原始凭证的行为。

同结构化数据相比,非结构化数据类型更加多样,获取途径更加广泛,规模更大。由于非结构化数据并不仅仅包含企业数据库中所存储的与业务活动相关的数据,也包括企业外部与企业相关甚至不相关的数据。这就导致非结构化数据所占比例比以往大得多,且规模上不是结构化数据所能比拟的。

10.1 非结构化审计数据分析思路

随着时代的发展,企业数据结构发生变化,规模激增,传统人工审计或计算机辅助审计处理数据的能力不足以承担处理如此规模的数据。传统的审计技术或方法能通过抽样的方式处理结构化数据及部分与之相关的非结构化数据,其他大量的非结构化数据则被忽略。而且传统的人工审计和计算机辅助审计最多能提取TB规模的数据。大数据给审计提供了"总体审计"的思维和技术方法,这在数据处理规模上突破了传统审计思维。

在经典的审计模式中,一般都遵循因果分析的思路,查找导致现有状况或现象的原因,获取相关证据以揭示问题。随着"云计算—物联网—大数据—智慧城市"的快速发展,数据信息正在逐步实现共享,数据量正以难以想象的速度爆发式增长。一方面,审计数据分析的对象将发生变化,审计对象不再局限于与被审计单位财务相关的信息,而被审计单位内部的规章制度、会议记录、合同、通知等非财务信息也将是审计的重点对象。与被审计单位相关的外部数据也显得尤为重要,如新闻报道、股吧评论、论坛发布等。另一方面,海量的数据必然会产生多样的数据格式,审计数据类型从传统的结构化数据转向多元异构的大数据。审计范围的重点转为对非结构化的数据进行分析,可以全面有效地对被审计单位的内部控制、违法违规行为、重大经济决策等内容进行评估。

在大数据环境下,审计数据分析思维应逐步由单一的"因果分析""个体分析"模式向"因果分析与关联分析"共存的思维模式转变。

首先,大数据使对总体的审计成为可能,简单的整体审计比复杂的抽样审计更有效。关键是整体审计能分析出总体审计的特征,抽样审计只能对总体的特征进行推断。此外,总体审计能发现抽样审计发现不了的细节。大数据的审计既能满足总体把握的要求,又能满足揭示重大风险的要求。

其次,对个体审计的结果相加不一定等于对整体的审计。大数据的规律是量的积累会导致质变。个体的、局部的数据性质完全不等于整体。因此,对于个体的局部数据审计相加和直接审计整体结果不同。在大数据环境下,全数据审计模式是审计发展的趋势和方向。

再次,数据间的相关性比数据间的因果性作用要大、重要性要高。大数据条件下,相关关系的确定比因果关系的确定简单,在审计中可以得到大量应用,只要得到关联关系,就可以进行监测,利用相关关系比利用因果关系更能节约审计资源。因果分析是分析事件因和果二者之间存在的必然关系,据因找果或者溯果撷因。然而,在海量的数据中,数据之间可能存在一因多果或是一果多因的复杂关系,此时对相关关系的分析显得更为重要。

最后,大数据为全样本审计提供了可能。在大数据模式下开展审计数据分析工作,采用总体代替样本的方法更能反映数据的本质,可以使审计数据分析的内容更加全面、质量更加可靠。"总体即样本"的方法可以规避由局部推算整体进行审计数据分析的局限性,避免抽样审计风险。随着舞弊手段日益复杂,各种虚假信息隐藏在海量的数据中,采用传统的审计方法和工具难以察觉,因此,审计人员需要运用新的审计技术和方法对隐蔽的信息进行挖掘。以文本挖掘为代表的数据挖掘技术可以帮助审计人员分析审计数据内部潜在的规律和本质,挖掘数据之间隐含的关系,分析异常数据。例如,与被审计单位相关的信息,可以从论坛、股吧等社交媒体网站中挖掘网民及媒体发布的评论和报道,采用文本挖掘技术能有效地对这些信息进行挖掘整合,从而获得全面、实时的审计数据。

因此,为了高效地开展审计工作,审计人员应格外注重数据间的相关关系。若一种现象的发生通常伴随另一现象的出现,则可以推断两种现象经常是一起发生的,要进一步对二者的相关关系进行仔细研究,从而确定关联规则。在审计数据分析中运用相关关系分析的思维,挖掘审计数据之间的潜在关系,建立明确的关联规则,可以增加审计证据的效力。

数据是审计分析的核心,采用文本挖掘技术对非结构化审计数据进行结构化转换分析,有助于审计人员在大数据模式下对被审计单位进行内部控制、舞弊识别、是否违法违规等方面的评估。

10.2 基于文本挖掘的数据分析技术

10.2.1 文本挖掘审计数据分析框架

文本挖掘技术主要是针对非结构化数据进行挖掘，是大数据审计技术中不可或缺的部分。特别是随着大数据在审计领域的广泛推广和运用，文本挖掘技术对审计数据分析的重要性已逐步凸显。目前文本挖掘技术主要是用于对文档、网页中蕴含的文字说明进行分析。对视频、图片、语音等数据进行挖掘时，也是从中提炼出主要内容并转换为易于理解的文字描述。因此，我们将以文本挖掘技术为重点对审计数据进行分析，构建基于文本挖掘的审计数据分析框架，如图10-1所示。

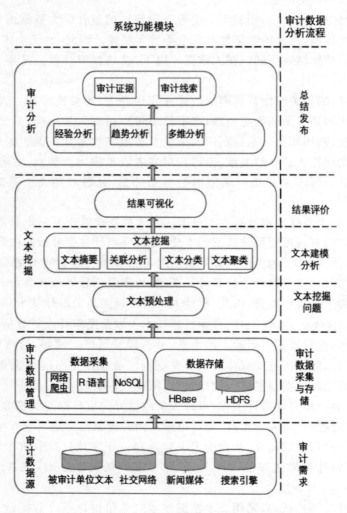

图10-1 非结构化的审计数据分析框架

10.2.2 非结构化数据的采集

审计人员首先应对被审计单位的基本情况进行深入了解,通过分析审计目标、审计范围、审计内容,确定具体的审计需求。根据明确的审计需求,采集与被审计单位相关的大量非结构化数据是进行审计数据分析的关键步骤。

对非结构化审计数据的分析首先要解决数据识别问题。一方面,可以采用网络爬虫技术和 API 等方式获取来自企业外部的数据;另一方面,可以通过各种有效的数据访问接口对非结构化数据进行采集。此外,OCR(optical character recognition,光学字符识别)技术有助于将发票、凭证等图片数据转换为文本数据,对一些图片数据(如会计凭证、发票、证件等),OCR 技术可实现自动的文字识别,并可转化为结构化的数据进行分析。目前主流的 OCR 文字识别技术包括:基于开源的 OCR 工具进行二次开发;基于深度神经网络训练审计场景的文字检测识别模型;调用百度等云平台提供的文本检测 SDK。这三种方案可用于审计领域各类金融财税票据、法律卷宗等纸质文档的文字识别。

1. 基于开源的 OCR 工具进行二次开发

主流的开源 OCR 工具有 Tesseract、OCRopus 等。其中,Tesseract 是基于 Google 开源的 OCR 引擎,目前使用人数最多,在代码托管网站 GitHub 有 3 万多人参与代码的修改维护。基于 Tesseract 的传统 OCR 技术和 LSTM(long short-term memory)神经网络等深度学习算法,官方没有适配审计领域的语言库种。在应用过程中需要自行针对各类票据特定的字体、打印样式,训练自建的字体库并进行优化,最终实现对各类税务发票、交通票据等的自动识别和录入[①]。

2. 基于深度神经网络训练审计场景的文字检测识别模型

基于深度神经网络实现对审计场景的 OCR 文字识别,包括三个神经网络模型:①文本方向检测网络——基于图像分类,使用卷积神经网络 vgg16 训练 0、90、180、270 度检测的分类模型,检测文本方向;②文本区域检测网络——基于目标检测方法的文本检测模型 CTPN(Detecting Text in Natural Image with Connectionist Text Proposal Network)检测文本区域;③文本识别网络——基于 LSTM 神经网络[②]。

3. 调用百度等云平台提供的文本检测 SDK

百度大脑的文字识别服务能够实现审计领域中票据的扫描和文字识别,并返回文字在图片中的位置信息以便进行比对、标准化等处理,满足审计文档快速录入、存档和检索的需求。百度大脑的文字识别服务支持自定义模板,支持对图片中的文字进行检测和识别,支持中、英、法、俄、西、葡、德、意、日、韩、中英混合等多语种识别。此外,能够针对图片模糊、倾斜、翻转等情况进行优化,鲁棒性强,识别速度快,且支持 2W+大字库,总体识别准确率高达 99%[③]。

---

① https://www.cnblogs.com/jackszc/p/7610966.html, https://www.learnopencv.com/deep-learning-based-text-recognition-ocr-using-tesseract-and-opencv.

② https://github.com/xiaofengShi/CHINESE-OCR.

③ https://github.com/myhub/tr, http://ai.baidu.com/tech/ocr/general?track=cp:ainsem|pf:pc|pp:chanpin-wenzishibie|pu:wenzishibie-baiduocr|ci:|kw:10002846.

为了保证审计数据的完整性和真实性，需要建立严格、规范的制度，对采集到的非结构化数据进行科学安全的管理。通过构建 Hadoop 分布式框架的 HDFS 文件存储系统，集中存储业务系统的非结构化审计数据。在此基础上，还需要搭建适合存储非结构化数据的数据库——HBase。HBase 可以弥补 HDFS 没有随即读写操作功能的缺陷，其内部管理的文件全部存储在 HDFS 中。

构建基于 Hadoop 的分布式文件系统 HDFS、分布式数据库 HBase 及分布式计算框架 MapReduce 组成的 Hadoop 生态系统，对非结构化数据进行统一管理。这种管理模式可以降低审计数据管理风险，使各平台的数据实现共享，打破信息孤立的尴尬局面。

10.2.3 非结构化数据的处理

大数据处理的基本思路是化大为小、化繁为简，从纷繁芜杂中找出相关。非结构化数据处理的基本思路是聚类分析、化非结构化为结构化，其大概流程如图 10-2 所示。

图 10-2 非结构化审计数据处理流程

在处理非结构化数据时，审计人员首先希望得到真伪的判断，大数据分析技术能提供多方面信息验证以提高判断的准确性。例如，要判断企业是否存在一项经济业务活动，审计人员首先根据业务相关文书如约定书，从网络、企业数据库等中搜集与文书上相关的企业、人员信息及业务相关数据，根据搜集到的数据对业务相关文书进行验证。通过视频和图像文件的特征识别，验证业务约定书的签订是否真实存在、约定时间是否相符、人员是否为约定书上的本人，通过对约定书上字迹的识别进一步确认是否为本人，综合其他方面验证组成审计所需的证据，以验证业务是否真实。对于业务活动实际开展的真伪验证则需要验证更多信息，如采购是否依据业务要求、仓储中是否存储过相关产品、会计凭证是否真实合理、产品是否在登出日发出、对方是否验收产品、退货记录、税务机关是否有相关记录等。将这些验证结构形成证据链进而验证业务是否确实发生，再结合相关财务数据以验证其是否记录、是否真实可靠。如上所述对一项经济业务的业务约定书、会计凭证和相关财务资料等的真实相符情况进行一一验证，形成一条完整的相关的审计证据链，进而对经济业务的真实可靠性作出科学判断。

从数据的处理输出结果中，审计人员希望得到审计重点。现阶段大数据审计离人工智能应用还有一段距离，我们仍然需要人工审计，但可以从数据分析结果中寻找审计重点。审计人员可以通过数据可视化分析方式，寻找异常值、众数及其他特征值所在。这些异常值在大数据环境下可以是地理位置孤立点、不匹配的疑点、出现频次高的人员或往来企业、缺失数据等。对这些数据和信息进行审查核实，确定相关事项是否真实合理，减少大数据分析结果的误差。进一步对数据进行趋势分析，可以获知被审计单位的运营情况、是否存在异常变化、应收账款风险、会计政策变更等。通过行业的横向对比和企业往年数据的纵向对比判断其运营状况是否合理，企业所做决策对经营产生多大影响，进而评估企业管理层操纵盈余管理的可能性。

非结构化数据处理分析同样为审计人员评估企业内部控制提供新的思路和方法。被审计单位内部控制风险与审计风险密切相关，以往使用的调查问卷法、穿行测试法、重新执行法等依然是管中窥豹，我们实际并不知道企业真实的内部控制日常运作。而从一些非结构化数据，如监控视频，可以获知企业内部控制方面的真实信息及企业日常是否按照建立的内部控制制度运行等，甚至通过建立内部控制评价规则库可以量化内部控制评价，进而对被审计单位内部控制风险实现科学评估。

10.2.4 文本挖掘分析过程

审计人员将审计数据转换为文本数据后，可通过对文本数据进行挖掘，分析其发生的词频，以确定下一步的审计重点或分析方向。

10.2.4.1 文本预处理

审计文本预处理的过程，需要对审计文本进行分词、删减停用词、特征抽取与选择等操作，如图10-3所示。

图10-3 审计文本预处理过程

（1）特征抽取。对审计文本进行预处理的第一步是根据审计需求，抽取能够代表审计文本特征信息的词或短语。要求获取的这些特征能对审计文本的类别起到区分和识别的作用。通过向量模型对审计文本的内容进行抽取，建立文本表示模型，将非结构审计文本转化为计算机能处理的表达形式。

（2）特征选择。根据明确的审计需求，优先采用对审计文本内容具有较强表达能力的特征。审计人员还需要根据审计目的，对经过特征抽取的文本特征集采用卡方检验、TF-IDF等特征选择方法进行进一步选取，在进行审计文本挖掘前应避免垃圾数据，保证获取的数据能很好地表达审计文本信息的特征项。

10.2.4.2 文本挖掘

文本挖掘是审计数据分析的核心内容，本阶段需要对经过清理和筛选出的文本数据根据不同的审计目标选择不同的文本挖掘方法（文本摘要、关联规则分析、文本分类、文本聚类等技术）进行挖掘分析，发现数据之间的异常关系，为审计疑点和线索提供有效的审计证据。

（1）文本摘要是指用极其简短的语言对文档的内容进行高度概括，达到完整清晰地传递文本主题思想的目的。将文本摘要技术运用在审计数据分析中，可以通过求取中心文档的方式对审计文本的摘要进行获取。文本摘要可以帮助审计人员通过方便的浏览方式和快速的审计线索查询方法提高审计数据分析效率。不需要对审计文档的全部内容进行分析,只需获取审计文本摘要即可。

(2) 关联分析技术在文本挖掘中主要针对知识进行关联。大量的审计文本信息之间本质上存在潜在的知识关联,可以通过推理规则、知识检索、语义分析等技术反映审计文本信息之间存在的这种关系,针对审计非结构化文本进行关联分析,研究审计文档之间可能存在的某种隐含的关系,从中获取审计事项和审计目标的本质联系。这是借助一般的审计数据分析方法和工具所不能完成的任务。

(3) 文本分类属于有监督的学习。首先,对文档的类别设定主题,根据主题对文本进行分类,将符合同一主题的文本作为相同的类别。通过对预先设定的文本类别进行描述,建立分类模型对训练文本进行分类训练和准确率评估,最后利用确定的模型对测试样本进行分类。将文本分类技术运用到审计数据分析中,可以帮助审计人员针对不同的审计需求和审计目的,对审计文本进行快速有效的分类,并结合相应的审计方法有针对性地开展审计数据分析工作。

(4) 文本聚类分析是基于同类文本之间文本差异最小化的思想。文本聚类的优势是无须进行监督学习,不需要通过训练进行模拟,属于无导师学习。由于一些难以发觉的信息以特殊的形式隐藏在大数据中,传统的审计数据分析方法很难挖掘出这些异常信息,而采用文本聚类的算法能够弥补这个缺陷。这些异常信息往往是审计人员重点审查的对象,可以对舞弊和违规行为的评估提供审计证据。对审计文本进行聚类后,可以按类别对每类文本进行具体的分析、比较和总结,分析异常数据存在的原因,从而极大地减轻审计人员进行审计数据分析的工作量。

(5) 相似度检测。大数据环境下,审计中经常需要对重复数据进行分析,有时需要分析文本数据之间是否相似。相似度分析是目前比较常用的一种文本数据审计方法。通过数据相似度检测,判断两个数据表中的某些数据是否相似或重复,目前在审计中已有相关应用,如分析两份不同公司投标文件的重复度、分析投标文件对招标文件关键技术参数要求的响应度等。

大数据审计环境下,可以采用 TF-IDF(Term Frequency-Inverse Document Frequency,词频—逆文档频率)来比较两个文本文件的相似程度,进行文本聚类、文本分类。TF-IDF 的计算思想是:①首先计算词频。词频(term frequency,TF)表示某个词组在整个文本中出现的频率。②计算逆文档频率。逆文档频率(inverse document frequency,IDF)是指某个关键词在整个文本库所有文件中出现的次数。逆文档频率又称倒文档频率,是文档频率的倒数,主要用于降低所有文档中一些常见却对文档影响不大的词语的作用。为防止分母为0(词语在文本库中不存在),使用"包含该词的文本数+1"作为分母。③计算 TF-IDF(词频—逆文档频率),TF-IDF 值越大,表示该特征词对这个文本的重要性越大。如果同时计算一个文件中所有词组的 TF-IDF,将这些词的 TF-IDF 相加,可以得到整个文本文件的值,用于文本文件的相似度比较。

TF-IDF 算法的优点是能保留影响整个文本的重要词语,同时可过滤一些常见的却无关紧要的词语,方法简单快速,结果比较符合实际情况。缺点是仅以词频衡量重要性不够全面,而且无法体现词语的位置信息。

(6) 词云分析。词云是常用的可视化分析方式之一,审计人员可通过对文本中出现频率较高的"关键词"在色彩、大小上根据出现的频率进行分层渲染,使其在视觉上突出展示出来,将大量价值低的文本信息过滤掉,形成"关键词云层",使决策者只要一眼扫过词云图即可整体把握被审计文本数据的主要内容。实现标签云分析的主要步骤包括:分词;统计词频;根据词频自动设置颜色深浅、字体大小并进行可视化展示。

10.2.4.3 结果可视化

结果可视化的主要思想是将复杂的审计数据通过使用者可以理解的方式表达出来。结果可视化可以把文本挖掘所获取的知识通过可视化的视觉符号(网络图、树状图、维恩图、坐标等)清晰地进行展示,审计人员可以根据审计目标和评估指标,对可视化的结果进行分析、解释和评价,从不同的角度对审计数据进行更加深入的观察和更加全面的多维分析。

10.2.4.4 总结和发布

审计人员和技术人员共同将上一阶段可视化分析所展现的结果进行筛选、归类、整理和深入分析,总结出有价值和有效的审计知识进行标准化,形成审计经验和审计线索,供审计人员分析取证,最终对被审计单位作出相关的评价,得出审计结论。

大数据环境下的文本挖掘审计数据分析主要是借助文本挖掘技术进行审计数据分析。根据明确的审计需求,采集与被审计单位相关的原始审计数据进行预处理,建立不同的文本挖掘模型对审计数据进行分析,最后对可视化的结果进行分析和评价,为审计报告提供参考意见。如果文本挖掘的结果无法满足审计目的和审计需求,则需要分析审计过程中存在的问题、不能达到审计目的的原因及该过程中存在的薄弱环节,如是否需要考虑重新选择文本挖掘模型和参数。因此,从开始采集原始数据到获取审计证据的审计数据分析过程不是一次性就能顺利完成的,需要通过不断总结和完善某些环节,达到预先设定的审计目标。

10.3 审计文本分析与可视化案例

【例 10-1】 小丁对上市公司违规情况的影响因素进行了系统分析,审计组认为可以进一步对因违规被处罚的上市公司的审计报告进行文本分析,对常见的违规原因进行可视化展示,对企业内部控制的缺陷进行分析,对因违规被处罚的会计师事务所进行画像,以避免本事务所再接有类似倾向的上市公司审计业务,或在进行审计时避免出现同类审计风险问题。小丁准备采用文本分析方法,结合 Echarts 进行可视化展示。

下面的内容首先展示的是上市公司审计报告词云图,通过热点词语可视化帮助审计人员直观地了解当前企业审计行业的热点信息。然后展示各类审计违规的统计分析及可视化、企业内部控制违规情况等,以供审计人员发现企业审计过程中的潜在风险,让审计工作更有针对性。

10.3.1 上市公司审计报告词云图

词云图是通过过滤大量的文本类非结构化的数据,形成"关键词云层"或"关键词渲染",对文本中出现的频率较高的词汇进行视觉上的突出,使阅读者通过"扫一眼"的方式快速感受文本的主要内容。

为了让系统使用者快速获取当前审计行业的热点信息,使用企业审计词云图的可视化形式进行展示。

首先,从上市公司审计报告中获取文本数据,统一放入 txt 文件中,然后将文本的非结构化数据进行自然语言处理,采用 jieba 词库进行分词,提取出文本中出现的高频词汇,最后进行词云图的可视化展示(参考代码请扫码本书前言中的二维码获取)。具体的步骤如下:①从数据库中获取文本数据;②Sql 查询,记录语句条数;③将数据写入 txt 文件;④获取文本数据之后,利用 Python 中的 jieba 词库进行词频分析;⑤得出词频分析的结果后,因为报告中常有很多干扰词汇,有可能分析效果并不理想,因此采用将干扰词汇删除的办法,将词频分析结果进行迭代优化,得到关键词汇;⑥使用 Echarts 可视化工具对其进行词云图展示,最后展示出词云效果图,如图 10-4 所示。

图 10-4 审计违规类别词云图

可以看出,整个图形的轮廓是中国审计的标志,让阅读者能够一眼看出这是上市公司违规主要类别相关的画像。而具体观察图中的词汇,可以发现披露不实、虚构利润、违规担保等是当今上市公司违规被处罚的主要原因,审计人员应重点关注这些违规问题。

10.3.2 上市公司违规类别动态分析

通过对词云图的观察,我们发现在审计工作中,各种违规类别是审计人员关心的问题之一。因此,审计组对上市公司 2010—2019 年 16 类违规类别进行了动态统计分析,对各类违规行为各年违规企业数量进行了动态展示。

首先需要获取数据。从国泰安数据中心下载公司研究系列数据,对其中违规处理模块的数据进行处理,统计出 2010—2019 年所有的审计违规上市公司的违规情况。

得到数据之后,设计可视化方案。分析数据维度,有时间年份、违规类型、违规数量三大维度。如果采用二维柱状图进行可视化展示,则需要 10 张图才能将各维度数据完全展示。因此,审计组决定采用动态二维条形图进行展示。

通过使用如图 10-5 和图 10-6 所示的可视化图表进行分析,同一年份进行比较,延迟披露、虚假记载、重大遗漏等违规行为占所有违规类别的绝大多数,审计人员在审计过程中应特别注意这类问题,在内部控制方面也应重点防范这类问题。通过不同年份的数据对比,可以发现延迟披露等违规行为的发生次数逐年上升,应重点防范,而随着制度的不断健全及监管的不断完善,操纵股价、欺诈上市等严重违规行为得到了显著的控制。

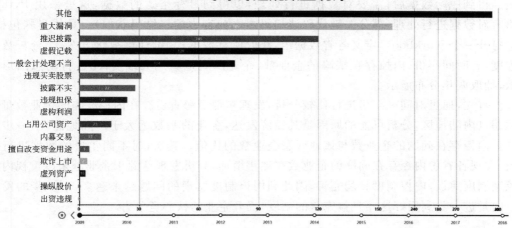

图 10-5　2010 年审计违规数量条形图

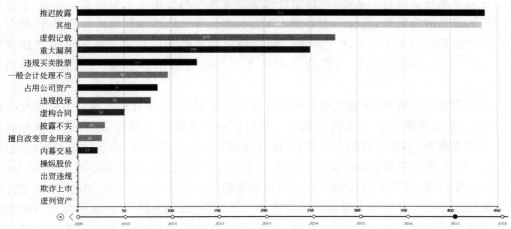

图 10-6　2017 年审计违规数量统计

10.3.3 内部控制缺陷企业分布状态

内部控制制度是指企业内部设立的让每一项业务活动相互联系、相互制约的方法、措施和约束。现代化企业在竞争日益激烈的外部环境下,需要不断提高内部管理水平、工作人员的工作效率、自身的产品质量,才能增强竞争力。一般情况下,内部控制制度的严密程度直接决定了被审计企业所提供的审计数据及其他审计资料的可靠性,因此信息化审计时代应该把被审计企业的内部控制制度作为审查的起点和重点,对内部控制制度进行调查与核实来确定审计工作的核心与侧重点,制定个性化的审计方案。

由于内部控制制度在审计工作中的重要地位,审计组决定对内部控制存在缺陷的企业进行分布分析,分析 2010—2019 年全国各地内部控制存在缺陷的企业分布图情况。

首先需要获取数据。在国泰安数据库中下载公司研究系列的内部控制评价报告缺陷表。得到原始数据后,需要对数据进行处理,以得到目标格式的数据,这里采用 Python 语言对数据进行处理(部分关键代码请扫码本书前言中的二维码获取)。具体步骤包括:①打开一个 workbook,定义各省数据组,获取所有数据;②设计可视化方案;③分析数据维度,有时间年份、内控存在缺陷的企业数、企业所属地域三大维度;④进行动态图形展示,抽取两年分布展示。

首先,通过对同一年份进行比较分析,发现东部沿海省份存在内控缺陷的企业数量远远超过内陆地区,分析可能的原因是其经济发达,企业的基数远大于内陆地区,下一步可计算内控存在问题的企业数与该地区总企业数的比值。其次,对不同年份的数据进行比较,发现各省份内控存在问题的企业数在逐年增加,分析发现这源于企业越来越重视内部控制制度建设,内控制度日趋完善,因此利用该制度发现的问题越来越多,下一步的发展方向是进一步利用好这些日益完善的制度,提升企业的核心竞争力。

10.3.4 违规会计师事务所画像

会计师事务所对企业进行审计之后,审计结果以审计报告的形式公开发表。企业是证券交易市场重要信息的来源,所以审计报告的真实性与准确性至关重要。然而,企业审计造假的事件时有发生,会计师事务所由于各种原因导致的违规行为将为投资者、债权人等造成严重影响。本小节采用 Python 语言,通过收集整理近年来会计师事务所违规数据,对违规事务所进行画像,以供会计师事务所及监管部门参考,防微杜渐,降低监管成本。

首先获取相关数据,下载国泰安数据库中公司研究系列、审计研究审计方信息相关数据,对会计师事务所违规次数进行统计。然后以违规次数作为权值,进行违规事务所画像。具体步骤为:①获取数据并整理;②统计违规行为发生的频率;③设置显示策略,包括主标题、水平/垂直位置、坐标、颜色、边距、间隔等;④可视化展示,效果如图 10-7 所示。

经研究发现,近年来会计师事务所违规频率较高的名单中,许多国内国际知名会计师事务所赫然在列。这说明大型会计师事务所由于规模大、业务量大,在审计鉴证过程中仍然存在许多不规范行为,应该更加严谨、规范,注重审计质量,有效防控审计失败风险。

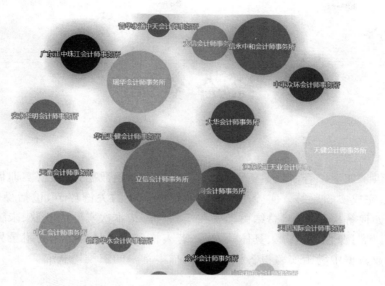

图 10-7　近年会计师事务所违规频率

本 章 小 结

对文本数据进行分析是大数据审计的一项重要内容。为了给审计研究提供新的思路、给审计运用提供新的方法,本章从审计数据分析工作实际需要的角度出发,提出了基于文本挖掘的审计数据分析思路、框架及关键技术,并利用 Python、Echarts 等分析工具对审计文本进行分析与可视化展示,使审计人员能够在低成本、易实现的情况下实现对文本数据的分析,从而为大数据审计的广泛应用打下基础。

思考题

1. 非结构化审计数据分析中的哪些步骤是最为关键的环节?
2. 在何种场景下可应用非结构化的审计数据分析技术?

本章资源　扫码获取

第11章 综合实训

本章提供了四个综合实训案例,每个案例提供了原始数据,请根据实训目的、要求,记录实验过程、完成实验总结。实验过程由学生记录实验的关键环节,包括操作过程、遇到哪些问题及如何解决等;实验总结由学生在实验后总结本次实验的收获、未解决的问题以及体会和建议等;源程序、代码、具体语句等,若表格空间不足时可作为附录另外附页。本章例题与作业数据中随附实验报告模板,请扫描本章末的二维码获取。

综合实训一:工业企业财务审计

实训目的:对某企业的账务数据进行审计。要求根据计算机数据审计的流程,对多种会计电算化软件的底层数据库进行数据采集分析,核对凭证、科目汇总表、报表之间的稽核关系。

实训数据:某工业企业数据

实训要求:财务数据审计——生产成本(根据业务需求实现简单的数据分析)。

对生产成本的审计是企业审计的难点之一,但是根据卷烟企业的生产特点,选择具有固定单耗定额,并且与企业生产流程相关性不强的辅料(如烟箱、条盒、烟盒等)作为分析对象往往可以发现一些线索。已知产成品和各种辅料耗用在数量上存在以下关系:

生产一大箱香烟所需包装物:

烟箱(5个);条盒(250个);烟盒(2 500个)··················①

辅料耗用数量、产量和产品单耗的关系式为:

产品单耗=辅料耗用数量/产量··················②

在"某工业企业数据"子目录下包含以下几个文件:

Kmfile.dbf:科目文件

Pzfile.dbf:凭证文件

Yefile.dbf:余额文件

Yhdzd.dbf:银行对账单

Wbgl.dbf:外币管理

在本次操作中有可能会用到下面的字段：

字段名称	字段含义
KMBH	科目编号
KMMC	科目名称
PZH	凭证号
PZLB	凭证类别
ZY	摘要
DC	借贷方
DFKMBH	对方科目编号
SL	数量
JE	金额
RQ	日期
MONTH	月份

首先进行下列操作（根据需要选择合适的数据表）：

（1）核对产成品总账与明细账是否一致。

（2）从凭证文件中找出各月生产成本累计借贷方发生额，与科目汇总表中的发生额进行比对，找出不一致的情况；

（3）建立辅料耗用统计表。

设定查询条件为：

科目编号 = '123011'（条盒的科目编号）

借贷方 = -1（表示贷）

对方科目编号 like '401％'（生产成本的科目编号）

在凭证表中汇总出每个月的条盒数量，将结果表保存起来，起名"辅料耗用统计表"。

（4）建立产量统计表。

操作过程与建立辅料消耗表的操作基本相同，不同的是设定的查询条件改为：

科目编号 like '137％'（产成品的科目编号）

借贷方 = 1（表示借）

对方科目编号 like '401％'（生产成本的科目编号）

在凭证表中汇总出每个月的产量，将结果表保存起来，起名"产量统计表"。

（5）建立和分析产品单耗。

利用这两张统计表和产品单耗的计算公式（关系式②），计算出每个月的产品单耗。

综合实训二：销售收入审计

实训目的：对企业的销售收入的真实性审计。要求根据计算机数据审计的流程，对被审计单位的数据进行采集、分析,发现审计线索。

实验数据:某烟厂数据

实验要求:根据实验数据,完成某烟厂销售收入真实性审计(多维分析),要求撰写实训报告。

在对某烟厂销售收入真实性的审计过程中,审计人员进行了下列数据处理、分析、推断与核实:

(1)选择"004 某烟厂数据"目录下的"销售库.mdb"中的"商品进销存结转表",构造计算字段"月份"【通过 mid 函数(Access 中)和 substring 函数(SQL Server 中)】,设定检索条件"类别=2"(类别"2"表示产品销售,类别"4"表示上年结转等)进行检索,生成新表"商品进销存结转表_生成表",其中包括的字段有"入账日期,单位代码,商品代码,数量"和新生成的字段"月份"。

(2)对第一步生成的新表"商品进销存结转表_生成表",以"月份"为分组字段、"数量"为统计字段进行分组统计,并按照汇总数量的"降序"对结果进行排序。

通过分析审计人员发现企业1—10月销售数量都保持在3万~4万箱,11、12月的异常情况引起审计人员注意,决定将12月的销售作为审计的重点内容。

(3)对"商品进销存结转表_生成表"以"月份""商品代码"和"单位代码"为分组条件对"数量"进行汇总,并对汇总数量进行"降序"排列。

审计人员发现数量最大的是6 600箱,单位代码为"011220",商品代码为"03",因此决定将此作为分析对象。

(4)对"商品进销存结转表_生成表"以"入账日期""商品代码"和"单位代码"为分组条件对"数量"进行汇总,并对汇总数量进行"降序"排列。

运行后,发现了哪些异常?请分析。

综合实训三:汽车消费贷款审计

实训目的:对企业的销售收入的真实性审计。要求根据计算机数据审计的流程,对被审计单位的数据进行采集、分析,发现审计线索。

实验数据:贷款数据

实验要求:在对某商业银行的审计中,请根据借款凭证表(结构如下表所示)对汽车消费贷款开展如下审计工作:

借款凭证表结构(说明:借款凭证表登记借款人借款凭证信息)

序号	字段名称	数据类型	备注
1	借款凭证编号	char(15)	Pk,关键字
2	客户代码	char(18)	非空
3	机构编码	char(11)	
4	贷款类别	char(4)	

续表

序号	字段名称	数据类型	备注
5	贷款类别名称	char(60)	
6	借款金额	decimal(16,2)	非空,默认值＝0
7	借款日期	datetime	非空
8	到期日期	datetime	非空
9	本凭证累计收回贷款	decimal(16,2)	非空,默认值＝0
10	本凭证贷款余额	decimal(16,2)	贷款余额
11	核销金额	decimal(16,2)	非空,默认值＝0
12	贷款四级分类	char(2)	
13	贷款五级分类	char(1)	

(1) 数据采集。将 Access 中的借款凭证表导入 SQL Server,然后检查借款凭证表中是否存在借款金额不等于本凭证累计收回贷款、本凭证贷款余额、核销金额之和的记录。

(2) 数据清理。请将(1)中发现的记录中的本凭证贷款余额修改为:借款金额－本凭证累计收回贷款－核销金额。

(3) 生成汽车贷款表。请根据贷款类别(贷款类别以 f 开头的为汽车贷款)生成新表:汽车贷款表,并将贷款余额为 0 的记录去掉。

(4) 不良汽车贷款检查。说明:贷款五级分类为 3、4、5 的贷款为不良贷款。

① 统计各类不良汽车贷款的余额合计数,显示字段为:贷款类别名称、余额合计。

② 为了确定延伸机构,请按照机构编码对不良汽车贷款的贷款余额进行分组汇总,保留分组金额大于 100 万元的机构作为下一步延伸的重点,并对余额汇总数进行降序排列。显示字段为:机构编码、余额合计。

(5) 违规汽车贷款检查:《汽车消费贷款管理办法》规定汽车消费贷款期限最长不超过 5 年(含 5 年),请根据以上规定,对超期限汽车贷款余额进行统计,显示超期限汽车贷款余额合计。

综合实训四：财政补贴审计

实验目的: 为了发展新能源,国家出台了针对新能源节能汽车的补贴政策。各节能汽车制造厂商根据政策自行申报补贴数据,由财政下拨补贴款项。审计机关关注节能汽车申报数据的真实性。要求根据计算机数据审计的流程,对被审计单位的数据进行采集、验证、审计分析。

实验数据: 节能汽车数据

实验要求: 节能汽车推广财政补助资金审计

车辆识别代号(Vehicle Identification Number,VIN)是汽车制造厂商为了便于识别而给一辆车指定的一组字码。车辆识别代号(VIN)是由 17 位字母、数字组成的编码,按照适当的编排规则,可保证30年内在世界范围内不会发生重号现象,具有对车辆识别的唯一性。

(1) 从节能汽车申报明细表中找出 VIN 不为17位的记录,生成"问题表1";

(2) VIN 的基本规则检查。

VIN 需遵守的基本规则如下所示:

(1) 不能使用字母 I、O、Q;

(2) 第9位代码必须是数字 0、1、2、3、4、5、6、7、8、9 或字母 X;

(3) 最后5位代码必须全是数字。

请从"节能汽车申报明细"中找出17位的 VIN 中不满足以上3条基本规则的记录,生成"问题表2"。

参 考 文 献

[1] 刘家义. 以科学发展观为指导 推动审计工作全面发展[J]. 审计研究,2008(3):3-9.
[2] 刘汝焯. 计算机审计质量控制模型[M]. 北京:清华大学出版社,2016.
[3] 刘汝焯,等. 计算机审计概念框架与规则[M]. 北京:清华大学出版社,2007.
[4] 刘汝焯,王智玉. 审计线索的特征发现[M]. 北京:清华大学出版社,2009.
[5] 刘汝焯. 审计分析模型算法[M]. 北京:清华大学出版社,2006.
[6] 刘汝焯. 审计数据的多维分析技术[M]. 北京:清华大学出版社,2006.
[7] 刘汝焯. 信息环境下的计算机审计方式[J]. 审计与经济研究,2008(1):14-19.
[8] 张莉,李湘蓉,梁力军,等. 会计信息系统、ERP基础与审计[M]. 北京:清华大学出版社,2016.
[9] 张莉. 基于国家治理的上市公司舞弊审计实证检验[J]. 财会月刊,2018(6):138-146.
[10] 张莉. 云时代的舞弊审计——基于国家治理的新战略[M]. 北京:清华大学出版社,2017.
[11] CHENG Y, ZHANG L, FENG Z. Intelligent Model of Bidding Audit Based on Text Mining [C]// International Conference of Safety Produce Informatization . IEEE, 2018.
[12] 张莉,刘甜甜. 基于遗传算法的审计项目选择及资源均衡配置优化模型[J]. 财会月刊,2015,11(中):84-88.
[13] 张莉,刘甜甜. 债券摊余价值审计模型与算法研究[J]. 财会月刊,2014,10(下):99-104.
[14] 张莉,刘甜甜. 基于分支定界的审计资源配置优化模型及仿真模拟[J]. 财会月刊,2014,8(下):85-90.
[15] HUO X, ZHANG L. Research on the assessment of the risk of material misstatement of the enterprise under Internet plus environment [C] //International Conference on Information Management. IEEE, 2017.
[16] ZHANG L. Research on The Cloud Classroom of Simulated Audit's Virtual Teaching Platform [C]. International Conference on Social Science and Higher Education. IEEE, 2017.
[17] 张莉. 商业银行信息系统审计中的控制测试底稿设计[J]. 北京信息科技大学学报(自然科学版),2012,27(4):17-20.
[18] 丁淑芹. 大数据环境下审计变革研究[J]. 财会通信,2015(22):106-108.
[19] 石爱中,孙俭. 初释数据式审计模式[J]. 审计研究,2005(4):4-7.
[20] 肯尼思·库克耶,维克托·迈尔—舍恩伯格. 大数据时代:生活、工作与思维的大变革[M]. 杭州:浙江人民出版社,2012.
[21] 张金城. 计算机信息系统控制与审计[M]. 北京:北京大学出版社,2002.
[22] NAM H, PARK W, LEE S. Anomaly detection over clustering multi-dimensional transactional audit streams [C]. Proceedings -1st IEEE International Workshop on Semantic Computing and Applications, IWSCA, 2008:78-80.
[23] GENG L Q, BUFFETT S, HAMILTON B etc. Discovering structured event logs from

unstructured audit trails for workflow mining[J]. Lecture Notes in Computer Science,2009,5722 LNAI:442-452.

[24] YU F,XIA X Y,WU R H,XU C. Information audit system based on vector space model[C]. Proceedings of the 26th Chinese Control Conference,2007:359-362.

[25] ALLINSON C. Information systems audit trails in legal proceedings as evidence[J]. Computers and Security,2001,20(5):409-421.

[26] CODERRE D. Computer Aided Fraud Prevention and Detection: A Step by Step Guide [M]. New York: Wiley & Sons, 2009.

[27] 庄明来,吴沁红,李俊.信息系统审计内容与方法[M].北京:中国时代经济出版社,2009.

[28] 张磊.基于子空间的高维审计数据异常挖掘研究[J].硅谷,2012(6):86-87.

[29] 陈伟,张金城,QIU R B.计算机辅助审计技术研究综述[J].计算机科学,2007,34(10):290-294.

[30] 陈伟.计算机审计[M].北京:中国人民大学出版社,2017.

[31] 陈伟.电子数据审计模拟实验[M].北京:清华大学出版社,2016.

[32] 陈伟.计算机辅助审计原理及应用:第三版[M].北京:清华大学出版社,2016.

[33] 陈伟.审计信息化[M].北京:高等教育出版社,2017.

[34] 陈伟.大数据审计理论、方法与应用[M].北京:科学出版社,2019.

[35] 陈伟,刘思峰,邱广华.计算机审计中一种基于孤立点检测的数据处理方法[J].商业研究,2006(17):44-47.

[36] 陈伟,勾东升,徐发亮.基于文本数据分析的大数据审计方法研究[J].中国注册会计师,2018(11):80-84+3.

[37] 廖轶.基于孤立点的数据挖掘研究及其在计算机审计系统中的应用[D].北京:北京交通大学,2007.

[38] 夏锋,彭鑫,赵文耘.基于聚类方法的审计分层抽样算法研究[J].计算机应用与软件,2008(7):14-16.

[39] 张晓伟,谢强,陈伟.基于划分和孤立点检测的审计证据获取研究[J].计算机应用研究,2009(7):2495-2496.

[40] ZHANG L,ZHANG J P. The model and application of mining the features of financial statement audit with multi-subjects[C]. The 8th International Conference on Service Systems and Service Management. Tianjin:IEEE,2011:25-27.

[41] LIU Q,LI T,XU W. A Subjective and Objective Integrated Method for Fraud Detection in Financial Systems[C]. Proceedings of the Eighth International Conference on Machine Learning and Cybernetics,Baoding,2009.

[42] PAI P F,HSU M F,WANG M C. A support vector machine-based model for detecting top management fraud[J]. Knowledge-Based Systems,2011(24):314-321.

[43] 审计署办公厅.审计署办公厅关于印发2019年度内部审计工作指导意见的通知[2019-04-29]. http://www.audit.gov.cn/n11/n536/n537/c131461/content.html.

[44] 管亚梅.数据式审计及其在我国的运用[J].财会通信(综合版),2007(10):55-56.

[45] 李玲,刘汝焯.计算机数据审计[M].北京:清华大学出版社,2010.

[46] 吴笑凡,曹洪泽.审计数据采集与分析[M].北京:清华大学出版社,2017.

[47] 刘汝焯,等.审计分析模型算法:第2版[M].北京:清华大学出版社,2016.

[48] 廖开际.数据仓库与数据挖掘[M].北京:北京大学出版社,2008.

[49] 王珊,李翠平,李盛恩,等.数据仓库与数据分析教程[M].北京:高等教育出版社,2012.

[50] 羌雨.基于R语言的大数据审计方法研究[J].中国管理信息化,2016(21):46-49.
[51] 张志恒,成雪娇.大数据环境下基于文本挖掘的审计数据分析框架[J].会计之友,2017(16):117-120.
[52] 肖琨.大数据环境下的海量非结构化信息处理[J].信息通信,2016(8):167-168.
[53] 吴尘.非结构化数据在审计中的运用趋势研究[J].商业会计,2018,637(13):55-57.
[54] 刘志玲.大数据环境下审计数据分析技术方法略谈[J].中国经贸,2017(10):255.
[55] 裴文华,成维一.大数据环境下财政审计数据分析研究[J].审计研究,2017(3):53-58.
[56] 用友软件集团财务软件公司销售支持部.用友总账系统数据库[R/OL].(2015)豆丁网.http://www.docin.com.
[57] 用友软件集团财务软件公司销售支持部.用友总账系统数据库字典[R/OL].(2020).https://www.niuwk.com.
[58] 用友软件集团财务软件公司销售支持部.用友数据库设置[R/OL].(2020).http://wenku.baidu.com.
[59] 中国注册会计师协会.注册会计师全国统一考试辅导教材审计[M].北京:中国财政经济出版社,2020.
[60] 中国注册会计师协会.注册会计师全国统一考试辅导教材审计[M].北京:中国财政经济出版社,2012.
[61] 中国注册会计师协会.注册会计师全国统一考试辅导教材审计[M].北京:中国财政经济出版社,2011.
[62] 数据分析的方法与技巧[R/OL].(2020)豆丁网.http://www.docin.com.
[63] 陈龙伟.严格审计准则要求 增强审计的有效性[J].财务与会计,2010(11):19-21.
[64] 王开秀,朱小平.注册会计师行业审计专长对审计质量的影响研究[J].商业会计,2012(12):30-32.
[65] 郭三强,郭燕锦.大数据环境下的数据安全研究[J].科技广场,2013(2):28-31.
[66] 郭宁.审计分析模型算法[J].审计研究,2006(S1):62-66.
[67] 阳杰.基于GB/T19581—2004的导入式智能审计模式研究[D].湘潭:湘潭大学,2008.
[68] 庄要严.建立审计数据分析模型的步骤及方法[R/OL].(2017).http://blog.sina.com.
[69] 使用Excel数据分析——在数据列中简单分析数[R/OL].(2019).http://www.360doc.com.
[70] 谁说菜鸟不会数据分析[R/OL].(2017).http://wenku.baidu.com/view/5f171a61561252d381eb6e0f.html.
[71] 赵明渊.分类问题的智能优化算法及其应用研究[D].成都:电子科技大学,2011.
[72] 韩付平.信息化环境下的电子审计证据采集与使用研究[D].太原:太原理工大学,2011.
[73] 李玲玉.基于风险因子理论的新三板农业企业财务舞弊问题研究[D].呼和浩特:内蒙古大学,2020.
[74] 李俊伟.大数据背景下养老保险基金审计研究[D].昆明:云南财经大学,2020.
[75] 丁淑芹.大数据环境下审计变革研究[J].财会通信,2015(22):106-108.
[76] 张文建,王敏涛,吴祥添.数据式审计模式探索[R/OL].(2018-07-09).http://sjt.fujian.gov.cn/ztzl/sjky/201907/t20190708_4914472.htm.
[77] 周群飞.在艰苦挑战中升华——参加审计署计算机中级培训的体会[J].审计与理财,2011(10):11.
[78] 马湘妮,姚洪标.推进数字化审计应处理好四个关系[N].中国审计报,2016-06-01:006.
[79] 审计署计算机审计实务公告第33号——审计署关于印发数据审计指南(审计发〔2011〕192号)

[R/OL]. 百度文库（2012-08-15）. http：//wenku. baidu. com/view/b4c2942dcfc789eb172dc8cc. html.

[80] 审计署计算机审计实务公告第 34 号——审计署关于印发信息系统审计指南（审计发〔2012〕11 号）[R/OL]. 百度文库（2007-12-14）. http：//wenku. baidu. com/view/f6e8c02f647d27284b735 16d. html.

[81] 审计署计算机审计实务公告第 8 号——计算机审计审前调查指南（审计发〔2007〕78 号）[R/OL]. 百度文库（2012-02-01）. http：//wenku. baidu. com/view/cec26fd276eeaeaad1f33045. html.

[82] 陈嘉. 商业银行数据式审计的质量控制[J]. 今日财富（中国知识产权），2017（10）：41-43.

[83] 刘慧芬. 审计抽样风险控制与数据式审计[J]. 中国管理信息化，2013，16（14）：7-11.

[84] 卢朵宝. 美国学者质疑"大数据"理论[N/OL]. 经济参考报，2013-06-14：008. https：//kns. cnki. net/kcms/detail/detail. aspx? filename = JJCK201306140080&dbname = ccndtotal&dbcode = ccnd&v=.

[85] 管亚梅. 数据式审计及其在我国的运用[J]. 财会通信（综合版），2007（10）：55-56.

[86] 胡燕. 信息化环境下的数据式审计[J]. 福建财会管理干部学院学报，2009（1）：33-35＋38.

[87] 张厚煌. 分析性审计程序在内部审计中的运用[J]. 中国内部审计，2006（9）：31-32.

[88] 吴迪. 社会保障部门审计信息系统框架设计与流程研究——基于数据式审计的视角[D]. 成都：西南财经大学，2012.

[89] 魏志浩. 浅析实现计算机审计取证科学性的几个着力点[N/OL]. 中国审计报，2013-01-25：002. https：//kns. cnki. net/kcms/detail/detail. aspx? filename = CSJB201301250022&dbname = ccndtotal&dbcode=ccnd&v=.

[90] 魏志浩，王亚敏，许超. 浅谈计算机审计取证的应用[J]. 理财，2014（2）：79-80.

[91] 赵明渊. 分类问题的智能优化算法及其应用研究[D]. 成都：电子科技大学，2011.

[92] Smartbi V9 产品简介[R/OL]. （2019-12-15）. https：//max. book118. com/html/2019/1214/5302002202002211. shtm.

[93] 赵明渊. 分类问题的智能优化算法及其应用研究[D]. 成都：电子科技大学，2011.

[94] 张子良. 信息系统测评与信息系统审计[J]. 现代计算机，2019（20）：66-69＋90.

[95] 王一子. 基于 COBIT 5 框架下的 DL 银行信息系统审计评价问题研究[D]. 哈尔滨：哈尔滨商业大学，2020.

[96] LANGIT L，GOFF K S. SQL Server 2008 商务智能完美解决方案[M]. 张猛，等，译. 北京：人民邮电出版社，2010.

[97] MACLENNAN J，ZHANG H T，CRIVAT B. 数据挖掘原理与应用：第 2 版：SQL Server 2008 数据库[M]. 董艳，等，译. 北京：清华大学出版社，2010.

[98] JACOBSON R，MISNER S. SQL Server 2005 分析服务从入门到精通[M]. 顾小波，译. 北京：清华大学出版社，2010.

[99] CAMERON S. SQL Server 2008 分析服务从入门到精通[M]. 王净，译. 北京：清华大学出版社，2010.

[100] 王欣，等. SQL Server 2005 数据挖掘实例分析[M]. 北京：中国水利水电出版社，2008.

[101] 刘红岩. 商务智能方法与应用[M]. 北京：清华大学出版社，2013.

[102] LARSON B. 商务智能实战[M]. 盖九宇，等，译. 北京：机械工业出版社，2011.

[103] 陈志泊. 数据仓库与数据挖掘[M]. 北京：清华大学出版社，2009.

[104] HAN J D. 数据挖掘概念与技术[M]. 范明，等，译. 北京：机械工业出版社，2012.

[105] 李国杰，程学旗. 大数据研究：未来科技及经济社会发展的重大战略领域——大数据的研究现状

与科学思考[J].中国科学院院刊,2012,27(6):647-657.
[106] 王会金,陈丹萍.高级审计技术方法[M].北京:中国时代经济出版社,2013.
[107] 吴广,刘荣,丁维岱,等.SPSS统计分析与应用[M].北京:电子工业出版社,2013.
[108] 谢龙汉,尚涛.SAS统计分析与数据挖掘[M].北京:电子工业出版社,2012.
[109] 吴喜之.统计学——从数据到结论[M].北京:中国人民大学出版社,2013.
[110] 谢邦昌.数据挖掘基础与应用(SQL Server 2008)[M].北京:机械工业出版社,2012.
[111] 贾俊平.统计学概论[M].北京:中国人民大学出版社,2011.
[112] 贾俊平.统计学[M].北京:中国人民大学出版社,2012.
[113] 魏素艳.企业财务分析[M].北京:清华大学出版社,2011.
[114] 张功富.财务管理学[M].北京:清华大学出版社,2012.
[115] 张先治.财务分析:第四版[M].大连:东北财经大学出版社,2011.
[116] 曾蔚,游达明.企业财务分析与价值评估[M].北京:清华大学出版社,2011.
[117] 中国注册会计师协会编.2014年度注册会计师全国统一考试辅导教材会计[M].北京:中国财政经济出版社,2014.
[118] 罗蔚.再谈推行贷款质量五级分类的必要性[J].甘肃金融,2002(5):14-15.
[119] 袁静文,程清洁.论实施贷款"五级分类"法的意义[J].陕西金融,1999(9):10-11.
[120] 邓乃扬,田英杰.数据挖掘中的新方法——支持向量机[M].北京:科学出版社,2004.
[121] CHEN A S,MARK L T,HAZEM D. Application of Neural Networks to an Emerging Financial Market:Forecast and Trading the Taiwan Stock Index[J]. Computer & Operation Research,2003,30:901-923.
[122] 袁曾任.人工神经网络及其应用[M].北京:清华大学出版社,1999.
[123] JENSEN R,SHEN Q. Semantics-preserving dimensionality reduction:rough and fuzzy-rough-based approaches[J]. IEEE Transactions on Knowledge and Data Engineering,2004,16(12):1457-1471.
[124] CAO L J,TAY F E H. Support Vector Machine with Adaptive Parameters in Financial Time Series Forecasting [J]. IEEE Transactions on Neural Networks,2003,14(6):33-52.
[125] 王强,沈永平,陈英武.支持向量机规则提取[J].国防科技大学学报,2006(2):106-110.
[126] MITCHELL T M.机器学习[M].曾华军,张银奎,译.北京:机械工业出版社,2005.
[127] QUINLAN J R. C4.5:Programs for Machine Learning [M]. San Mateo,CA:Morgan Kaufmann,1993.
[128] 仇荣成.数据挖掘技术在入侵检测系统中的应用[D].南京:南京邮电大学,2011.
[129] 吴尘.非结构化数据在审计中的运用趋势研究[J].商业会计,2018(13):53-55.
[130] 计算机审计中级培训组.国家审计署计算机中级培训模拟题(三)[R/OL].百度文库.(2012). http://wenku.baidu.com/view/b7fc29150b4e767f5acfceb1.html.

附 录

附录 1　SQL Server 2012 安装文档

附录 2　Postgre SQL 安装文档

附录 3　Smartbi 安装注意事项

教学支持说明

▶▶ **课件申请**

尊敬的老师:

您好!感谢您选用清华大学出版社的教材!为更好地服务教学,我们为采用本书作为教材的老师提供教学辅助资源。该部分资源仅提供给授课教师使用,请您直接用手机扫描下方二维码完成认证及申请。

任课教师扫描二维码
可获取教学辅助资源

▶▶ **样书申请**

为方便教师选用教材,我们为您提供免费赠送样书服务。授课教师扫描下方二维码即可获取清华大学出版社教材电子书目。在线填写个人信息,经审核认证后即可获取所选教材。我们会第一时间为您寄送样书。

任课教师扫描二维码
可获取教材电子书目

 清华大学出版社

E-mail:tupfuwu@163.com
电话:8610-83470293/83470332
地址:北京市海淀区双清路学研大厦B座509室

网址:http://www.tup.com.cn/
传真:8610-83470107
邮编:100084